赢在人才

头部律所的
人才战略与实践

张海光／著

WIN BY TALENT
HEAD LAW FIRM'S TALENT STRATEGY AND PRACTICE

———— 北京 ————

图书在版编目（CIP）数据

赢在人才：头部律所的人才战略与实践 / 张海光著.
北京：法律出版社，2025. -- ISBN 978-7-5197-9516-0
Ⅰ. D916.5
中国国家版本馆 CIP 数据核字第 2024U9U750 号

赢在人才
——头部律所的人才战略与实践
YING ZAI RENCAI
—TOUBU LUSUO DE RENCAI ZHANLUE YU SHIJIAN

张海光 著

策划编辑 朱海波　杨雨晴
责任编辑 朱海波　杨雨晴
装帧设计 鲍龙卉

出版发行 法律出版社	开本 A5
编辑统筹 法律应用出版分社	印张 13.125　字数 260 千
责任校对 蒋 橙	版本 2025 年 2 月第 1 版
责任印制 刘晓伟	印次 2025 年 2 月第 1 次印刷
经　　销 新华书店	印刷 北京中科印刷有限公司

地址:北京市丰台区莲花池西里 7 号(100073)
网址：www.lawpress.com.cn　　　　销售电话:010-83938349
投稿邮箱：info@lawpress.com.cn　　客服电话:010-83938350
举报盗版邮箱：jbwq@lawpress.com.cn　咨询电话:010-63939796
版权所有·侵权必究

书号:ISBN 978-7-5197-9516-0　　　　定价:68.00 元
凡购买本社图书,如有印装错误,我社负责退换。电话:010-83938349

前　言

稻盛和夫曾说:"眼睛可以眺望高空,双脚却必须踏在地上。梦想、愿望再大,现实却是每天必须做好单纯、甚至枯燥的工作。"

转眼间,我已在律师事务所人力资源管理领域耕耘了八载有余。回首往昔,与法律行业的缘分似乎早已注定。我的兄长,自毕业起便投身于资本市场的法律事务,随后由律师转型至法务,并最终踏上了创业之路。他职业生涯的每一步转变,每一次选择,都深深地触动着我。记得多年前,我们一家人围坐在餐桌旁,分享着关于职业选择的故事。那些关于法律人纠结与迷茫的叙述,让我在还未踏入这个行业之时,便对律师这一职业有了更为深刻的理解和感知。我仿佛看到了法律人的内心世界,感受到了那份职业的重量与责任。

也许有人会好奇,我为何要撰写这样一本书?我的独到之处又在哪里?作为一名在大型律师事务所工作多年的人力资源业务合作伙伴(Human Resource Business Partner,HRBP),我有幸与多个业务部门紧密合作,经历过业务急速扩张和组织变革,招录了数千位律师,与近70位合伙人并肩作战。每位合伙人都领导着一个团队,这些团队的规模不一,从2人到4人的小团队到超过30人

的大团队。作为业务合作伙伴,我有幸参与和见证了每一个团队的组建、发展与壮大,也与他们一起面临过种种挑战。

这些年在一线摸爬滚打的经验,赋予了我独特的视角,能够深入观察和分析不同规模团队的协作方式和管理策略。在这些团队中,有的管理者不仅业绩斐然,还能在不到十年的时间里培养多位合伙人;与此同时,也有团队经常面临人才流失、运作失灵的困境。这种鲜明的对比,不禁让人深思:究竟是什么因素造就了这样的差异?目前,市面上的书籍多从律所合伙人或管理者的角度出发,而从 HR 角度的深入剖析则相对较少。我坚信,人力资源管理作为一门专业,我们日复一日地处理和思考着人与事的复杂关系,一定可以从我们的视角为管理者提供更为丰富和有价值的信息,从而帮助他们作出更有效的决策。

在与法律出版社的编辑朱老师交流时,他提出了一个问题:"您的书目标受众是谁?"这个问题使我深思,因为本书虽然以 HR 的视角为主,但它的内容和见解却是为所有对组织中不同角色的人沟通、团队管理、职业发展感兴趣的人士所准备的。

如果您是一家律师事务所的管理者,您手中的这本书将为您揭示如何根据组织规模、发展阶段定位人力资源部门,以及适合律师事务所的 HR 专业人士应具备什么样的素质,如何让 HR 真正作为事务所"资源"推动业务的持续发展。

在中国,律师事务所的规模和人力资源部配置千差万别。小型律所可能没有专门的 HR 部门,合伙人需要亲力亲为地进行团队管理和招聘,依赖个人的直觉和经验。即便是设有HR部门的中型或大型律所,HR的价值也常常未能得到充分的认可和利用。HR部门在许多合伙人眼中,往往只是处理简历、办理入职、管理行政事务的成本中心,而非战略资源部门。面对这样的现状,您可能会感到困惑:HR部门的真正价值何在?我们应该如何定位HR的角色?是由业务部门的合伙人直接管理,还是由专业的职业经理人负责?对于规模较小的律所,是否还有必要设置HR角色?如果需要,这个角色应承担哪些职责?本书将通过探讨HR部门的灵活构建,为您提供启示和答案。

如果您是HR领域的专业人士,无论是否身处律所行业,本书都将为您提供HR各个模块的实际操作方法。在人工智能(AI)的浪潮冲击下,HR从业者自身也面临前所未有的挑战和困惑。我们的核心竞争力究竟在哪里?我们如何才能真正发挥自己的价值?这种价值并非通过简单的"你们应该看到我的价值"的呼喊来实现,而是需要我们首先转变思考方式,然后再投入实际工作中,实实在在地为业务部门解决问题。转变思考方式的第一步,就是不再将自己局限于职能部门的角色,而是将自己视为业务部门的一部分,像产品经理一样思考,深入理解我们内部客户(管理者、员工)的需求和痛点,并为他们提供解决方案。要深入了解这些痛点,首先需要建立起与客户之间的沟通桥梁。本书将作为一本HR人员的实操指南,从如何通过有效沟通打开业务的大门、赢得合伙人的信任,到如何选拔合适的组织人才、考核他们的绩效、进行人

才盘点,再到如何打破"大锅饭"文化、激励核心人才、优化不适合的人员,以及 HR 如何践行企业文化、进行跨文化管理等方面,为您提供实用的指导和具体的操作步骤。

如果您是新任管理者、合伙人,本书将在团队管理方面为您提供宝贵的启示。新晋管理者或合伙人在管理团队时都会面临挑战,而将这些挑战归纳为一句话,那就是:如何与团队成员有效分工协作,以实现最终的业务目标。《团队协作的五大障碍》一书中指出,企业的竞争优势并非来自财力、战略或技术,而是团队协作这一根本要素。团队协作的力量既强大又难以实现。"协作"一词看似简单,实则包含了与团队成员的日常沟通、理解年青一代的思维模式、搭建合理的团队结构以及识别和激励那些真正为团队创造价值的成员,平稳优化那些不胜任和不适合团队的人等多个层面。在本书的各个篇章中,我们将深入探讨这些问题,并提供实用的策略和见解,帮助您在团队管理的道路上取得成功。

如果您是一名律师或想成为律师的人,本书将帮助您打破信息差,为您提供职业发展和如何能够符合顶级律所的团队要求的启示。可能您目前还处在选择职业赛道的十字路口,到底要不要选择或继续做律师?顶级律所的合伙人、律师都是什么样子呢?到底具有什么样的品质才能进入这样的平台,获得今天的成就呢?如果您已经加入律所开始工作、实习了,那么该如何与其他人相处?如何汇报工作,并最终获得合伙人和带教律师的青睐?本书将通过一些小故事与您分享攻略。

虽然上面提到了"启示"和"指南"等词汇,但我认为"分享"和"讨论"更符合本书的本意。学海无涯,职业探索无止境,个人认知水平是没有边界的。本书一定有很多不足之处,因此,我更希望的是本书哪怕只是引发了大家对这一话题的思考,甚至能够指出我的不足,都是我巨大的荣幸。

目 录

第一章　律师事务所的人才管理革命

001　破解法律行业：现代律师事务所面临的五大挑战 / 003

002　突破人力资源困境：律师事务所的四大管理难题 / 009

003　打造高效团队：律师事务所人力资源部的灵活构建 / 018

004　塑造卓越 HR：律师事务所高效能 HR 的关键素质 / 026

005　驾驭 AI 浪潮：HR 如何在 AI 时代保持核心竞争力 / 040

第二章　开启业务之门：律师事务所的团队沟通策略

001　HR 的业务智慧：律师事务所的业务矩阵解析 / 047

002　合伙人画像：顶级律师事务所的合伙人 / 050

003　解码合伙人：如何洞悉合伙人的职业性格与需求 / 059

004　沟通的艺术——搭建与业务部门的高效合作桥梁 / 070

005　情感投资：与业务搭档共建信任与合作 / 109

006 战胜"责任病毒"：如何摆脱责任推诿的困境 / 121

第三章　招聘高手：律师事务所的人才选拔策略

001 业务需求与人才匹配：精准招聘的智慧 / 149

002 律师胜任力模型：构建精英团队的基石 / 151

003 吸引顶尖人才：律师事务所的招聘渠道与策略 / 177

004 找到最佳人选：全面招聘与评估技巧 / 187

005 聘用决策：在不确定性中寻找确定性 / 228

006 招聘误区：无意识偏见与个人经验分享 / 233

第四章　绩效管理：律师事务所团队效能提升策略

001 绩效管理困境：律师事务所面临的挑战与启示 / 243

002 重新定义成功：律师事务所的绩效管理新视角 / 249

003 绩效校准会：克服绩效数据的偏差 / 254

004 有效指导：提升团队绩效的秘诀 / 257

第五章　人才盘点：律师事务所的团队优化策略

001 人才盘点的重要性：律师事务所的核心竞争力 / 267

002 全面了解团队：人才盘点的策略与实践 / 273

003　激励与优化：人才盘点后的行动计划 / 323

004　体面离开：如何优雅地处理离职 / 342

第六章　文化传承：律师事务所的文化建设与管理

001　文化管理误区：律师事务所的常见陷阱 / 369

002　文化的力量：律师事务所文化管理的意义与价值 / 373

003　文化落地三部曲：知、信、行的实践路径 / 377

004　HR 的文化使命：如何在律师事务所践行文化 / 380

005　文化建设法则：适合律师事务所的策略 / 383

006　跨文化管理：霍夫斯泰德文化维度理论在律师事务所的应用 / 388

参考资料 / 402

第一章

律师事务所的人才管理革命

001 破解法律行业：现代律师事务所面临的五大挑战

在中国，律师行业作为一个相对年轻且不断发展的领域，正面临着诸多挑战和问题。律师制度，作为西方民主体系的组成部分，其在中国的发展历史可以追溯至晚清时期，本质上是一种西方的法律文化输入。自 1979 年中华人民共和国重新确立律师制度以来，中国的律师行业仅经历了数十年的发展。在这一过程中，中国律师行业经历了波动的成长轨迹，尤其在律师事务所管理方面，缺乏成熟的经验可供借鉴。

徐家力教授指出，当前中国律师行业仍面临多方面的挑战。其中包括：对经济利益的过分追求，而忽视了律师应承担的政治责任；律师事务所在文化建设方面的不足；律师行业产业化进程的滞后；市场体系的不完善。此外，中国律师在执业过程中面临的风险也相对较高，这些问题共同构成了中国律师行业发展的复杂背景。

在当今这个知识驱动的时代，律师事务所这个独特的舞台，正上演着一场关于智慧与才能的较量。这里，每一位律师都是主角，他们的专业知识和技能是为客户创造价值、塑造事务所特色的关

键。但当2020年的疫情席卷全球,律师事务所也迎来了前所未有的挑战。国际风云变幻,市场竞争激烈,互联网经济和人工智能的兴起,都在重塑着法律服务的面貌。中国的律师事务所,正站在经济转型和法律制度成熟的风口浪尖,面临着外部市场的压力和内部发展的挑战。

在这个特殊时期,律师事务所正站在一个新的十字路口,重新审视自己的人力资源管理。曾经,人力资源被视为一项不得不承担的成本,但如今,它们已经成为企业最宝贵的财富。在这个关键时刻,如何吸引、留住并培养这些人才,已经成为事务所未来发展的关键所在。正如业界权威所言,"你现在为人才所做的一切,将直接塑造你事务所的未来"。这不仅是对人力资源部门的挑战,更是对每一位合伙人的考验。

然而,不得不说,这些挑战要求每一位管理者和员工,都扮演不可或缺的角色。我们的共同努力,将决定事务所能否在这场竞争中立于不败之地。接下来,让我们深入探讨现代律师事务所面临的五大挑战。

挑战一:客户要求水涨船高,对律师综合素质要求高,但是往往招聘了教育背景优秀的人,却不适岗

在当前市场竞争激烈的环境下,客户对法律服务的期望日益提升,这无疑对律师团队的素质提出了更高的要求。换句话说,团

队必须由顶尖人才组成,以满足客户对高质量法律服务的需求。然而,现实情况常常是,尽管事务所招聘了一些拥有高学历背景的精英人才,但他们的实际表现却不能完全符合客户和组织的期望。

这种情况引发了人力资源从业者的深思:现有的招聘策略是否需要进行调整和优化?在律师事务所中,究竟什么样的人才才能被视为高价值的核心人才?

挑战二:人才重要性过高,但是缺乏科学的人力资源管理体系,没有精准激励想要留住的人

律师事务所的业务模式本质上是轻资产运营,其中人才是事务所最珍贵的资源。然而,许多事务所在管理和激励关键人才方面往往缺乏一套系统化、科学化的管理机制。这种情况好比在没有导航指引的情况下航行,难以有效地激发人才的潜力并确保他们为事务所贡献最大的价值。

挑战三:律师独立做业务成本低,流动性高,人才容易流失

对于律师事务所而言,面临的一个挑战是人才流失问题。以诉讼律师为例,由于独立执业的成本相对较低,许多律师在积累了

大约 5 年的实践经验后，往往选择自立门户，寻求更大的时间和财务的自主权。这种趋势导致了律师行业的高流动性，给事务所的稳定发展带来了不小的困扰。在这种快速变化的环境中，如何构建一个既稳定又忠诚的团队，成为事务所需要解决的关键问题。

挑战四：律师为专业人才发展序列，新晋合伙人往往缺乏管理经验，领导力不足

律师事务所在人才培养方面常常面临一个挑战：过分强调专业技能的提升，而相对忽略了对管理能力的培养。这种不平衡的培养模式可能会导致一些新晋合伙人在迈向领导岗位时，发现自己在管理方面的经验不足，难以迅速适应新的角色和职责。

这种领导力的缺失，可能会让他们感到心理上的压力和挑战。他们需要在短时间内学会如何有效地指导团队、作出战略决策、处理人际关系等，这些都是领导力的重要组成部分。这些问题不仅对个人的心理状态构成挑战，同时会对团队的稳定性和业务的连续性产生不利影响。

挑战五：随着组织壮大，抗风险能力增强的同时文化被稀释，偏离初心

随着业务的不断扩展，组织也在不断壮大，这无疑增强了抗风

险能力。但同时,企业文化却在悄然中被稀释,似乎逐渐偏离了最初的愿景。特别是很多年轻的合伙人未经历过创业的过程,且又面对如今竞争激烈的业务竞争市场,他们尚且处在"求生存"的阶段,那么在面对利益的时候,老一辈合伙人的初心是否还是他们的初心?如何在扩张的同时,保持文化核心,坚守初心,这是事务所必须面对的挑战。

在律师事务所的发展过程中,其遇到的诸多挑战,往往与人力资源管理息息相关。以下是对这些挑战的简要总结:

挑战一:人才招聘难度高——这一挑战凸显了在招聘过程中存在的问题,如难以吸引和筛选出符合事务所需求的优秀人才。

挑战二:缺乏精准激励——这表明在人才盘点的基础上,如何设计和实施有效的激励措施,以激发员工的积极性和忠诚度,是亟待解决的问题。

挑战三:人员流动性高——高流动性可能源于激励机制的不完善和人才盘点的不准确,同时也反映了人才发展体系的不足,未能为员工提供充分的职业发展机会和路径。

挑战四:领导力培养缺乏——这一挑战指出了在培养体系中,对于潜在领导者的领导力培养存在缺失,导致新晋合伙人和其他管理层在领导能力上准备不足。

挑战五:文化被稀释——当事务所发展壮大时,保持一致的企业文化和价值观变得更加困难,这一挑战强调了文化传承的重要性,以及如何有效地维护和强化企业文化。

针对这些挑战,律师事务所需要采取综合性的策略,从招聘策略的优化、激励机制的创新、人才发展体系的完善,到领导力培养体系的建立和企业文化的强化,全面提升人力资源管理的水平,以确保事务所能够持续稳定地发展。

002
突破人力资源困境：律师事务所的四大管理难题

"人力资源"一词是由当代著名的管理学家彼得·德鲁克提出的，德鲁克认为人力资源拥有当前其他资源没有的素质，即协调能力、融合能力、判断力和想象力。

被誉为"经营之神"的松下幸之助曾说，企业成功的关键在于人，在于那些富有激情和敬业精神的管理人才。律师事务所作为"人合"组织，人力资源的管理，人才的引进、培训、使用、人力资源的配置与开发，是 21 世纪律师事务所竞争的主要内容。因此，人力资源管理对律师事务所的重要性不言而喻。

但是律师事务所的人力资源工作是最难开展的，为什么这样说呢？从事律师这一职业的人普遍接受教育程度较高，有独立的思考能力，往往不愿意随波逐流，因此对于律师的个体管理就要从其自身特点入手。不能制定太过强硬的规章制度，要给其一定自由的发展空间，对于他们的管理也要注重以人为本，这样才能把律师个体和事务所有机地统一起来，提高律师的忠诚度，为律所的后续发展打下坚实的基础。

正如徐家力教授在《中国律师事务所管理之道》中提到的律师事务所的人力结构能否帮助律所在竞争中脱颖而出,关键在于"人为",这必然仰赖以律师为中心的人才吸引、培养及提升策略,从而将这些人才与律师事务所融为一体。这一切能否实现归根结底在于律师事务所在人力资源战略方面是否有科学合理的规划。

那么律师事务所人力资源的管理是否可以达到这一水平呢?

2014年,拉姆·查兰向人力资源部高层管理者发难,在《哈佛商业评论》上撰写《是时候拆掉人力资源部了》一文。他在文中陈述,这不是他自己"拍脑袋"想出来的而是来自众多500强企业首席执行官(Chief Executive Officer,CEO)的呼声,公司的主席人力资源官(Chief Human Resources Officer,CHO)总是令人失望。根据他的咨询经验,大型企业中科班出身的人力资源管理者,多数不了解关键决策是如何制定的,分析不出员工或整个组织为何没有达到绩效目标。拉姆·查兰的抱怨此时此刻正在中国的律师事务所中上演。很多律所的人力资源主管(Human Resources,HR)负责律所的人力资源管理工作,但是实际上仅是在律所或律师招人时,帮忙发布招聘广告,约应聘者面试,剩下的就交给合伙人和律师来谈,这是不到位的。律所的管理合伙人经常认为人力资源部门(HR部门)无法与业务部门进行平等的对话,原因是HR不了解他们,专业水平远远达不到他们的要求。甚至HR部门常常成为同事们茶余饭后的吐槽对象。我们来看看部分关于HR的观点:

"HR 不就是行政吗?"

"不懂业务流程,怎么帮我们呢?"

"基本上解决不了问题,只会说有问题找我。"

"HR 就是招人的,办理入职手续的。"

"'传话的',布置作业,收作业。"

"只会说'这是事务所决定的'。"

除了这些观点,日常在事务所工作,经常会经历一些尴尬的时刻。比如,在事务所工作超过 10 年的合伙人问我"你们行政部是什么政策?""面试还需要你们参与吗?"作为人力资源从业者,不能否认,我会因此感到失落、沮丧,认为自己的价值被低估了。但改变现状从来不是用负面的情绪能够解决的,而是应该静下心来看看这些观点背后的期待,有以上类似观点说明我们有未完成的期待和值得改进的地方。

"HR 不就是行政吗?"这句话背后,隐藏着对 HR 角色的误解和期待的落差。他们期待 HR 不仅是行政类事务的承担者,还是业务流程的参与者,是能够理解并支持业务发展的伙伴。

"不懂业务流程,怎么帮我们呢?"这是对 HR 专业性的质疑。在律师事务所这样一个高度专业化的环境中,HR 需要的不仅是人力资源管理的知识,更是对业务的深刻理解,以便更好地服务于律师团队。

"基本上解决不了问题,只会说有问题找我。"这句话反映了同事们对 HR 解决问题能力的期待。他们希望 HR 能够成为问题

的解决者,而不仅仅是问题的接收者。HR 需要展现出更多的主动性和创造性,成为同事们信赖的解决问题专家。

"HR 就是招人的,办理入职手续的。"这句话简化了 HR 的职责。实际上,HR 的工作远不止于此。他们需要在招聘中寻找与事务所文化相契合的人才,确保新员工的顺利融入,以及在员工的整个职业生涯中提供支持和指导。

"'传话的',布置作业,收作业。"这是对 HR 日常工作的描述,但这样的描述忽略了 HR 在战略规划、员工发展和组织文化建设中的关键作用。HR 应该是沟通的桥梁,而不是单向的信息传递者。

"只会说'这是事务所决定的'。"这句话揭示了同事们对 HR 在决策过程中角色的期待。他们希望 HR 能够成为他们的声音,代表他们的利益,而不仅仅是决策的传达者。

在深入了解了员工对 HR 的期待之后,现在,让我们将目光转向现实,深入分析一下目前律师事务所人力资源所面临的困境及背后的原因。

困境一:业务合伙人对 HR 角色认识不清晰,不知道 HR 能发挥的作用。这主要体现在以下两个方面。

(1) HR 与业务脱节。设想这样一个场景,HR 坐在 CBD 的大楼开着长达 2 小时的会议,会议的主题是讨论和制定相关人事政策。他们挤不出时间和业务部门的合伙人、律师们进行深入交流,当政策发布执行后,在业务部门看来,HR 根本不了解业务。他们制定的政策往往是基于过去的经验和自己的想象，而不是基于发展的需要，因而不贴合实际。本质上，他们眼中的 HR 不了解合伙人的工作，不了解律师的工作，这也就说明 HR 在思考机制、制定政策或建立流程时，通常会陷入自身的专业"深井"中，把工具和方法论用到极致，却容易忽视产出的结果是否匹配业务部门的需求。

(2) HR 陷入事务性工作，效能低下。HR 在律师事务所的角色常常被低估。尽管人是轻资产组织中最核心的资源，但近一半的律师事务所仍将 HR 视为非核心岗位。HR 不仅要承担行政和财务的职能，有时甚至还要兼任团队秘书的角色，协助完成招聘等任务。在这种环境下，HR 的角色并没有被明确定义为专业岗位。这导致即使负责招聘的 HR，也不得不将大量精力投入事务性工作中，无法专注于构建科学的招聘流程、绩效体系、人才盘点制度和律师培养体系等更有价值的工作。当 HR 陷入无尽的日常琐事，他们就无法集中精力在真正能为事务所带来价值的事务上，效能自然难以提升。

困境二：人力资源管理没有跟上业务脚步，没有有效的管理工具支撑，管理决定缺乏依据。这主要体现在以下 4 个方面。

(1) 面试程序缺乏科学依据。招聘靠聊天，过于看重硬性指标。如上文提到的目前市场上大多数律师事务所对于 HR 的定位不清，没有放在专业岗位上，而大多放在与行政、财务相复合的岗位上，甚至很多律所的招聘是由业务团队自己发布广告，进行面

试，HR 只是完成一个入职手续。在这样的情况下，HR 似乎不需要有专业背景，面试也大多依靠聊天，凭直觉判断，缺乏有效的科学依据。与此同时，合伙人并非专业面试官，大多靠自身经验的积累和认知水平识别人选，而 HR 又无法提供科学方法工具为合伙人赋能，所以只是通过短短的半小时到 1 小时的聊天判断候选人的素质，这种情况下可能也会招聘到好的候选人，但是往往更多依靠运气，而不是科学方法。

(2) 合伙制难以形成统一的用人标准，HR 无法把握招聘要求。在企业中，HR 只需要对接部门负责人，但是在律师事务所或会计师事务所这种合伙制企业，根据律所规模通常要一个人对接几十位合伙人，如果业务分工不明确，通常 HR 面对的合伙人涉及不同的业务，那么 HR 不仅要对合伙人团队所负责的业务有一个学习过程，更重要的是要清楚不同合伙人不同的特点。在用人方面，知识技能经验存在于冰山之上的要求可以统一，冰山之下的价值观也可以根据企业的文化进行统一要求，但是同样的在于冰山之下的性格特质，动机，则无法统一要求，而这些往往是团队成员之间长久合作的决定性因素。

(3) 缺乏人才盘点过程。在律师事务所中更多的是以团队为单位完成工作，所以合伙人最初只需要关心 4~5 位甚至 2~3 位团队成员，对于他们的工作表现和工作量也都心中有数。但是随着组织和团队规模扩大，或者对于事务所的管理层来说，如果依然对团队人员评价主要靠主观观察，缺乏对团队人员的数量和质量的实时监测,就会发生偏颇,造成某个成员的突然离职或其他变动,而陷入被动的局面。

(4)缺乏激励体系。对于律师事务所来说,人才发展路径非常明确,就是从律师到合伙人,与部分行业相比,相对短、平、快,特别是对于诉讼业务律师来说,独立速度很快,少则 3~5 年多则 10 年,律师与合伙人直接的关系很快就从上下级变成了合作伙伴甚至竞争对手。所以相较于其他行业,律师事务所管理者总是留有一分情面,不愿意把事情做得很极端。比如即使发现某个律师不合适,也总是下不了决心及时淘汰,那么在资源有限的情况下,就没有办法给更优秀的人更多,"大锅饭"文化就此形成。当然,不可否认这种留有一分情面的顾虑是可以被理解的,但是对于卓越的律师来说,没有得到有差别的激励和及时的认可,可能会选择离开。

为了应对这些挑战,律师事务所必须重新审视和构建其人力资源管理体系。这包括重新定义 HR、建立科学的招聘流程、明确用人标准、实施有效的人才盘点和激励机制。只有这样,律师事务所才能在激烈的市场竞争中保持领先地位,吸引和留住最优秀的法律人才。

困境三:HR 与合伙人之间的沟通不顺畅,信任桥梁没有建立。

在律师事务所这一高度专业化的环境中,合伙人通常被视为权威与决策的核心。他们的见解和建议对事务所的运营具有重大影响。然而,当合伙人未能充分认识到 HR 部门的专业价值时,可

能会导致沟通失衡。律师作为事务所的核心竞争力和主要收入来源，往往在组织中占据主导地位。在这种力量对比下，如果 HR 部门未能充分展示其专业能力，可能会逐渐丧失同事的信任，甚至从合作伙伴转变为单纯的执行者。

我们深知，信任是人力资源工作的核心。如果合伙人在管理过程中未能清晰地传达他们的需求、价值观，以及他们面临的挑战和期望，HR 部门将难以有效地解决问题，信任的建立也将受阻。这将导致工作推进停滞。

因此，HR 有责任主动建立和维护信任。需要运用专业知识和真诚的态度，积极与业务部门沟通，构建信任的桥梁。这不仅是人力资源管理的挑战，也是在专业精英环境中赢得尊重和信任的关键旅程。

困境四：HR 在企业文化的传承中没有发挥作用。

在企业的大家庭中，员工们往往对"文化"这个词汇敬而远之，觉得它太过虚无缥缈，似乎与他们的日常薪水和合伙人的创收无关，仿佛只是管理层的专属议题。尤其在律师事务所这种合伙制企业，组织结构相对扁平化，文化的传播更是显得尤为艰难。合伙人们各自带领团队，独立作战，除非案件需要，否则鲜有跨团队的合作。这种相对孤立的工作模式，使得团队之间的凝聚力并不强。随着事务所规模的扩张，文化逐渐被稀释，变得模糊不清。

对于 HR 而言，他们的工作似乎只是确保事务所日常工作的进行，而对于文化建设重视不足。然而，我记得在与一位资深合伙人深入交流时，他对我说："我希望你们能帮助事务所传递组织的价值观，吸引那些与我们志同道合的人。"这句话让我印象深刻，因为它让我意识到，对于每一个倾注心血于团队的管理者来说，基业长青是他们的梦想，而实现这一梦想的关键，正是那些拥有共同价值观的伙伴们，他们携手并进，才能共同推动事务所向前发展。

HR作为候选人接触到的第一个面孔，员工离职时的最后一个倾听者，其一言一行，都在无声地塑造着企业的形象，比如面试中HR通过言语、表情向候选人传递的信息，在校园招聘中向潜在员工描绘的职业发展蓝图，在绩效考核中设定的标准，以及在离职面谈中展现的尊重和坦诚，都在传递着企业的文化。然而，这些细微之处往往被HR自己忽视，认为自己在文化传承中没有发挥作用。因此，HR应当意识到作为组织文化的运营官，不仅要帮助管理层将文化落到实处，传播文化，还要用自己的一言一行成为文化的践行者。

003 打造高效团队：律师事务所人力资源部的灵活构建

熊启明老师在《人才池》一书中提出：大部分企业都把人力资源部门定位为职能部门，这是一个根本性的错误，因为当我们把人力资源部门定义为职能部门时，从人力资源总监到人力专员一条线下来，全都是职能思维，而职能思维一定是以自我为中心的。所以他们做事的逻辑是，既然有公司制度，而你没有按照制度办，那么我便照章办事。它们沉浸在"专业"里面设计大量的表格表单，却忽略了业务部门的需求。事实上，真正的人力资源部门应该上接企业战略需求，中接部门运营需求，下接员工成长需求。他进一步提出要想从根本上改变这种状态，人力资源不应该以自我为中心，而应该以客户为中心，从职能思维转变为服务思维，用服务思维重新定义人力资源部。

人力资源部门直接和间接掌握着人员配置、发展、评估、奖励、组织设计、信息传递等工具，是帮助一把手打造组织能力的强有力的帮手。前文提到，人力资源部门在律师事务所的专业价值距离被认可还有很长的路要走。我们必须承认和反省目前的困境，我在英国的人力资源管理课程上的第一堂课就是反省,教授提出,如果你想走进管理者岗位,那么就必须先学会对自己过去的经验作出评估、承认、思考和改进,这个过程就是反省。

如戴维·尤里奇所说:要不要取消 HR 部门不是一个好问题。一个好问题一定是有价值的,好问题本身及答案对解决问题是有建设性意义的,可以引领人们跨越理想与现实之间的鸿沟。为此,尤里奇教授提出了著名的四角色模型,认为 HR 要有效地创造价值,需要扮演好以下四大角色:战略伙伴、效率专家、变革先锋和员工后盾。熊启明教授则强调,一个真正有效的人力资源部门应当坚持市场思维,将自己定位为战略支持部门,将业务部门视作客户,根据他们的需求提供最有价值的服务。这意味着业务部门需要的不是管控,而是支持和服务。

那么,HR 应该如何提供这样的支持和服务呢?关键在于针对业务部门的痛点,打造 HR 自己的"产品"。只有当 HR 的"产品"真正为客户创造价值时,业务部门才会愿意持续"复购"。

大型律师事务所 HR 三支柱。

那么人力资源部门如何遵循市场营销的逻辑保证自己的产品/服务为业务部门创造价值呢?我认为首先要根据组织发展阶段和规模的大小进行有效分工。

当一种任务需要两个人以上协作完成时,就需要运用某种组织架构。杨国安教授在《组织能力的杨三角:企业持续成功的秘诀》(第 2 版)中提到组织架构是一个思考框架,帮助组织有系统

地把庞大的任务或目标分解成不同部门、层级和职位能完成的任务和职责。小规模律师事务所员工少,组织架构比较容易设计,重要性也相对较低,但是随着人员的增加,如何合理地设计组织架构,使大家有组织地分工合作、完成任务就显得格外重要。

从人的角度看,过去,工业经济时代关注的是标准,管理的是群体行为;知识经济时代关注的是信息,管理的是群体知识;而在如今的时代,谈到管理,管的是人性,理的是人心,强调是对个性的尊重,在"去权威"的环境中帮助员工自我管理、自我驱动与自我实现。

从组织角度看,在过去,组织强调大型化、内部化、集中化;在现在,要求组织去中心化、扁平化、分布式,可以使组织更快速地响应外界的变化。在这样的组织特征下,企业渴望推动员工自驱动、自管理,从而形成一个从被动到主动的自组织管理形态。

为了实现这样的自组织管理模式,大型律师事务所可以采用专家中心、业务伙伴、共享服务中心的HR三支柱组织架构的概念,形成以业务为导向的人力资源管理组织结构。

在大型律师事务所的人力资源组织架构中,建议采纳HR三支柱模式,以适应四角色的人力资源管理需求。该模式将人力资源部门划分为三个关键部分:专家中心(Center of Expertise,COE)、共享服务中心(Share Service Center,SSC)和人力资源业务伙伴(HR Business Partner,HRBP)。

第一章 律师事务所的人才管理革命

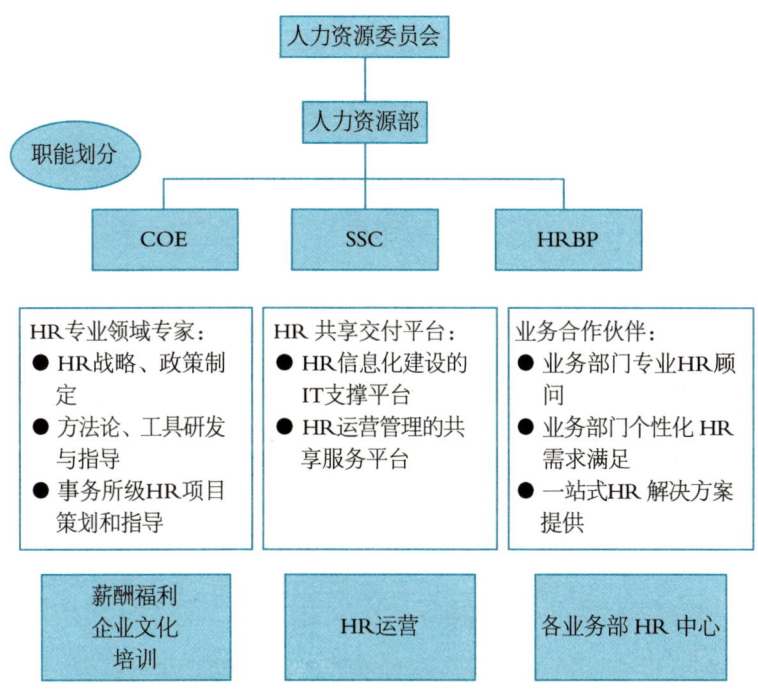

图1-1 大型律师事务所HR体系

支柱一：COE。COE的职责包括参与事务所战略的制定,设计全球或全集团统一的战略、政策、流程和方案,并根据不同地域或业务线的特点进行定制,以确保在全公司统一框架下满足业务部门的特定需求。准确地说,事务所统一的人力资源相关政策、方案、流程都应该出自COE。

支柱二：HRBP。HRBP是人力资源部门与公司其他业务部门之间的桥梁。他们负责理解业务部门的特定需求,提供定制化的HR解决方案,以支持业务目标的实现。比如,他们运用专业的

HR 方法论和工具，可能涉及人员规划、招聘、培训、绩效评估和薪酬激励等，为业务团队提供精准的支持，优化流程，培养业务部门的 HR 管理能力。由于律师事务所是一个人合组织，所以围绕"吸引人才、培养人才、发展人才"的工作职责是最为核心的，而且无论是在大型律师事务所还是中小型律师事务所这个部分都是必须存在的。

支柱三：SSC。SSC 是一种集中化的人力资源服务平台，提供标准化和高效率的行政性支持服务，如员工入职、离职手续、薪资发放、福利管理，提供各类证明文件，协助办理律师执业证、工作居住证和落户等。SSC 通过技术自动化和流程优化，提高服务效率，降低成本，并将 HRBP 和 COE 从日常事务中释放，使他们能够专注于更高价值的战略性工作。这个职能在很多互联网大厂是非常重要的，组织规模变大之后，这种高效的运作模式非常重要，但是目前大型律师事务所运用 SSC 的还是少数，所以短期来看还不是律师事务所的核心功能。

在 HR 三支柱与 HR 四角色的对应关系中，专家中心的 HR 负责战略价值选择，对应四角色中的战略伙伴和变革先锋。HRBP 作为 HR 领域通才，担任变革先锋、战略伙伴和员工后盾等多重角色。SSC 的 HR 负责平台和服务的选择，对应四角色中的效率专家和员工后盾。这种模式有助于律师事务所构建一个高效、战略性、以业务为中心的 HR 管理体系。

说完了人力资源部内部的组织架构，接下来，要面对的问题是，人力资源部应该向谁汇报呢？在合伙制律师事务所内，人力资源部的组织架构设计需兼顾专业性与扁平化管理的需求。鉴于此，建议成立一个人力资源委员会，由事务所的管理合伙人、不同业务部门的负责人、运营部门的负责人，以及人力资源部的负责人等组成。

参考业界实践，如小米集团在设立人力资源委员会时，由雷军亲自出任委员会主任，成员包括集团高管、总干部部长、总办主任、人力资源部总经理等，负责统筹管理人力资源战略、制定重大人力资源政策和审批重大组织结构调整及高级干部任免。这表明，小米集团的人力资源委员会由公司的高级管理人员和关键部门负责人组成，以确保人力资源管理与公司的整体战略紧密结合。此外，华为的人力资源管理委员会由人力资源总裁担任主任，成员包括人力资源部主管、各大部门主管等，这也体现了人力资源委员会在公司治理中的重要性。

那么有人可能会问，律所事务所设立人力资源委员会的意义是什么呢？我认为有以下5点：

（1）实现专业化管理：通过会聚来自业务、管理、合规等多个关键领域的专家，委员会能够对人力资源管理实施专业化的指导和监督。

（2）提高决策质量：委员会成员的多元化背景为决策提供了更全面的视角，这种方式有助于提出更有效的解决方案，从而提升决策的质量和效果。

（3）增强透明度：委员会的工作方式和决策过程的透明度，有助于提升律所管理的开放性和诚信度，从而增强所有利益相关者的信任。

（4）战略对接：委员会确保了人力资源管理与律所的整体战略目标紧密对接，支持律所的长期发展。

（5）风险预防：鉴于人才市场的复杂性和不确定性，委员会通过前瞻性的风险管理和规划，能够及时识别潜在的人力资源风险，并制定有效的预防措施。这种积极主动的管理策略有助于减少不确定性，保护律所免受潜在风险的影响。

在这种模式下，人力资源委员会或管理人力资源部门的相关委员会应向事务所的最高管理机构汇报，例如合伙人会议或执行委员会，确保人力资源管理决策与事务所的整体战略和目标保持一致。正如拉姆·查兰所强调，我们必须对人力资源管理进行系统化的定义和战略性重塑，由内而外地以人才、领导力和文化为核心，重新界定人力资源的成果。这种以价值创造为导向的 HR 战略，对于多元化经营、矩阵式管理的大型律师事务所尤为重要。为此，采用 HR 三支柱模式结合人力资源委员会的架构，将有助于事务所在不断变化的业务环境中，快速适应并把握机遇。

可能很多人会问，中国大型律师事务所数量并不多，那么对于大多数中小型律师事务所的人力资源部门该如何定义？组织架构的设置是以更有效率地支持业务而设定的，既然我们主张一切以业务为导向，那么 HR 这个角色所承担的职责相比这个部门所处的位置更为重要。

对于中型律师事务所,我们可以借鉴 HR 三支柱模式来进行人力资源管理的布局。设想一下,有人是 COE 的角色,专注于流程优化和政策制定;另一位同事承担 HRBP 的职责,全面负责招聘和满足业务部门的人力资源需求;还有一位同事负责 SSC,处理日常的人力资源事务。如果团队规模更小,我们可以考虑将 HRBP 与 COE 的职责合并,以提高资源利用效率。

对于规模更小的律师事务所,可能只有 1~2 位 HR 专员,前文提到既然是以服务思维考虑问题,意味着贴近业务最为重要,那么这个负责人充当 HRBP 的角色尤为关键,因为他们直接面对业务需求,是连接人力资源与业务战略的桥梁。在这种情况下,将日常的 SSC 工作外包给专业公司,不仅可以减轻内部 HR 的负担,还能确保专业服务质量,让 HR 团队能够更专注于战略层面的工作。这样的灵活配置,既能保证人力资源管理的专业性和效率,又能确保业务需求得到有效支持。

004
塑造卓越HR：律师事务所高效能HR的关键素质

在前一章我们讨论到以目前中国大多数律师事务所的规模、发展阶段来看，紧密贴近业务的 HRBP 和负责制定政策和流程的 COE 更符合对于律师事务所中人力资源管理者的角色，我们可以理解为对于大多数律师事务所，人力资源管理者必须做到 HRBP 的角色，如果是律师事务所中的人力资源高级管理者甚至是人力资源负责人则需要承担 HRBP 和 COE 的角色，因此，本书将以 HRBP 角色为重点探讨律师事务所人力资源管理者的画像。

(1) 像产品经理一样思考。

在深入探讨 HRBP 的胜任力之前，我们必须认识到，律师事务所中的 HRBP 首先需要像产品经理那样进行思考。简言之，他们应当采用运营思维而非传统的管控思维。管控思维以流程为中心，关注的是任务的完成；而运营思维则以成果为导向，要求 HRBP 和他们的团队作为任务的第一责任人，像项目经理一样对项目全程负责并跟踪到底。在这种思维方式下，评估项目运营成果的公式变得简单而直接：收入 − 成本 = 利润。这意味着在运营任何项目时,产出是关键——重要的不是完成了多少工作,而是完成了多少有价值的工作。

HRBP冰山之上的知识和技能如图1-2所示。

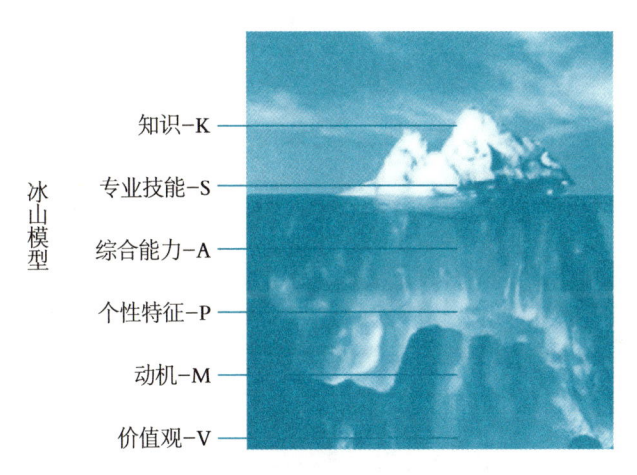

图1-2 麦克利兰冰山模型

冰山模型：
- 知识-K
- 专业技能-S
- 综合能力-A
- 个性特征-P
- 动机-M
- 价值观-V

根据麦克利兰的冰山模型,胜任力包含知识、专业技能和冰山之下的综合能力、个性特征、动机、价值观。他认为决定一个人工作上能否取得好的成就,除了拥有工作所必需的知识、专业技能,更重要的是其深藏在大脑中的人格特质、动机及价值观等;人力资源专家李祖滨老师认为招聘中应该放宽冰山上的条件,坚守冰山下的条件。在我看来律师事务所的知识、技能上应具备其他组织对于HRBP岗位的要求,具体见图1-3。

```
                    ┌─ 公司基本信息
          ┌─公司知识─┼─ 业务信息
          │         └─ 组织人员信息
          │
          │         ┌─ 人力资源基础管理理论
          │         ├─ 组织管理思想与模型方法
          │         ├─ 组织架构设计框架
    ┌─知识┼─专业知识─┼─ 任职资格体系
    │     │         ├─ 组织与人才诊断盘点系统方法
    │     │         ├─ 社会心理学
    │     │         └─ 各模块相关专业知识
    │     │
冰山之上─┤     │         ┌─ 劳动法与人事相关政策
    │     │         ├─ 竞争对手公司、竞争对手产品、竞争
    │     └─环境知识─┤   对手人才
    │               ├─ 行业产业架构和发展趋势
    │               └─ 行业人才竞争情况
    │
    │         ┌─ 时间管理能力
    │         ├─ 数据分析能力
    └─技能────┼─ 业务理解能力
              ├─ 项目管理能力
              └─ 各模块的专业技能
```

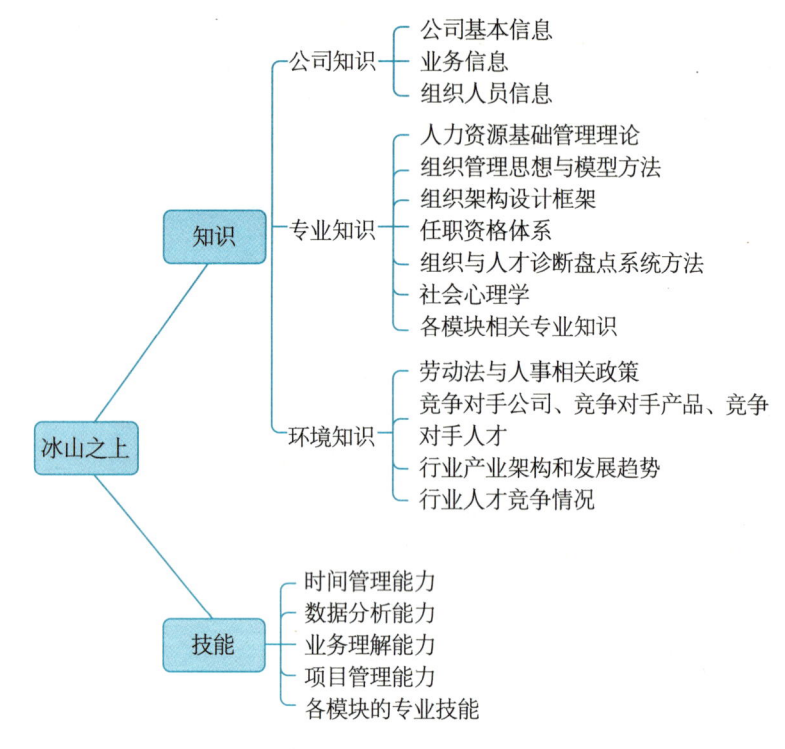

图1-3　HRBP应掌握的知识和技能

在知识层面,一个合格的 HR 业务合作伙伴应主动学习公司的基本信息、业务信息和组织人员信息,各部分具体涵盖的内容如下。

①公司知识。

公司基本信息:公司简介、发展历程、企业文化、核心流程制度、组织管理治理模式、标杆客户、发展战略等。

业务信息:业务模式、服务/产品核心特点、面向客户的一体化

解决方案、业务价值链、业务流程。

组织人员信息：组织架构图、岗位职责与协作关系、绩效目标与过往绩效结果、人才盘点信息及未来发展规划。

②专业知识。

人力资源基础管理理论：组织行为学、人力资源管理、人力资源发展史及与 HR 三支柱体系理论。

组织管理思想与模型方法。

组织架构设计框架。

任职资格体系。

组织与人才诊断盘点系统方法。

社会心理学。

各模块相关专业知识：绩效管理发展史及各工具的应用、招聘甄选技术与面试评估等。

③环境知识。

劳动法与人事相关政策。

竞争对手公司、竞争对手产品、竞争对手人才。

行业产业架构和发展趋势。

行业人才竞争情况。

在技能层面包含以下内容。

①时间管理能力。时间管理的重要性不言而喻，我认为在律师事务所中做 HRBP，这个能力的重要性会更高。首先，HRBP 的工作内容本身就有一些耗时较长的工作。一些花费大量时间的工

作包括：个案处理（如处理违纪问题，协商解除问题，冲突的处理）；完成操作性任务（如安排和参加招聘工作）；进行分析统计（如进行招聘数据分析，绩效薪酬数据统计）；新员工培训、离职面谈等。

其次，由于律师事务所或会计师事务所组织结构的扁平化，无论律师事务所规模多小，一个 HRBP 都要对接多位合伙人。挑战性不言而喻。如果这个时候 HRBP 对自己工作重要性排序没有概念，时间会被大量的琐事占用，也会大大限制自己的成长空间。

②数据分析能力。数据分析能力能够帮助 HRBP 精准决策和预测未来趋势。比如，通过分析员工绩效数据、招聘渠道效果、员工满意度调查等，HRBP 能够为人力资源决策提供数据支持，确保决策的科学性和有效性。同时，利用数据分析，HRBP 可以预测人才流动趋势、培训需求等，从而提前规划和准备，以应对未来的人力资源挑战。

③业务理解能力。深入理解业务部门的工作流程、目标和挑战，使 HRBP 能够更好地将人力资源策略与业务目标相对接，确保人力资源工作与公司战略同步。

④项目管理能力。HRBP 需要管理多个人力资源项目，如校园招聘、员工培训、绩效评估、组织变革等，项目管理能力不仅能确保这些项目能够按时、按质完成。还能确保人力资源项目能够获得必要的支持和资源，如预算、人员和时间。

⑤各模块的专业技能。HRBP应当将自己塑造成一个全能型的专业人才,缺乏其他模块关键技能可能会导致工作能力的局限和判断力的不足。以选择绩效考核工具为例,管理领域提供了多种方法,如管理目标法(Management by Objectives,MBO)、关键绩效指标(Key Performance Indicator,KPI)、平衡计分卡(Balanced Score Card,BSC)、目标与关键结果(Objectives and Key Results,OKR)和绩效管理周期(Personal Business Commitment,PBC)。每种方法都有其倡导者和支持者。作为HRBP,我们不能仅追随当前流行的OKR等方法,更重要的是能够根据企业的具体状况和需求作出合适的选择。例如,许多HR专业人士选择OKR作为行政和职能岗位的绩效目标设定工具,因为这些岗位的工作成果往往难以量化。然而,实际上OKR并不仅限于解决量化难题;它更适合于那些需要长期投入才能看到成果的岗位,如科研领域。对于基础性岗位,简单直观的KPI可能更加适用。

(2)冰山之下的素质能力也值得讨论。

2016年,戴维·尤里奇提出了最新的HR胜任力模型,这一模型涵盖了九大关键领域:人力资本管理者、薪酬福利大管家、可信赖的行动派、技术与媒体整合者、数据分析和解读者、合规性监督者、战略定位者、文化和变革推动者以及矛盾疏导者。在这些领域的胜任力构成了对HR专业人员的全面要求。

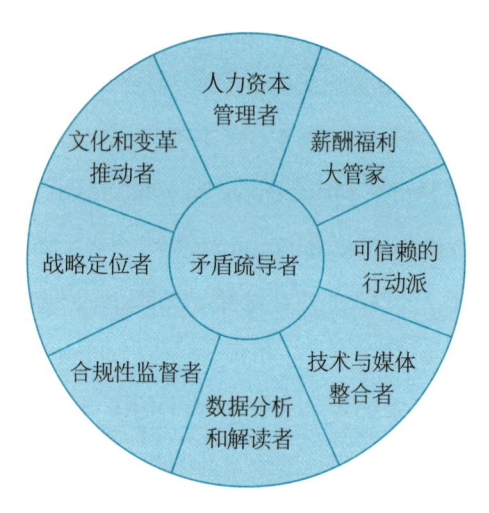

图 1-4 戴维·尤里奇提出的 HR 胜任力

然而,针对中国律师事务所的发展现状和律师团队的具体业务需求,我认为在 HRBP 的角色中,以下几项胜任力尤为重要:作为战略定位者,参与制定并推动实现业务战略;作为人力资本管理者,确保适合组织的人才引进和有效配置;作为可信赖的行动派,用自身可靠的人品和高效的执行,助力业务发展,保障员工权益;作为矛盾疏导者,解决内部冲突,促进团队和谐;以及作为合规性监督者,保障事务所遵守相关法律法规。这些角色对于律师事务所的 HRBP 来说,是实现业务目标和推动组织发展的关键。接下来我们来具体解释一下不同角色下胜任力的含义。

(1) 战略定位者。

该胜任力主要考察人力资源从业者评估内、外部商业环境的能力,以及将其转化为洞见的能力。战略定位作为连接"人"与

"业务"的重要胜任力,这要求人力资源从业者不仅要有商业远见,更要能结合组织实际,转化远见为洞识,切实帮助组织完成战略的布局和决策的制定。作为律师事务所HRBP,身在法律服务行业,人力资源管理不仅仅是处理日常的人事事务,更要与律所的整体战略紧密结合,以确保人才的配置和发展能够支持律所的长期目标和市场定位,因此,我们将这种能力总结为战略执行。

(2)**人力资本管理者**。

人力资本管理者应具有识别并发展适合组织目前及未来业务需求的人才的能力。这一点对于律师事务所人力资源管理者是最重要的工作,即便是HRBP的其他职能都被认为价值相对不高,高层管理者也不会认为这一点与HRBP无关,更不会认为这个工作是不重要的。当然仅仅是引进是不够的,将人才吸引进来,在这个平台上发展他们才是最终的目的,因此要做到合格的人力资本管理者最重要的是具备识人善用的能力。

(3)**可信赖的行动派**。

该胜任力主要考察人力资源是否能在组织内部赢得信任和尊重,从而被视为有价值并能创造价值的合作伙伴。在律师事务所中需要人力资源从业者具有很好的信誉以及超强的行动力,以行为赢得信任。因此,无论是日常事务的执行,还是在组织改革的推动,律师事务所的HRBP都需要建立自身信誉,积极高效,以充足的正能量影响他人,因此,我们将这种素质定义为高效可靠。

(4) 矛盾疏导者。

律所 HRBP 作为矛盾疏导者的角色至关重要,因律师事务所的合伙制原因,HRBP 不仅要处理日常的人事管理问题,还要能够协调各方利益,避免潜在的矛盾和冲突。特别是 HR 在面对经济转型和组织架构调整时,会遇到的各方阻力。要想在各个利益相关者的矛盾中,找到并保持自己前进的方向,就要求 HR 能够处理和疏导各种矛盾,因此,这种能力我们可以总结为矛盾疏导能力。

(5) 合规性监督者。

随着全球化进程,律师事务所国际化发展不断加速,HR 需要适应越来越多的如来自其他国家的、来自组织的法规,很多事务所已经将合规作为单独的部门。对于 HR 来说,他们需要为员工的权利说话、保证自己与准则一致并确保基础事务被有效处理。因此,我们将合规管控角色所具备的能力总结为风险管控能力。

上述,我们探讨的是律所 HRBP 位于冰山之下的浅层次的"专业能力"部分,那么处在冰山最深处的其他重要的"价值观"应该是什么样的呢?

德锐咨询曾做过一个调查,普通企业的人力资源管理者冰山之下的领导力素质为"亲和力""沟通技能""影响能力",但卓越企业冰山之下的领导力素质为"先公后私""坚定信念""组织智慧"等。他们认为在个人层面上,一个组织中的人力资源管理者要具备先公后私的利他精神,才能保证在处理人的事情上以组织利益优先,保持身份客观性。同时,个人层面上还应该具备执着的坚定信念是变革有效落地的关键驱动力。此外,在人力资源管理的各项工作中,对于更高级别的人力资源负责人有着更高的要求,他们需要基本敏锐的组织智慧,以做好企业家、业务部门负责人,以及员工之间利益平衡,做好短期工作和未来规划之间的安排,处理好组织稳定有序和创新活力之间的矛盾,保证组织变革的成功落地,最终达成组织目标。这些能力具体体现在以下方面。

利他思维。"先公后私"这一理念,是李祖斌先生在深入研究吉姆·柯林斯提出的"第五级经理人"特质后,赋予其的新的诠释。在这一理念中,组织的整体利益和长期发展被置于个人利益和短期目标之上,体现了一种在确保组织利益基础上追求个人价值的卓越素质。在律师事务所这一特定背景下,我倾向于将"先公后私"的精神解读为一种利他的思维模式。首先,人力资源工作者从不是舞台的主角,我们需要做成就别人的人,并能够为他人和组织的成功欢欣鼓舞。其次,也许当面对重大冲突的时候,我们的个人利益和得失经常受到挑战,此时,需要锻炼自己强大的内心,不为一时的得失而去内耗、消沉,做到守护好自己的初心。最后,要守正出奇,虽然代表组织发声,但也要维护员工的利益,如果只是想着如何成就自己,只做向上管理而忽略组织整体利益和员工利益,那势必在工作中动作变形,作出不公正的决策,成为组织的匆匆过客。

正向思维。在心理学领域,"皮格马利翁效应"揭示了一个深刻的真理:我们的期望能够塑造现实。当人们对某一情景抱有积

极的预期时,他们的行为往往会不自觉地推动情境向预期的方向发展。那么从人力资源从业者的角度上,需要做到两个相信:一是相信组织能够实现自己的愿景;二是相信自己所支持的管理者、员工具有无限的潜力,只有自己先去相信才能将积极的正能量带给周围的人。在日常工作中,难免有员工因为某些事情对组织不满,会在各种途径对组织进行"吐槽",此时,我们需要做的是倾听员工的声音,搞清楚原因,而非忽视员工的感受,也不是因为风言风语对组织的未来不看好,自己先做"负能量"代言人。人类在个人命运的旅途中,尚且沟沟壑壑,千回百转,更何况组织的命运,一时的风雨与辉煌只代表现在的晴雨表,未来是组织的每一个人去撰写的。所以,相信"相信"的力量,形成正向磁场。

团队合作。团队合作是现代组织文化中的核心价值之一,尤其在律师事务所这样高度依赖团队协作的环境中,它的重要性更是不言而喻。在律师事务所中,每位员工都应积极融入团队,接受同事的支持和帮助。成员之间应当紧密合作,共同完成各项任务,确保团队目标的顺利实现。这种基本的团队合作精神是每位员工必须达到的胜任力标准。对于 HR 岗位,贴近业务的 HRBP 应是善于和不同类型的同事合作,不将个人喜好带入工作,充分体现"对事不对人"的原则;而对于律师事务所中人力资源部门负责人则应该有"主人翁"意识,积极正面影响团队,改善团队的士气和氛围。

组织智慧。中国的律师事务所在追求长期发展的道路上,面临着规模化、专业化乃至国际化的挑战。虽然西方律所的成功经验值得借鉴，但鉴于中国的国情和法律体系的独特性，律所的管理模式仍在不断的探索与创新之中。在这个不断变革的环境中，一流的律师事务所 HR 扮演着至关重要的角色，他们不仅是变革的推动者，更是平衡利益、安抚人心、坚持正确决策的关键力量。以下是组织智慧在这一过程中的四个具体体现：

对组织不同类别人员利益需求的敏锐洞察：律师事务所内部的管理者、团队负责人和普通员工，他们的诉求和期望往往各不相同。HR 需要具备高度的敏感性和洞察力，以便捕捉并理解这些不同的利益诉求。通过构建统一的企业文化和价值观，以及实施有效的激励机制，HR 能够将这些不同的利益群体紧密地联系起来，共同追求律所的长远目标。

把握变革的节奏与时机：变革是一个复杂的过程，斯图尔特·布莱克与霍尔·B.格森将其分为前瞻性变革、反应型变革和危机型变革 3 种类型，他们所付出的变革成本由低到高。HR 需要具备辨识变革时机的能力，并在适当的时刻推动变革，以最小的成本实现最大的效益。同时，他们还需要评估变革可能带来的风险和员工的接受程度，为律所的业务决策提供专业的建议。

预判并引导组织情绪：变革过程中的情绪管理同样重要。员工对于变革的接受往往需要一个过程，从最初的抵触和惊讶，到恐惧和担忧，最终接受和认同。在这个过程中，HR 不能袖手旁观，而应主动介入，通过沟通和引导来安抚员工情绪，提供稳定感，并积

极赋能,以促进变革的顺利进行。

坚持原则与适当妥协:在律所变革的关键时期,HR 需要具备坚定的原则性和自主判断力,区分长远利益与短期利益,整体利益与局部利益,并始终维护律所的长期和整体利益。在面对一些激进的变革措施时,他们可以选择更加温和和长期的推进策略,以平衡律所与员工之间的关系,坚持正确的方向,避免成为单纯执行决策的工具。

律所高绩效 HRBP 冰山之下的素质能力。

结合戴维·尤里奇的高绩效 HR 胜任力模型和德锐咨询 CHO 的领导力素质,我们确定了律师事务所 HRBP 所需的核心胜任力,即冰山之下的素质。我认为,无论 HRBP 是否担任管理职位,只要他们深度参与业务并成为律师团队的紧密合作伙伴,这些深层次的胜任素质就是必不可少的,并且在招聘过程中对这些素质的要求是不容妥协的。

对于担任律师事务所人力资源高级管理职位的 HRBP 来说,他们在冰山之上需要精通更为高阶的人力资源管理和领导力知识与技能,这通常意味着他们应具备丰富的人力资源管理经验和对法律业务管理的深刻洞察。对于那些处于成长期的高绩效 HRBP,虽然他们在冰山之上的知识技能尚在积累和学习中,但他们同样需要具备冰山之下的基本胜任素质——"踏实可靠""利他思维""坚定信念""团队合作"。不同之处在于,在职业素养上高级管理者需要具备更高阶的组织智慧,他们不仅需要对组织不同类别人员利益需求敏锐洞察,平衡各方利益,还要在变革中将计划变为结果,维护组织长远利益和整体利益,致力于帮助组织提升能力。

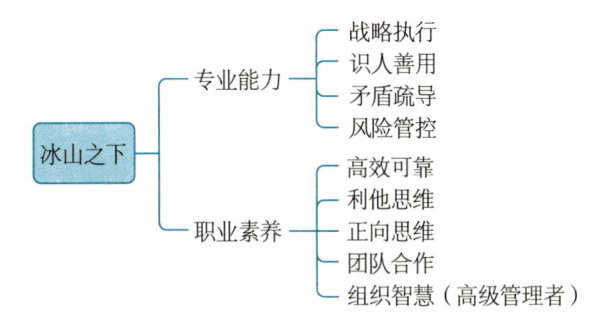

```
                    ┌─ 战略执行
          ┌─ 专业能力 ─┼─ 识人善用
          │          ├─ 矛盾疏导
          │          └─ 风险管控
冰山之下 ──┤
          │          ┌─ 高效可靠
          │          ├─ 利他思维
          └─ 职业素养 ─┼─ 正向思维
                     ├─ 团队合作
                     └─ 组织智慧(高级管理者)
```

图 1-5　律师事务所 HRBP 冰山之下素质能力

005
驾驭AI浪潮：HR如何在AI时代保持核心竞争力

在人工智能（Artificial Intelligence，AI）的浪潮中，人力资源领域正经历着一场前所未有的变革。大数据、云计算等新技术的快速发展和应用让人力资源管理的智能时代悄然而至。作为HR从业者，我们站在这场变革的前沿，既有机会引领潮流，也可能面临被潮流淘汰的风险。

AI工具的运用极大地提升了我们处理日常任务的效率。那些曾经需要我们投入大量时间和精力的可见的、易于量化的工作，如信息的收集、检索和处理，甚至是政策文件的编写、表格的制作、薪资的计算，都能由AI在瞬间完成。更不用说简历搜索、预约面试这些工作，AI更是能轻松应对。这样的技术进步，无疑为HR带来了巨大的助力。在《当HR预见AI——用人工智能重新定义人力资源管理》一书中，展示了AI在选、育、用、留四大场景中发挥的作用，如图1-6所示。

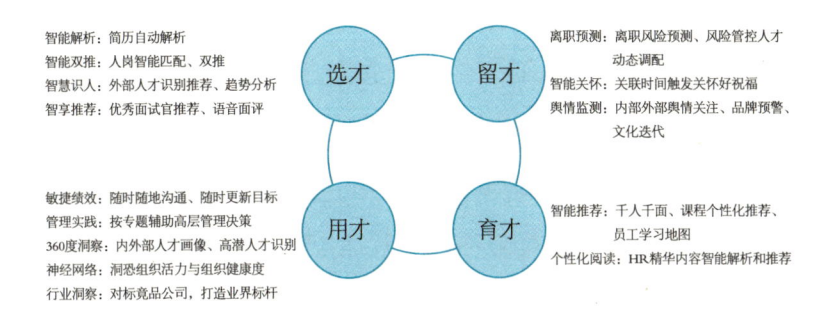

第一章 | 律师事务所的人才管理革命

智能解析：简历自动解析
智能双推：人岗智能匹配、双推
智慧识人：外部人才识别推荐、趋势分析
智享推荐：优秀面试官推荐、语音面评

选才　留才

离职预测：离职风险预测、风险管控人才动态调配
智能关怀：关联时间触发好友好祝福
舆情监она：内部外部舆情关注、品牌预警、文化迭代

敏捷绩效：随时随地沟通、随时更新目标
管理实践：按专题辅助高层管理决策
360度洞察：内外部人才画像、高潜人才识别
神经网络：洞恐组织活力与组织健康度
行业洞察：对标竞品公司、打造业界标杆

用才　育才

智能推荐：千人千面、课程个性化推荐、员工学习地图
个性化阅读：HR精华内容智能解析和推荐

图1-6　人工智能在选、育、用、留四大模块的应用场景①

然而，随着 AI 在 HR 领域的应用越来越广泛，一些声音开始出现：HR 的工作会不会被 AI 取代？这种担忧在一定程度上是合理的。原中国人事科学院院长王通讯老师指出："我可以很负责地告诉你：

在工作快捷性和准确性方面，你肯定不如机器人；

在工作质量上，机器人很容易超越你；

机器人能够发现你发现不了的问题；

机器人能够完成你完成不了的任务；

你需要得到机器人的帮助，同机器人一起工作。总之，希望你不要成为被机器人替代的人。"

面对这些危机，我们能做些什么呢？我始终相信人类既发明了机器人，那么就证明我们是更强大的。王通讯教授还指出：在情

---

① 王崇良、黄秋钧：《当 HR 遇见 AI：用人工智能重新定义人力资源管理》，人民邮电出版社 2022 年版。

— 041

感、抱负、想象力等方面人类比机器人有优势。

以 HR 工作举例，HR 工作的核心价值，并不在于那些容易量化的表面任务，而在于那些"冰山之下"的深层次能力。这些能力包括对人心的洞察、对人性的理解、在冲突中的协调和决策能力，以及创新思维等。这些能力高度个性化，涉及复杂的意识活动，是 AI 难以复制的。

在日常工作中，我们的每一次有效沟通、每一次深入理解他人需求、每一次成功解决问题，甚至每一次共情和支持，都在积累我们的信任。这些信任和默契是 AI 无法取代的。因此，面对 AI 的挑战，我们应该积极拥抱变化，提升自我，感激 AI 给我们配了"助手"，让我们有更多时间去提升思考能力和认知水平。利用自己看懂人心、理解他人需求的优势，找到自己的核心竞争力，去影响而非管理他人。

前百度公司人力资源和行政管理高级副总裁刘辉提出：未来，在人才、组织、思想的三要素中，人力资源管理数据平台会起到越来越重要的作用。COE 一定会被大数据赋能提升，HRBP 也会变得越来越强大。"数据平台 + HRBP"的模式将成为人力资源管理的发展趋势。只有做好数据资源管理，HRBP 才能拥有更有力的"武器"，才能提升企业发展的战略协同性。因此，人力资源从业者需要提升自身的智能思维和数据化能力。

与其焦虑"会不会被 AI 取代"，不如思考如何"精进自己"。只有通过提高认知水平，加强对人性的理解，我们才能在 AI 时代中找到自己的独特位置,为组织的成功作出不可或缺的贡献。

每当对未来感到焦虑的时候,我总是想起一位长辈曾经说的一句话:"水深水浅不是你该想的事情,你只需要专注于学会游泳就够了。"

开启业务之门：律师事务所的团队沟通策略

第二章

001
HR的业务智慧：律师事务所的业务矩阵解析

HRBP，即人力资源业务支持伙伴，这个名字本身就蕴含了其核心使命——成为业务发展的得力助手。作为伙伴，HRBP的首要任务是深入理解并支持业务部门的需求，确保人力资源策略与业务目标紧密对接。然而，业务部门对HR的常见抱怨往往是"你们不懂我们的业务，怎么能有效沟通？"这似乎暗示了一个观点：只有深入了解特定行业业务的人才能胜任HR的角色。但放眼各个行业，我们会发现这种观点并不成立。那么，对于律师事务所的HRBP来说，他们需要掌握哪些业务知识呢？

为了解答这个问题，我们可以参考图2-1，这是一个从空间和时间两个维度构建的律师事务所HRBP业务矩阵。这个矩阵不仅展示了HRBP需要了解的业务领域，还揭示了他们在不同发展阶段应该关注的业务动态。

		未来			
		愿景使命		宏观环境	
		战略目标	战略规划	行业发展趋势	
重点工作	工作计划	年度目标	年度规划	竞争环境分析	
内部					外部
	组织信息	业务信息		客户画像	
	事务所架构	事务所业务		发展历程	
	发展历程	部门业务		业务发展趋势	
	部门职责	业务核心竞争力		竞品企业	标杆企业
	部门架构	商业模式		行业规模	行业细分
	部门负责合伙人	业务流程			
	部门所有合伙人	关键指标			
	各合伙人主要业务				
	核心骨干				
	意见领袖				
	高潜律师				
		现在			

图 2-1　律师事务所 HRBP 业务矩阵

图 2-2 为通过哪些渠道可以了解业务矩阵中的内容。

第二章 开启业务之门：律师事务所的团队沟通策略

如何快速了解业务

访谈业务部门负责人

各类业务会议

公司邮件

公司内部网站

访谈合伙人

访谈内部资深同事

未来 ↑

政府报告，行业报告

行业峰会、热点新闻

面试候选人

	愿景使命		宏观环境
	战略目标	战略规划	行业发展趋势
重点工作	工作计划	年度目标	年度规划	竞争环境分析

内部 ←──────────────────────→ 外部

组织信息	业务信息
事务所架构	事务所业务
发展历程	部门业务
部门职责	业务核心竞争力
部门架构	商业模式
部门负责合伙人	业务流程
部门所有合伙人	关键指标
各合伙人主要业务	
核心骨干	
意见领袖	
高潜律师	

客户画像	
发展历程	
业务发展趋势	
竞品企业	标杆企业
行业规模	行业细分

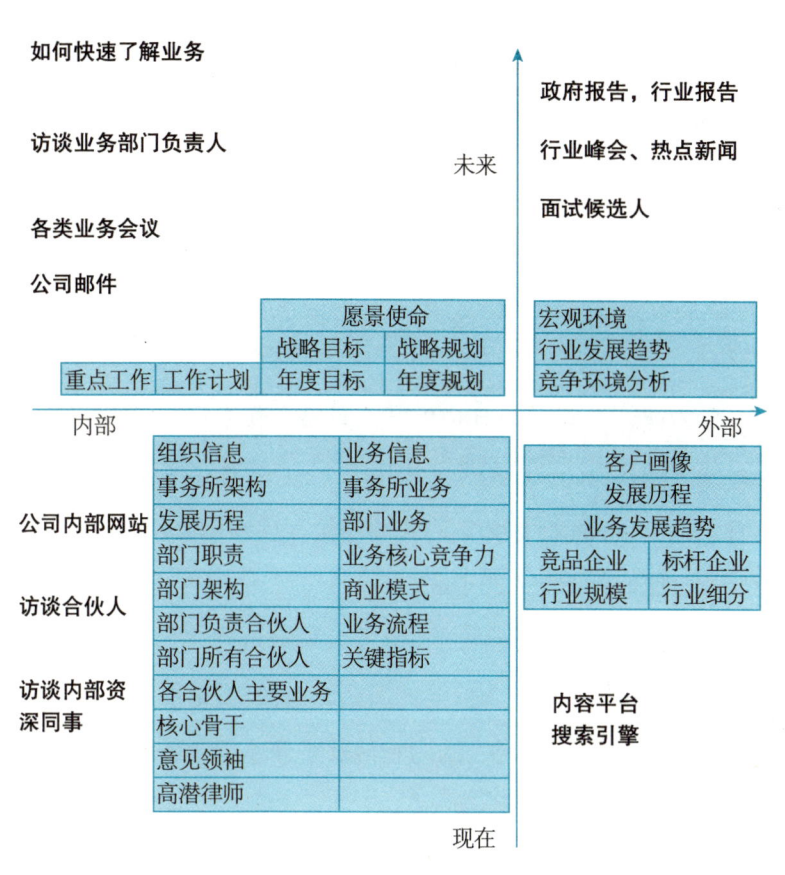

内容平台
搜索引擎

↓ 现在

图 2-2　业务矩阵学习途径

— 049

002 合伙人画像：顶级律师事务所的合伙人

作为律师事务所的 HRBP，我在日常工作中打交道最多的就是合伙人和其他律师。如果要量化一下，大约有 60% 的时间是在与合伙人交流，而剩下 40% 的时间则是与律师们互动，这样的日常让我对他们有了深入的了解。

经常会有来自不同行业的 HR 朋友好奇地问："你们那儿的合伙人和律师都是怎样的人？他们那么出色，是不是很难相处？"这个问题总是让我会心一笑，因为它触及了律师行业特有的文化和个性。

那么，不妨让我们来深入探讨一下这个话题。合伙人和其他律师，他们不仅是法律领域的专家，也是事务所大家庭中的重要成员。他们的优秀不仅体现在专业能力上，更在于他们对待工作的热情和对客户的负责态度。当然，他们也有自己独特的个性和风格。正是这些多样性，构成了事务所丰富多彩的工作环境。接下来，我将带您走进他们的世界，一起了解这些法律从业者的真实面貌。

在了解合伙人之前,我们先了解一下律师这个职业的特点,因为很多律所之外的人,并不是非常清楚这个职业,甚至在法学院就读还没有实习的同学对律师的印象还停留在电视作品里戴着假发在庭上与对面针锋相对的那个人。

关于律师职业的特点,君合律师事务所肖微律师在《律师之道》中曾进行了比较全面的总结。首先,律师属于知识型人才,需要对法律专业知识掌握得非常精专,又需要涉及的面非常的广,如商业、政治、经济、历史及客户所在行业的相关知识等。其次,工作内容不固定具有新颖性挑战性,即使是近似的业务类型,因行业不同、客户需求不同、发生的时点不同、发生的地域不同,就会产生不同的问题,律师就是要致力于独立、具体地解决问题。任何项目中的法律问题都不可能公式化地解决,所以,即使是同一个问题,放在不同的项目中,也可能会有不同的答案,成为律师新的挑战。再次,相较于其他行业晋升较快。在律师事务所,没有过于严格的上下级之分,内部人际关系相对简单,从初级律师到合伙人需要10年左右的时间。最后,作为律师,收入相对稳定,即使独立了,其所投入的成本也相对较少,属于轻资产创业,不像其他领域需要前期大量的投入。红圈所的律师相较于同行业的律师在薪资待遇上也更具有优势。

与之相对的是,也具有很大的挑战性,无论是非诉律师还是诉讼律师他们的工作强度非常大,往往手里有多个项目和案件在跟进,加班是这个职业的常态,陪伴家人的时间大大减少。律师是一

个服务行业,因而让客户满意是律师的首要原则之一。肖律师描述道:"饭馆尚且有个开门和打烊的时间,律师却没有。如果客户下班的时候要求第二天早上看到一个新的文件,律师可能需要挑灯夜读甚至通宵无眠;如果客户需要在短期内完成一个超级复杂的项目,律师可能好几个月没有周末;如果客户在国外,那可能每天清晨和夜晚就是你开电话会议的时候。除了加班加点,在项目多的时候,白天正常上班时间更是忙碌异常,你可能刚放下电话,电话铃就响起;这边正在开电话会,那边手机就追过来;上个合同还没改完,客户的新合同又发过来,而且是当天就要。这种时候,连上个厕所、和同事打个招呼、吃个饭都成了奢侈。"这段描述非常真实地展现了律师的日常工作状态。

  对他们的职业有一个认知之后,那么我就谈一谈个人对于顶级律所合伙人的印象。

  追求卓越。作为毕业之后为不同行业雇主服务过的员工,对于卓越的追求在律所体会得最为深刻。合伙人们始终以更高的标准来激励自己和团队,无论是专业技能还是团队管理方面。即便成员的工作得到了他们的认可和表扬,他们仍会持续思考如何进一步优化。随着时间的推移,他们会主动探询:"我们是否还能做得更好?"这种对卓越的不懈追求,不仅推动了团队的持续成长,也鼓励每个人不断挑战自我,力求做到最好。

  敬业靠谱。在顶级律师事务所工作,我们会发现即使是在下午或晚上发送给合伙人的邮件,通常也会得到迅速的回复。如果在发送后没有立即收到回复,往往在次日清晨醒来时,我们会发现他们在前一晚的深夜中已经处理了邮件。即使合伙人暂时无法立即回答成员的问题,他们也会及时回复,确认收到,并告知将进行进一步了解。很少让邮件石沉大海。我经常问自己:如果自己处于如此忙碌的状态,是否能够做到同样迅速的反馈。这让我意识到,要达到这样的工作效率和专业水准,我还有很长的路要走。这不仅是对个人时间管理能力的考验,也是对职业责任感和对工作尊重的体现。

勤勉。勤勉是顶级律师事务所合伙人们的共同特质。上班时间经过他们的办公室,我们会发现他们中的许多人已经早早到岗,有些甚至在早上7点就已经开始了一天的工作;而到了下班时间,他们依然坚守在岗位上,有时甚至通宵达旦。他们的工作态度始终如一,不知疲倦,全力以赴。在律所,几乎很难听到管理层不作为,而自己却不得不加班加点的抱怨。却常听到律师们带着无奈和敬佩的口吻询问:"我的老板似乎永远不知疲倦,他们是怎么做到的?"

坦诚真诚。很多人对律师的印象就是巧舌如簧,会把没理的事情说成有理,但是其实这是非常大的误解。特别是在一流律师事务所,很多合伙人就是技术型人才的典型,他们喜欢直接和坦诚地沟通,甚至一些合伙人会直接说:"我不喜欢绕弯子。"在与他们沟通前,我也曾非常忐忑,担心自己会不会有些话说得不恰当,但事实是即便是很资深的合伙人,他们也很少摆架子,而是非常平等地说出他们的诉求,沟通对某件事情的看法,这件事情做得好,他们会非常及时地给予表扬。做得不好,即便是这件事情不满意,他们也会当场指正批评,但是如果改正了,也并不会有隔夜仇,只是就事论事。

聪明。这一点体现在他们具有非常强的理解能力,与他们进行交流既轻松又充满挑战。轻松的一面在于,他们能够迅速把握他人话语中的要点,几乎不需要重复解释,沟通效率极高。挑战则来自他们敏锐的洞察力,他们能迅速辨别信息的真实性和准确性。因此,在与这些合伙人沟通时,保持真诚和友好的态度至关重要。任何含糊其词或不真诚的态度都难以逃过他们的注意。

时间敏感。合伙人的日程安排总是异常紧凑,他们对时间的珍视程度可见一斑。他们必须对众多事务进行优先级排序,以便高效地一一应对,这正是我们在日常工作中有时难以预约到他们时间的原因。这种情况对于向上级汇报工作提出了不小的挑战:我们必须学会在有限的时间内清晰、准确地传达信息,确保能在最短的时间内解决问题。此外,我还观察到一个有趣的现象,那就是合伙人们走路的速度普遍较快。这或许是他们在日常生活中培养出的高效习惯,即便是在行走这样的小事上,也能体现出他们对时间的尊重和利用。

对人对己要求都高。这并非在说他们挑剔,而是因为他们追求卓越,他们对自我要求很高,交付成果优秀,那么从他们的角度,他们也期待能得到其他人高质量的交付。所以这就是为什么,在与他们接触的过程中,我经常感叹他们优秀,不断地被激励,但也会感觉到无形的压力,积极地来看,这可以鞭策自己不断地精进,以便和他们更高效的对话。

那么,作为顶级律所的合伙人他们更看重什么品质呢?

有责任感。这是被合伙人提及频率最高的一个品质,俗称"靠谱",就是我们大众所理解的"事事有回应,件件有着落"。将自己定位为自己手上工作的第一责任人。很多律师或实习生没有通过律所严格的考察期,其实大多都是由于责任心缺失,但他们自己往往又很难意识到这一点。接下来我们举三个例子来说明。

例子一:合伙人交代一项任务,这个任务可能需要一周到两周的时间完成,但是这一周中,初级律师埋头苦干,没有在第三天或者第五天等某一个节点将任务的进度向团队同步。又或者这个任务有些难以完成的地方,但是往往有些员工会自行判断这不需要合伙人或高年级律师知道。当然不汇报的理由可能各有不同,可能是为了展现自己的能力,认为自己可以解决;也可能是担心打扰到合伙人不知道怎么开口。与此同时,合伙人事情又多,难以顾全所有细节,最后到截止日期发现任务没有完成,影响了团队的整个进度。面对这种情况,作为初级律师应该提醒自己定期向上汇报进度,有困难及时求助,合伙人和资深律师都是很有经验的人,他们不会对初级律师承担的工作难度给予太高期望,所以"求助"是非常正常的,没有及时沟通会让他们觉得对于进度没有安全感,以及不清楚对方真正的困难,反而造成了误解和工作结果的不理想。

例子二：在律师事务所中，跨团队和部门的合作是常态。当合伙人指派律师或实习生去催促其他部门的工作或询问某项事宜时，他们可能会在截止时间到来时，仅以"我催了"或"我问了"作为回应，认为自己已经完成了任务。然而，这种态度往往反映出初入职场者尚未学会承担起确保任务完成的责任，而只是机械地执行了指令。若能将自己视为工作的首要责任人，便会积极解决问题。在未得到回应时，应主动思考"为什么对方尚未回复？他们是否面临某些特殊情况？是否有特殊考虑？"并及时与对方进行有效沟通。如果直接沟通遇到困难，应考虑是否需要寻求资深律师或合伙人的支持，以确保任务能够顺利完成。

例子三：律师这个行业的独特性意味着客户的需求往往不分工作时间和非工作时间。一些年轻律师可能非常重视个人时间，一旦下班或到周末就彻底"失联"，导致团队其他成员不得不接手他们原本应承担的工作。有些律师可能会抱怨："我难道要24小时待命吗？"事实上，既然选择了这个职业就应当认识到工作中不可避免地会有一些时间受客户需求支配，即便是合伙人也同样面临这个问题。除此之外，对于近期的工作安排和可能的紧急情况，律师应该有前瞻性和准备，特别是在团队正忙于重要案件时，不能完全置身事外，确保能够在必要时及时响应。

上进。上进意味着一个人一直不放弃持续精进自己，追求更高的目标。许多人可能拥有聪明才智，但缺乏自我驱动力。物质奖励或许能够带来一时的动力，促使个体完成某些目标，但若无坚实的内在自驱力作为支撑,个体很难持续保持卓越的表现,也难以具备持久的竞争力和成长潜力。

宽厚。我理解的宽厚涵盖了多层含义。首先,要保持一颗纯朴的心,坚持正直的道路而非寻找捷径,这是放之四海皆准的原则。尽管年轻律师不可能立刻满足所有要求,但只要心灵正直,那么发展方向就是正确的。即使天赋异禀,如果方向错误,也难以取得真正的成功。其次,要避免成为完全的利己主义者。这类人更关心个人利益,可能会忽视团队或事务所的整体利益,不顾他人困难。虽然短期内他们可能因为目标明确而获益,但从长远来看,这种态度难以赢得合作伙伴长期的信任和支持。最后,要以宽容的心态对待他人。没有人是完美的,对他人的过失紧抓不放并不利于工作的顺利进行,有时候,心胸宽广一些,对于在高压环境下的团队合作更为适宜。

聪明。在这里指的是对事物的深刻理解和领悟能力,而不仅仅是反应敏捷或智商高。这种聪明体现在能够从错误中迅速学习和改正,不必通过反复试错就能认识到问题。遇到一两次挫折后,能够立即反思并找到更好的处理方式,而不是依赖反复的指导和教育。

领导力。看到领导力很多人会认为这是针对管理岗位的要求,但是事实并非如此。律所合伙人看重的这一点与谷歌选人标准不谋而合。它指的是"运用手腕儿来调动团队",无论是领导团队,还是没有领导头衔却为团队的成功出力都属于具有领导力的

体现。例如,当一名初级律师遇到超出自己专业领域的难题,需要与其他团队协作并进行有效沟通时,这种跨部门的协调能力就显得尤为重要。如果他们能够通过自己的努力和沟通,成功组织一次跨团队的讨论会议,并达成预期目标,这同样是领导力的具体体现。

003
解码合伙人：如何洞悉合伙人的职业性格与需求

在深入洞察合伙人这个群体的社会特质之后，我们认识到，要想在工作中与他们建立真正的联系，就必须积极主动地深入了解每一个个体。史蒂芬·科维在《高效能人士的7个习惯》一书中强调：积极主动不仅是一种行动的姿态，更是一种对个人命运负责的生活态度。我们的行为应当源自内心的选择，而非外界环境的驱使。每个人都应该拥有塑造有利外部环境的积极性和责任感。

在服务于合伙人团队的过程中，HR必须主动承担起深入了解他们的责任，尤其是团队的领导者——合伙人。我们不能仅满足于被动地接收团队或其他同事提供的信息，而应该像一个积极的探索者，主动去发现和理解他们的需求和期望。正如史蒂芬·科维指出的，消极被动的人容易受到"社会天气"的影响，他们的情绪和行为完全取决于他人的反应，从而被他人控制。

因此，为了更好地服务于合伙人团队，我们首先需要像画家一样，勾勒出合伙人的轮廓。如表2-1所示，我已经将需要了解的关键项目进行了梳理,并详细解释了了解这些项目的重要性。这不仅有助于我们更精准地满足合伙人的需求,还能帮助我们在律师事务所的日常运营中发挥更大的作用。

表 2-1　HRBP 需要了解的合伙人的关键项目

需要了解合伙人什么		为什么要了解这些
姓名,团队成员对他的昵称		记住别人的名字是最基本的尊重
^		昵称代表着背后会有一些故事,有助于我们把这个人的个性具体化
基本信息	年龄,教育背景,过往工作经历,管理背景	年龄在一定程度上预示着他对新观念的接受程度
^	^	过往的教育背景决定了他的知识体系和语言体系
^	^	工作经历决定了他的思考方式和习惯,比如在国企工作的管理者与互联网工作的管理者、律所的管理者差异较大
^	^	通过管理经历可以判断他的管理经验和管理成熟度
他的发展路线		了解他是外聘到律师事务所,还是从实习生、初级助理一路晋升,这决定了他的思考方式,工作习惯和他所认可的组织文化

续表

需要了解合伙人什么		为什么要了解这些
别人眼中的他	个性评价	可以通过与老员工、团队律师或 HR 内部员工了解他性格基本面,是强势型还是温和型,可以借助一些职业性格测试的象限进行思考
	优势	了解优势可以在接下来的合作中充分的帮助其发挥优势,适当寻求帮助建立更紧密的合作关系
	不足	每个人都会有不足,了解不足是为了理解对方一些看似"奇怪"的行为,给予更多的宽容,同时,反观自己是否可以在对方不足的领域给予帮助
	过往小故事	个性评价,优势和不足,都是相对主观的信息,别人的评价都会有一些无意识偏见,最好能够侧面了解一些小故事,以便全面和更准确判断
主要成就		根据了解其成就判断他对自己的"定位",理解他的一些看似严苛的要求。另外,可以针对其成就进行适当认可,有助于良性关系的建立
价值底线		了解他最无法容忍什么,反感什么,一方面提示自己不要触碰红线,另一方面可以从所反感的内容判断他的个性
现阶段的目标与挑战		了解合伙人的痛点问题,才知道是否可以给予帮助,才能对所沟通内容的重要性和对方的反应进行基本判断

了解到合伙人个体的基本信息后,接下来要做的就是判断如何与他们相处。

我曾与多位在其他行业工作又跳槽到律师事务所的 HR 进行过交流。他们觉得与之前的工作相比,律师事务所 HR 的岗位最

大的挑战就是要面对的合伙人太多了,特别是组织规模较大的律所,这个挑战就更加严峻了。虽然是公司制管理,但是任何管理手段也无法要求/约束人的个性,这就导致需求可能是统一的,但是因每个人的个性喜好不同,具体要求上会千差万别。因此,必须做到人情通达,灵活变通才能真正做好人力工作。

我认为较为高效的方法就是判断合伙人的职业性格,然后投其所好。有人可能会质疑,投领导所好算不算走捷径?那要看初衷是什么,是为了更顺利地开展工作还是为了取悦领导而非把精力放在更好的工作上,如果是前者,那么这项工作是得法的,如果是后者,那么就是私心太重,势必不会把事情办好。

接下来以三个被企业采用较为广泛,准确度较高的职业性格测试为例说明如何与不同类型的领导者相处,值得说明的是,测评只是一个辅佐的工具,应该结合更多的信息一同参考,并非陷入迷信主义,不加以区分地完全依赖于测评结果。

(1) DISC 职业性格测试。

DISC 职业性格测试是由美国心理学家威廉·莫尔顿·马斯顿在 1928 年提出的。由于这种工具能给出比较确定的人格分类,同时能对每种人格特征、团队价值、所适宜的工作环境给出明确定位,因此它被很多企业引用,特别是很多世界 500 强企业都采用 DISC 作为人格测评工具。DISC 职业性格把人分为支配型 (Dominance,D)、影响型(Influence,I)、稳健性(Steadiness,S)与谨慎型(Compliance,C)4 种,具体内容见表 2-2。

表 2-2 基于 DISC 测试合作策略①

DISC	特征		如何合作
D （支配/ 老板型）	自尊心极强	希望：改变； 驱动力：实际的成果； 面对压力可能会：粗鲁，没有耐心； 希望别人：直接回答，拿出成果； 害怕：被人利用	直截了当，多和他讨论结果和效率，多谈谈有关"是什么"内容，随时让他掌握情况。拿出结果，能够处理他照顾不到的细节，不要伪装和造假，抗压能力强、通过时间获取信任
I （影响/ 互动型）	乐观且情绪化	希望：认同、友好关系； 驱动力：社会认同； 面对压力可能会：慌乱无措、口出恶言，自身抗压能力较弱； 希望别人：讲优先级、讲信用、给予声望； 害怕：失去社会认同	尊重和认同他，多体察他的情绪，同时多和他谈论"是谁"的问题，人永远是他的关注点
S （稳健/ 支持型）	坚守信念、容易预测、话不多	希望：固定不变，诚心感谢、多些考虑； 驱动力：固有原则； 面对压力可能会：犹豫不决、唯命是从； 希望别人：别人作出保证且尽量不改变； 害怕：失去保障	要体察 S 型上司的迟疑和耐性，多和他谈论有关程序和步骤的内容，即多谈"怎么做"的问题

---

① 任康磊：《人才测评：识别高潜人才，提升用人效能》，人民邮电出版社 2021 年版。

续表

DISC		特征	如何合作
C (谨慎/ 修正型)	高标准/ 完美主义 者	希望:精准、有逻辑的方法; 驱动力:把事做好; 面对压力可能会:慢半拍、 退缩; 希望别人:提供完整说明及详 细材料; 害怕:被批评	要多回答他的疑问。 要注意多和他谈论 有关"为什么"的问 题,拿出明确的事 实、数据、步骤和 计划

(2) PDP 职业性格测试。

职业性格测试(Professional Dyna-Metric Programms,PDP)是由美国南加州大学统计学研究所、应该 RtCatch 行为科学研究所共同发明的,它可以测量人的基本行为、对环境反应和可预测的行为模式。这一人格心理测评工具在全球已经累计 1600 万人次的有效案例,超过 5000 家企业、研究机构和政府部门在通过持续追踪它的有效性表明,当 PDP 职业性格测试的所有程序被有效执行时,其误差率低于4%。

PDP 职业性格测试把人的人格按照 5 种动物的名字来划分,分别为"老虎型""孔雀型""猫头鹰型""考拉型""变色龙型",每种类型有非常明确的性格特征,同时,也展示了如何与不同的类型领导者合作,如表 2-3 所示。

表 2-3　基于 PDP 测试合作策略①

PDP	特征	如何合作
老虎型（权威领导者）	结果导向、对自己和他人的要求都很高，行动迅速，喜欢使用直截了当的语言，不喜欢拐弯抹角，喜欢挑战和创新	对待老虎型人才，首先要目标明确，因为他们非常重视结果。其次是沟通要直接、主动，开诚布公地说观点。抗压能力要强，不要畏惧挑战和困难
孔雀型（有效沟通者）	社交能力强、积极乐观、通过影响他人来令事情取得进展，容易接近，有很好的口才	与孔雀型人才相处的时候，要明确表达出对他们的认可和赞美。他们是以人际关系为导向的，喜欢活跃的气氛，享受作为团队一员的感觉。不要忽视他们的感受
猫头鹰型（追求精确的专家）	条理分明、守纪律、重承诺、重规则，事事追求规则和纪律。善于用数字或图表作为表达工具而不擅长用语言来沟通情感。很少有面部表情，说话和行动不是很快，特别强调逻辑，使用精确的语言	在与猫头鹰型人才相处时，需要确保自己的人品得到他的认可。猫头鹰型的人与人交往时很看重人品，一般真诚和具备责任心的人会得到他们的欣赏。用数据和事实和他们说话，按照规则和制度来做事

---

① 任康磊：《人才测评：识别高潜人才，提升用人效能》，人民邮电出版社 2021 年版。

续表

PDP	特征	如何合作
考拉型(耐心的合作者)	行事稳健,不喜夸张,强调稳定,性情平和,不喜欢给人制造麻烦。和蔼可亲,说话慢条斯理,喜欢用赞美性的语言,重视忠诚,喜欢在办公室放家人照片	对待考拉型的人应该更多地按照计划行事,他们不喜欢突发奇想。提前沟通,避免临时变化。同时,他们喜欢和谐,工作中应尽量减少冲突
变色龙型(灵活的多面手)	没有突出的个性,中庸不极端,能兼容并蓄,不与人为敌,凡事不执着,懂得分情况和场合,处处留有余地,是天生的谈判专家,有时候摇摆不定难以捉摸	协助他们在复杂的环境中分清主次和优先顺序,他们会苦恼在复杂的环境中采用什么样的应对方法,需要帮助他们摆脱纠结作出决定

(3) MBTI 职业性格测试。

MBTI(Myers-Briggs Type indicator)是由美国心理学家凯瑟琳·布里格斯和她的女儿伊莎贝尔·布里格斯·迈尔斯在瑞士心理学家卡尔·荣格划分的 8 种性格类型的基础上制定的。

MBTI 职业性格测试根据人们在动力来源、信息获取、决策方式和生活方式 4 个维度上的不同,将每个维度分成 2 种不同方向,分别是外倾(E)、内倾(I);感觉(S)、直觉(N);思维(T)、情感(F);判断(J)、理解(P)。该测试通过对不同维度的人格类别进行分析和判断,来对不同人格的人进行区分(见表 2-4)。

表2-4　MBTI动力来源及特点

性格维度	类型	英文缩写	特点	类型	英文缩写	特点
动力来源	外倾	E	行动先于思考； 说的多于听的； 喜欢广度，不喜欢深度； 与他人相处时精力充沛	内倾	I	思考先于行动； 听的多于说的； 喜欢深度，不喜欢广度； 独处时精力充沛
信息获取	感觉	S	重视现实性和常规性； 着眼于当下； 喜欢深度，不喜欢广度	直觉	N	重视可能性和独创性； 着眼于未来； 喜欢广度，不喜欢深度
决策方式	思维	T	认为直接比圆滑更重要； 希望获得成就； 看到缺点时，倾向于批评； 重视逻辑和规则	情感	F	认为圆滑比直接更重要； 希望被人欣赏； 惯于迎合，维护资源； 重视情感和例外
生活方式	判断	J	重视工作； 看重结果； 计划结束时满足感最强； 时间观念强	理解	P	重视享乐； 看重过程； 计划开始时满足感最强； 时间观念弱

珍妮·罗杰斯在《MBTI 教练法中》设置了一个练习"如何影响他人",她提出了解他人的类型偏好,可以增加成功影响他们的机会,并得出如何针对不同心智组合的人施加影响,结论如表 2-5 所示。

表 2-5　MBTI 类型偏好

感觉+理性（ST）的人	感觉+感性（SF）的人	直觉+感性（NF）的人	直觉+理性（NT）的人
看重： 具体细节、事实 此时此刻 实用性 按部就班的方法 符合逻辑的框架 性价比 稳定性、确定性 明智合理的目标 表现出商务范	看重： 实用主义、现实主义 个人联系 社交细节和礼仪 按部就班的方法 对人们的实际利益 友善 简单、简洁 直率坦白 传统	看重： 热情 真诚 有社会价值的宏伟想法 感觉到与他人有联结 个人成长 新颖性、新鲜感 团队协作 合作 解决问题 理想、梦想	看重： 全局思考 分析与解决问题 逻辑和理性 独立自主 创造性、新颖性 可选方案、可能性 生产力、生产效率 独一无二,第一个吃螃蟹 长期趋势 聪明才智
不喜欢： 动听而无异议的话	不喜欢： 个人批评	不喜欢： 虚假的情谊	不喜欢： 过快给出过多细节

类似的职业性格测评还有很多,都可以帮助我们区分他人的类型。运用这些工具能够帮助我们在与合伙人相处时,尽量避免他们的雷区,选择让他们舒服的方式相处。当然,我需要再次说明

这些测评也只是参考作用,任何测评都不是绝对的准确。也有同事曾经问过我,有些时候做了很多努力,还是无法与某个人建立非常融洽的关系怎么办呢?这是非常正常的,任何人都没办法做到让每个人喜欢。我的原则是做好本职工作,无愧于心。即使不喜欢,也要尊重,尊重的不是合伙人本人,是组织对他们的授权。

004 沟通的艺术——搭建与业务部门的高效合作桥梁

4.1 首次沟通：开启合作之门

首次沟通。在我们的首次交流中，一个深刻的心理学现象——首因效应，起着至关重要的作用。这一效应揭示了一个真理：当一个人在初次会面时能够给他人留下积极的印象，他便更容易吸引他人，促进双方的亲近与理解。这种初步的好感不仅加速了相互了解的过程，还会在未来的日子里，影响人们对他行为和表现的解读。然而，如果某人在初次见面时就给人留下了负面印象，即使出于种种原因不得不与之互动，人们也可能会保持距离，甚至在某些情况下，心理上和行为上产生排斥。在职场这个快节奏的环境中，尤其是律师事务所这样的高压场所，我们没有漫长的时间来慢慢了解彼此。因此，第一次沟通显得尤为关键。这并非意味着合伙人和其他律师们天生苛刻，而是因为他们面临的时间紧迫性，使得他们无法承担过多的试错成本（见表2-6）。

表 2-6 首次沟通前的准备

沟通前的准备	
对业务	1. 了解所沟通的合伙人
	2. 了解团队所做的业务
	3. 了解团队的架构
	4. 了解团队人员的基本概况,每个人所处的人才地图
	5. 侧面了解团队目标和痛点(这一点较难,如果能够提前与其合作过的人了解最好,如不能,可以与合伙人直接沟通)
对自己	1. 事务所对团队业务的期待
	2. 业务管理者对人力资源的期待
	3. 工作目标与结果定义
	4. 希望聚焦的重点任务

表 2-7 提供了 HRBP 的沟通过程供大家参考,这是一个参考话术,要根据具体的情景对对话内容进行变更。

表2-7 与合伙人的首次沟通过程

沟通过程	
沟通邀约	沟通话术
××律师,您好: 　　我是人力资源部的××,接下来会作为HRBP支持您团队的人力相关工作,很开心和荣幸与您一起共事。为了方便接下来更快地融入工作,给您提供更有效的支持,想约您大约30分钟的时间进行面对面的沟通。主要沟通的内容是听一听您目前关于人事工作方面的需求和对我工作的期待。您看您什么时间方便,我可以根据您的时间进行安排。 　　期待您的回复,谢谢!	非常感谢您的时间!我看到您已经加入事务所××年了,一直是从事××领域的业务,在行业内也是专家了。 　　非常荣幸有机会与您一起共事,向您学习!在来之前我对团队的结构和成员的履历进行了了解(这一部分主要展示的是你在沟通之前已经充分地对合伙人及团队的背景进行了学习和了解,表达你对他的重视和尊重)。 　　那么我其实希望我们接下来沟通的是(迅速进入主题): 　　想听听您对我工作的期待,团队目前有哪些事情是需要我帮忙的? 　　您希望我从哪些工作开始切入? 　　您希望看到的工作结果是? 　　您看我是否方便和团队的成员了解具体的工作呢? 　　您所认为的标杆人员是什么样的? 　　如果我有事情与您沟通,您更希望是什么样的方式,是邮件汇报,还是电话/短信,或者您更喜欢当面沟通? 　　部门/团队有没有例会方便我参加呢? 　　对于我们部门以往的工作,您有没有什么建议? 　　我是真心地想把工作做好,我为人沟通也比较直接和坦诚,如果您觉得我有哪些方面做得不好,请您直接指出,我会非常感激您帮助我进步。

4.2　与管理合伙人的对话：结构化汇报

律师事务所通常会设有管理合伙人的职位，一个业务部门有一位管理者，这位管理者通常是在做业务的同时承担管理责任，也可能是全职管理者。他们与其他组织的管理者也不太相同，一方面，他们承担着业务和管理的双重责任；另一方面，他们管理的对象是在法律上和他们有同样地位的"合伙人"，所以并不像其他组织管理者那样具有绝对的管理权。更多的是靠自身影响力去发挥作用，这种意义上的管理对他们提出了更高的要求。他们的痛点是什么呢？是迫于时间压力、精力有限等问题，很难对每一个合伙人了如指掌，更别说完全掌握各团队的每一位律师的具体情况。作为 HR，我们有更加充分的时间了解所在业务部门的每一个合伙人和团队律师，以及整个部门的人员概况，那么这个时候，我们就可以将自己了解的信息提供给管理合伙人，让他们做到心中有数。我们可以采取多种方式与管理合伙人沟通，但是这种沟通不能是漫谈，否则只会让领导者觉得我们不够专业。黄漫宇博士在《结构化汇报》中提出的金字塔原理及其衍生的多种结构化表达方式，为日常沟通提供了宝贵的指导。这些理论不仅可以应用于面对面的沟通，也适用于邮件和微信等书面汇报形式，能帮助我们以一种清晰、有逻辑的方式呈现信息。

如下为日常与管理合伙人沟通的主要方式

(1) 周/月度面对面沟通。

如果与管理合伙人达成了每周/每月有一次面对面工作沟通的约定是最好不过的,如果没有这样的约定,最好也要想办法创造,比如用20分钟汇总近期的重点工作,了解对方的期望。可能一次沟通过后,还是没有特别具体的任务,但是频繁的接触有助于双方建立情感链接。管理合伙人通常非常忙,如果HRBP也由于一些顾虑没有定期与他们沟通,那么就可能出现工作很多年了,大家还是互相不了解的局面,HRBP就像"编外人员",一直做着日常流程性的工作,即便部门有有关人才战略、组织变革等事宜,也难以参与其中。

面对面沟通原则如下:

①从领导最关心的地方说起。

既然领导的时间是有限的,下属在汇报工作时就应该从他们最关心的地方说起。聪明的下属具备向上管理的意识,善于从管理者的讲话、律所的新闻和动态等多个渠道捕捉有用的信息,判断目前领导者的痛点是什么,最关心什么,然后在汇报工作时,就会从管理者最关心的地方说起。具体原则是:强调紧急的;强调重要的;强调和律所利益关系密切的;强调上司关心的。

②结论先行:先说出结论,再阐述内容。

汇报工作时要遵循先说结论再阐述过程的习惯,因为领导最关心的是结果。对于领导来说,努力未必产生价值,只有产生结果才能产生价值。很多同事总是想把事情的细节和过程进行详细描述,原因是这个过程能够体现其对工作的努力,但是领导对这些通常不感兴趣。只有听到结果了,领导才可能会对过程和细节感兴趣。所以,越是重要的事情,越要先说结果。

如果领导听了结果之后,什么都没说,下属就不必再汇报细节了,因为他们的表现说明对于这件事而言,知道结果就够了;如果领导听了下属的结果后,表现出对过程很感兴趣,那么下属可以挑选精彩的地方汇报,那些无关紧要的细节可以省略。

③收益逻辑:做好价值描述。

口头汇报要遵循效率第一的原则,要用最短的时间说出重点内容。因此,汇报人要善于在最短的时间内说出自己的工作能够给组织或部门带来的价值,不汇报无关紧要的细节。汇报人之所以能够在最短的时间内进行精准的价值定位,源于充分的准备和优秀的专业素养。只有对部门和律所的利益、上司关注的问题、自己的定位、工作进度、工作中的难点和痛点等信息掌握充分且认识清楚,汇报人才能用最简单明了的价值陈述精准地打动上司。因此,看起来简单的成功汇报,都是精心准备的结果。

④选择合适的框架提高汇报效率。

结构化的汇报框架和方法有很多,要根据不同的情景和目的进行设计和选择。

框架一:STAR(Situation,Task,Action,Result)。

STAR原则是一种描述特定情境下行为表现的框架,它包括

四部分：情境（Situation）、任务（Task）、行动（Action）、结果（Result）。以下是使用 STAR 原则向合伙人汇报校园招聘工作进展的示例（见图 2-3）。

```
                    STAR
         ┌───────┬───────┬───────┐
        情境     任务    行动    结果
     (Situation)(Task) (Action)(Result)
        │       │       │       │
       交代情景 阐述需要完成 采取的具体 行动产生
                的任务       行动     的结果
```

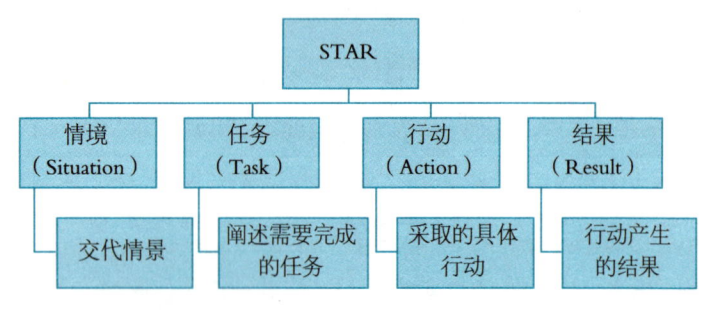

图 2-3　STAR 原则下行为表现框架[①]

情境（Situation）。

"李律师，您好，面对事务所近期承接的大型项目，我们面临了一项紧急的招聘任务：在 3 个月内招募 200 名初级律师。疫情的特殊情况要求我们快速适应并采用全新的招聘策略。"

任务（Task）。

"人力资源部的任务是制定并执行一个创新且高效的校园招聘计划，以确保我们能够吸引并选拔出符合项目需求的初级律师。"

行动（Action）。

"为了应对这一挑战，我采取了以下具体行动：

---

① 黄漫宇：《结构化汇报：如何呈现工作成果、产品与自我能力》，机械工业出版社 2023 年版。

1. 与全国多所顶尖法学院建立了合作关系,确保我们的招聘信息能够直达目标学生群体。

2. 利用自媒体平台进行宣传,通过微信公众号、高校群等渠道,提高招聘信息的覆盖面和吸引力。

3. 组织线上宣讲会,通过直播形式详细介绍我们事务所的文化、职业发展机会以及业务领域的具体情况。

4. 简化并优化了面试流程,引入视频面试和在线评估工具,提高招聘效率,减少候选人的等待时间。

5. 实施了及时的反馈结果流程,确保候选人在每个招聘阶段都能获得快速反馈,增强了候选人的整体体验。"

结果(Result)。

"通过前期策划的行动,我们取得了显著的成果:

1. 我们从目标院校收到了超过1000份高质量的简历,这些学生对我们的招聘信息反应积极。

2. 通过高效的在线筛选和面试流程,我们迅速缩小了候选人范围,并在面试后2~3个工作日内提供了面试结果反馈。

3. 我们成功地在规定时间内招募了200名初级律师,他们已经开始参与新项目,并对业务部门的工作给予了有力支持。

4. 我们的线上招聘活动不仅提高了招聘效率,也增强了我们事务所在潜在候选人中的品牌形象和吸引力。"

总结。

"总体来说,面对疫情带来的挑战,我们的校园招聘工作取得

了圆满成功。通过创新的招聘策略和及时的反馈流程,我们满足了紧急的人才需求。"

框架二:PREP(Point,Reason,Example,Point)。

PREP 的框架能够在较短的时间内传达汇报事情的必要结果和过程。

结论(Point):先讲结论,让受众明确知道目的与内容,有一个清晰的预期。

依据(Reason):再讲依据,充分验证结论的可信性。

事例(Example):用必要的事例、数据、故事有力地支持自己的观点。

重申结论(Point):结尾再强调结论,通过这种方式让受众更明确讲话的主要内容,并与前面内容遥相呼应,显示陈述的逻辑性和完整性。

PREP 框架的设计巧妙地顺应了人类的注意力规律。研究显示,人们的注意力往往在演讲或汇报的开始和结束时最为集中,而在中间部分则容易分散。因此,将关键信息置于中间并不是一个明智的选择。PREP 框架的优势在于其结构清晰,它将最重要的信息——结论(Point)——放在了开头和结尾,确保了这些信息能够获得听众最大限度的关注。中间部分则通过依据(Reason)和事例(Example)来支撑和展开开头提出的结论,使得整个汇报或演讲内容逻辑严密、论证充分(见图 2-4)。

```
结论（Point）
   ↓
依据（Reason）
   ↓
事例（Example）
   ↓
重申结论（Point）
```

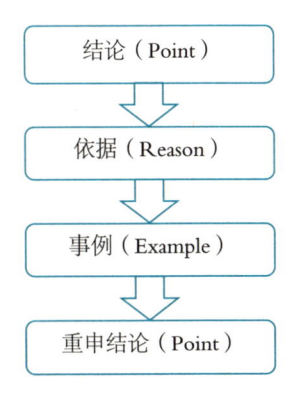

图 2-4　PREP 框架

以下是根据 PREP 原则撰写的汇报方案：

结论(Point)。

"李律师，向您汇报一下校园招聘的进展，目前已经成功完成，我们为新项目招募到了 200 名初级律师。"

依据(Reason)。

"这次招聘的成功至关重要，因为我们所面临的挑战是在 3 个月内迅速组建一个大型团队，以支持我们最近接到的具有里程碑意义的项目。疫情的特殊情况要求我们必须快速适应并采用全新的招聘策略。"

事例(Example)。

"为了应对这一挑战，我们采取了以下措施：

1. 与全国多所顶尖法学院建立了合作关系，确保我们的招聘信息能够直达目标学生群体。

2. 利用自媒体平台进行宣传,提高了招聘信息的覆盖和吸引力。

3. 组织线上宣讲会,详细介绍我们事务所的文化、业务领域和职业发展机会。

4. 优化面试流程,引入视频面试和在线评估工具,提高招聘效率。

5. 实施了及时的反馈结果流程,确保候选人在每个招聘阶段都能获得快速反馈。"

重申结论(Point)。

"通过这些措施,我们不仅在规定时间内完成了招聘任务,还通过创新的招聘策略和及时的反馈流程,提升了候选人的整体体验,为未来的人才吸引和保留奠定了坚实的基础。"

⑤用数据和事实说话。

有时候语言的说服力是有限的,数据可以强化观点,将语言叙述的事实具体化、明确化。同时,在说数据的时候,最好使用同期对比的方法能够让管理者更加清楚。举个简单的例子,当汇报今年人员流失率很高时,如果说某人走了,是最混乱的一种说法;如果说离职率10%,管理者也未必有概念,换一种说法,说离职率是10%,相较于上年同期增加了4%,那这一数据就可能会引起合伙人的关注。

(2)书面汇报——月度/季度报告。

定期发送人员报告也是有效汇报工作的一种形式,一来能够让管理合伙人直观地了解部门的动态变化，体现 HR 的价值；二来有助于 HR 对于自己工作进行阶段性总结，以及明确接下来的工作重点。

定期书面报告的内容可以包含：

人员变化：入离职数据。

人员结构：目前部门的人员比例，正式员工与实习生所占比例，秘书/合伙人，业务人员人数/合伙人用来了解团队结构的合理性。

员工心理动态：员工离职原因统计，关于在职人员的变化建议当面沟通。

了解忙闲：饱和度数据涵盖日均计费时间和日均工作总时间，建议与事务所总体标准进行比较。

邮件汇报时，需要注意以下五点：

①开篇简要清晰地说明邮件目的。由于大多数人在筛选邮件时仅会花费大约 5 秒的时间，因此，如果邮件的主题和开篇不能迅速传达其重要性，邮件很容易被忽略。为了确保邮件内容得到应有的关注，并节省收件人的时间，邮件的主题行和开篇第一句应当明确无误地概括邮件的核心目的。

> 示例：
>
> 主题行：汇报——2023 年第一季度员工满意度调查结果
>
> 开篇第一句：本邮件旨在向您汇报 2023 年第一季度员工满意度调查的关键发现及建议行动。

②一封邮件说一件事。一封邮件最好只讲一件事,如果是好几件事情,最好是多封邮件。很多同事误认为一次性和领导汇报多件事情会节约领导阅读时间,但其实并不是这样,因为一个邮件有一个主题,多种不同事项放在同一主题下,难免会遗忘原始邮件的细节,因此分开不同的邮件汇报更有助于领导回顾事件全貌,领导的回复也会更加准确。

③在撰写专业邮件汇报时,按照"结论—问题—原因—总结"的框架组织邮件内容(见图2-5)。

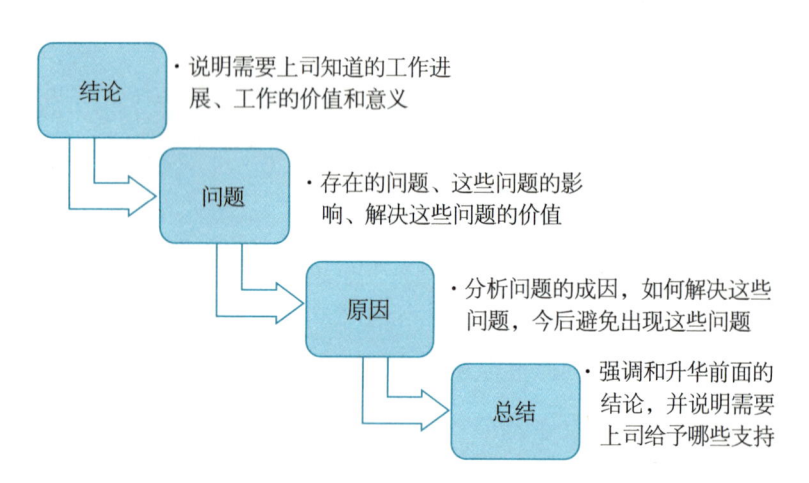

```
结论 · 说明需要上司知道的工作进展、工作的价值和意义
  ↓
问题 · 存在的问题、这些问题的影响、解决这些问题的价值
  ↓
原因 · 分析问题的成因,如何解决这些问题,今后避免出现这些问题
  ↓
总结 · 强调和升华前面的结论,并说明需要上司给予哪些支持
```

图2-5 邮件汇报的工作框架[1]

---

[1] 黄漫宇:《结构化汇报:如何呈现工作成果、产品与自我能力》,机械工业出版社2023年版。

示例：

主题行：优化绩效管理流程以提升团队效率

开篇称呼：尊敬的合伙人……

结论：基于近期与一些合伙人和律师的调查访谈，我建议对我们的绩效管理流程进行优化，以提高团队的整体工作效率和员工满意度。

问题：当前，我们的绩效管理流程存在一些问题，主要表现在：

1. 评估周期固定且过长，无法及时反映员工的即时表现。
2. 评估标准主观性强，缺乏量化指标。
3. 反馈机制不够透明，员工对评估结果的认同度不高。

原因：这些问题的原因可能包括：

1. 绩效周期设置不合理，未能与实际工作周期同步。
2. 缺乏明确的绩效指标和评估工具。
3. 绩效反馈和沟通机制不够完善，导致信息传递不畅。

总结：为了解决上述问题，我提出以下改进建议：

1. 调整绩效评估周期，与主要项目和工作流程相匹配。
2. 设计和引入量化的绩效指标，确保评估的客观性和一致性。
3. 加强绩效反馈环节，确保每位员工都能获得及时、具体的反馈。

以上为我的初步建议，如您有任何建议，希望您随时提出，期待您的反馈。

④在撰写工作邮件时，应采用简单而大方的格式，以提高邮件的可读性。邮件的视觉呈现对于确保信息的有效传达至关重要。遵循组织规定的字体和格式，避免使用多种颜色和复杂的排版，可以保持邮件内容的专业度和整洁感。

⑤选择合适的发邮件时间。领导每一天都会收到大量邮件，特别是律师事务所的管理合伙人，业务上相关的，管理相关的，就连系统自动触发需要他们确认的邮件都不计其数。邮件发送时间距离他们阅读的时间越远，越不易被他们及时发现，因此，为了提高邮件的回复率，一个有效的策略是了解并利用领导的邮件阅读习惯。可以通过与领导的秘书或其他工作人员沟通，了解领导通常在何时检查邮件，从而选择一个合适的发送时间点。

(3) 微信汇报。

①尽量不发送语音。

在工作沟通中，如果领导正在参加其他会议，发送语音信息可能会带来不便。语音信息虽然快捷，但在正式的工作场合，它们不如文字信息易于阅读和理解。此外，将语音转换为文字虽然可行，但准确性并非总有保障，可能会引起误解。更重要的是，如果领导因为正在开会而无法立即听取语音，他们可能会忽略这些信息，从而忘记后续的回复。这种情况不仅可能延误重要事项的处理，还可能降低整体的工作效率。

②回复领导，用"何时做 + 何时反馈 + 如何反馈"的结构。

在日常工作中，通过微信进行沟通时，文字的选择和表达方式对于传递情绪和确保信息的准确传达至关重要。如果回复过于简略或随意,可能会给领导留下不负责任的印象,从而引发其对任务执行情况的担忧。例如,面对领导布置的任务,简单以"好的"作为回复可能显得过于轻率,缺乏具体行动的承诺。相比之下,一个更加详细和专业的回复,如"好的,李律师,我会尽快收集合伙人的意见,并在今天内整理成表格,随后立即向您反馈。"这样的回复不仅表明了对任务的重视,也清晰地传达了行动计划和预期的反馈时间,从而增强领导对下属执行任务的信心。

③向领导请示,按照"是什么+为什么+需要什么"的结构。

在通过微信向领导请示工作时,信息的组织和表达方式尤为关键。有效的沟通应遵循"是什么+为什么+需要什么"的结构,以确保信息传达的清晰性和逻辑性。

明确情况(是什么):首先,直接而简洁地描述当前的工作情况或面临的具体问题。这一部分要客观、具体,让领导迅速把握事情的基本情况。

阐述必要性(为什么):其次,解释为什么这项工作需要领导的关注。可以包括这项工作对团队、项目或公司的重要性,以及领导介入可能带来的积极影响。

明确请求(需要什么):最后,清楚地表达需要领导提供的具体支持或决策。这可能包括资源分配、意见指导、决策批准等。

示例:"李律师,目前我们正在推进与 XYZ 公司的合作项目,已经完成了初步的谈判(是什么)。鉴于该项目对本年度业务增长目标至关重要,且涉及一些关键条款的最终确定(为什么),我们需要您的指导以确保我们能够达成最有利的合作协议。您能在本周内抽时间审阅我们的提案,并提供一些关键意见吗(需要什么)?"

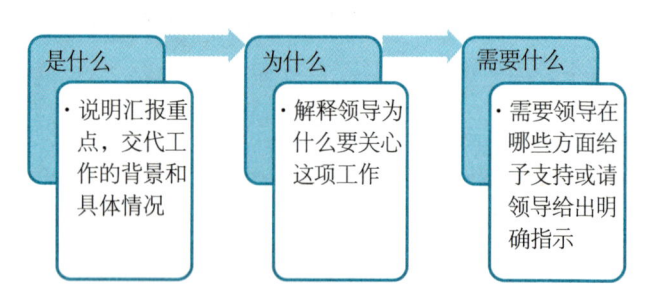

是什么	为什么	需要什么
·说明汇报重点,交代工作的背景和具体情况	·解释领导为什么要关心这项工作	·需要领导在哪些方面给予支持或请领导给出明确指示

图 2-6 微信汇报的工作框架[①]

4.3 业务合伙人沟通策略:实践中见真章

说完了管理合伙人,我们聊一聊我们日常接触最多的业务合伙人。在律师事务所的日常运营中,我们与业务合伙人的互动是最为频繁的。正如之前提及的,合伙人们的日程通常非常紧密,难以完全自主地安排自己的时间。他们的沟通大多聚焦于具体的工作任务,不太有额外的时间与人力资源部门进行深入交流。因此,作为人力资源从业者,在沟通前我们必须做好充分的准备。首先

[①] 黄漫宇:《结构化汇报:如何呈现工作成果、产品与自我能力》,机械工业出版社2023年版。

是内容准备,这意味着在与合伙人沟通之前,我们需要深思熟虑并明确我们想要讨论的内容,确保沟通的效率,避免浪费他们宝贵的时间。其次是思想准备,我们要意识到合伙人可能没有时间或耐心详细解释我们可能不太理解的事项。最佳的沟通策略是我们以"问题解决者"的身份出现,而不是让合伙人成为单纯的"信息输出者"。我们应当在他们需要专业支持时提供帮助,这通常涉及"招聘""绩效评估""薪酬管理""员工关系"等关键领域。通常我们将与业务合伙人的沟通分为三个阶段"需求前期"、"需求过程中"与"任务完成后的复盘"。

需求前期:倾听与共情

在这个阶段,合伙人团队通常遇到了需要解决的困难。在与业务合伙人的交流中,我们的主要目标是尽可能多地获取他们愿意分享的团队信息。此时,作为问题的解决者,我们处于一个有利的位置,合伙人在这一阶段最有可能提供关键和有价值的信息。如果不是在这个阶段,合伙人通常不愿意透露太多团队内部信息,以免外泄信息,徒生是非。因此,我们应当珍惜并充分利用这一沟通机会。

为了更有效地进行沟通,我们需要成为优秀的"倾听者"。这要求我们在对话中不打断合伙人的思路,允许他们自由地表达自己的想法和观点。同时,我们应避免过早地提出个人的主观判断,以免影响合伙人分享信息的意愿和质量。

需求过程中：观察与响应

在需求过程中，我们应通过合伙人的言语、行为和决策进行细致的观察，以准确把握他们的需求。这是了解他们的绝佳时机，我们头脑中合伙人的画像会更加全面和立体，也为我们接下来与他们的合作打下了基础。在这一过程中，我们最该做的就是急合伙人所急，把力用在刀刃儿上为合伙人解决问题，建立信任。

任务完成后的复盘：反馈与改进

在共同完成任务后，主动询问合伙人对于结果的反馈至关重要。如果反馈是正面的，那么将为双方建立初步信任，有助于未来工作的顺利开展。如果反馈是负面的，那么我们也不应让挫败感主导情绪，而应深入了解原因。我们可以参考《结构化汇报》中犯错后的汇报框架，如图 2-7 所示。

说明错误 → 预估影响 → 提供补救方案 → 事后复盘

图 2-7 犯错后汇报工作的框架[①]

步骤一：说明错误，这一阶段最容易出现两个误区。首先，无法做到诚实和客观，很多同事在这一阶段为了避免被批评，会避重就轻甚至隐瞒重要信息，但是要知道如果这一阶段领导还是对问

[①] 黄漫宇：《结构化汇报：如何呈现工作成果、产品与自我能力》，机械工业出版社 2023 年版。

题的细节了解不清,那么他就没有办法真正地解决问题。其次,为了为自己辩解,说太多背景信息,说不清楚问题的重点,无法让领导准确、快速判断问题根源所在,反而越听越困惑。

步骤二:预估影响,当错误发生后,迅速而准确地评估可能产生的负面影响至关重要。首先,我们需要冷静地分析错误可能产生的后果,并预估这些后果对项目、团队或公司可能造成的影响。在向领导汇报时,应该客观地陈述这些潜在的负面影响,并清晰地说明预估这些影响的依据和它们发生的可能性。例如,可以这样表述:"经过对当前情况的仔细分析,我认为这个错误可能导致 X、Y、Z 三个方面的负面影响。这些预估是基于以下几个因素:首先,[依据一];其次,[依据二];最后,[依据三]。根据这些因素,我认为这些影响发生的可能性为……"

步骤三:提供补救方案,在对潜在影响进行全面评估之后,我们应当提出自己认为可行的解决方案。然而,在实际情况中,我们可能没有很好的解决思路,这时,主动沟通显得尤为重要。我们可以向领导汇报已经尝试过的方法,并表达当前方案的不确定性。可以采用如下表达方式:"基于目前的分析和尝试,我认为方案 A 能够在一定程度上缓解问题,但我承认它可能并不是最好的解决办法。请问您对此有何看法,或者是否有其他建议能够进一步完善我们的方案?"通过这种方式,表明了解决问题的心态和寻求更好解决方案的开放态度。

步骤四:事后复盘,在职场上,每个人都可能犯错,这是不可避

免的现实。然而,错误不仅仅是挫折,也是成长的契机。面对错误时,我们应该采取"成长型"心态,而不是沉溺于负面情绪或者逃避责任。对错误的剖析应该深入而具体。我们需要问自己:这个错误为什么会发生?是因为缺乏知识、技能不足,还是因为沟通不畅?通过这样的自我提问,我们可以识别出产生错误的根本原因。然后,根据这些原因,制定出预防错误再次发生的方案。

在面对批评和不满时,我们应首先以诚恳的态度道歉。待对方情绪冷静后,我们应该寻找机会,以坦诚和开放的心态与合伙人共同探讨问题的解决方案和可能的弥补措施。

4.4 律师沟通之道:做律师赋能型伙伴

4.4.1 "Z 世代"洞察:新时代青年的职业观念

前段时间在浏览网络时,我偶然看到了一个引发热议的问题:"过年了,想吃点什么能饱腹又不会变胖?"其中一条获得最多点赞的回复是"老板的大饼",这句幽默的回答让人忍俊不禁。我浏览了这位用户的主页,发现他是一位充满活力的"00 后",这让我不禁感叹:"'00 后'又要开始整顿职场了。"

不知不觉,"00 后"已经长大并在职场上崭露头角。在面试中,我也注意到了这一现象:出生于 1997 年至 2002 年的年轻律师们,正成为事务所中的新生力量。他们在经济的快速发展和技的持续创新中成长起来,形成了自己独特的思维方式和行为习惯,也带来了不同于前辈的择业观。"00后整顿职场"这一话题在各大社交媒体平台上引起了广泛关注和讨论,他们的到来,无疑将为职场带来新的活力和变革。在接下来的内容中,我们将深入探讨"00后"这一群体的特点,理解他们的思想和行为,以便更好地适应这一潮流。

务实,重发展

2022年,专注于大学生就业与实践的平台"刺猬"发布了一份深入的研究报告——"Z世代青年DNA研究报告"。该报告针对"00后"群体的就业选择和工作观念进行了详尽的调查研究。研究历时5个月,调研对象主要集中在1997年至2002年出生的Z世代在校大学生,覆盖了30个不同城市、200多所高等学府,共收集到近25,000份有效问卷样本。

报告提及了一些引人关注的发现:"00后"群体在职场中考虑离职的主要因素包括"没有晋升空间"和"薪酬不满意"。这份报告的发现与我个人的经历不谋而合。作为曾与"00后"有过同窗之谊的人,我有幸与他们有过深入的交流。在一次聊天中,我好奇地询问他们对何种领导风格感到不满,两位小伙伴激动地回答:"千万别只会讲情怀!"他们激动的架势似乎在表达一种明确的立场:空洞的情怀宣讲不仅无效,而且可能会被"拉黑"。相较于部分"80后""90后"在职场初期可能会被老板的承诺所感动,愿意在"内卷"的环境中默默付出,不求回报,"00后"的态度则更为直

接和明确:"钱"和"发展"是他们在职场中追求的两大核心要素。他们追求的是实实在在的职业成长和物质回报。这种新的职场观念对雇主提出了更高的要求,也促使职场文化向更加务实和透明的方向发展。

哪种情况下会让Z世代 触发"离职想法"

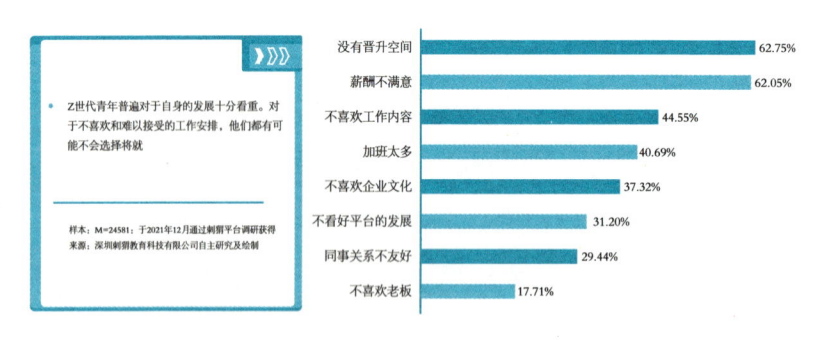

- Z世代青年普遍对于自身的发展十分看重。对于不喜欢和难以接受的工作安排,他们都有可能不会选择将就

样本:M=24581;于2021年12月通过刺猬平台调研获得
来源:深圳刺猬教育科技有限公司自主研究及绘制

离职原因	比例
没有晋升空间	62.75%
薪酬不满意	62.05%
不喜欢工作内容	44.55%
加班太多	40.69%
不喜欢企业文化	37.32%
不看好平台的发展	31.20%
同事关系不友好	29.44%
不喜欢老板	17.71%

图 2-8　Z 世代离职原因统计

追求稳定,拒绝"内卷"

在行业维度上,互联网行业依然稳坐"Z 世代"心中的"头把交椅",它以高薪、广阔的发展空间和前沿的科技含量吸引了超过三成的受访学生,成为他们心目中的理想就业领域。而曾经被视为父母那一代人眼中的"铁饭碗",如今也正逐渐成为"Z 世代"的"新宠",成为他们追求的职业目标。

据媒体报道,2022 年国家公务员考试的报名人数突破了 202 万大关,这一惊人的数字背后,反映出"Z 世代"毕业生们日益增长的就业压力和对未来稳定性的渴望。近期大型企业频繁的裁员风波,无疑加剧了这种焦虑,使得大学生们在求职时更加注重工作的稳定性。

作为一名在律所工作了近 9 年的资深员工,我深切感受到了这种变化。疫情之后,我注意到越来越多的法学院学生开始倾向于选择公务员或国有企业、央企作为职业发展的道路。这不仅是对稳定工作的追求,也是对当前就业市场不确定性的一种回应。

针对这一现象,以对外经济贸易大学和北京大学国际法学院发布的最新就业报告为例,我们再来看看法学院的同学就业去向,具体见图 2-9、图 2-10 和图 2-11。

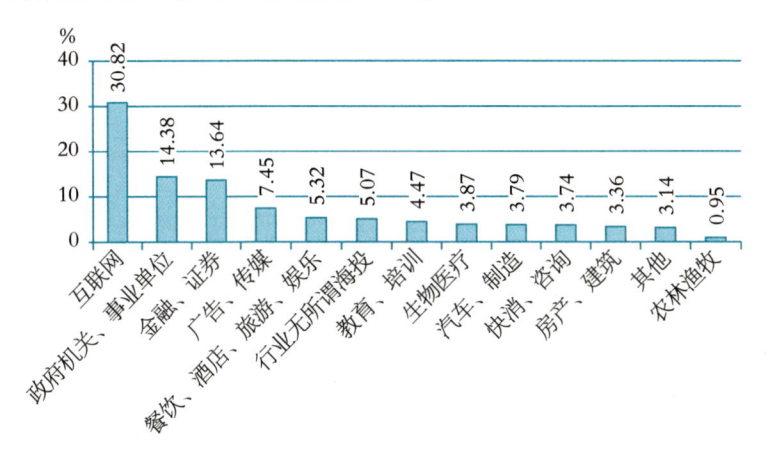

图 2-9　法学院学生就业去向

互联网 30.82%,政府机关、事业单位 14.38%,金融、证券 13.64%,广告、传媒 7.45%,餐饮、酒店、旅游 5.32%,娱乐 5.07%,行业无所谓海投 4.47%,教育、培训 3.87%,生物医疗 3.79%,汽车、制造 3.74%,快消、咨询 3.36%,房产、建筑 3.14%,其他 0.95%,农林渔牧

对外经济贸易大学在 2024 年 2 月 6 日发布了 2023 年法学院研究生毕业生的就业情况。报告指出,在就业行业流向上,有两名硕士毕业生选择留在国内高校继续深造,而另外两名则选择出国继续学术追求。除了继续升学的路径外,2023 届研究生毕业生的

就业选择主要集中在企业、律师事务所、公安检察法院机关以及其他政府机关与事业单位。

具体来看,选择进入国家机关和事业单位的毕业生占比达到32.96%,相较于去年有显著增长;而进入各类企业的毕业生占比为44.69%,与去年相比也略有上升;相较之下,选择加入律所的毕业生占比为22.35%,与去年相比有所下降。这些数据反映出法学院毕业生在就业市场上的多样化选择,以及对不同行业发展前景的考量。

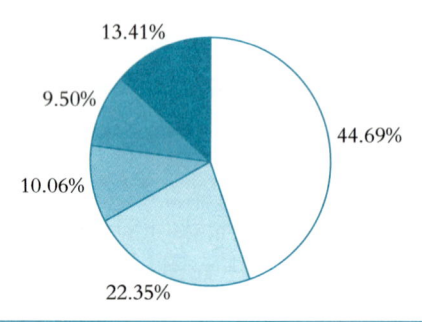

图2-10　对外经济贸易大学法学院2023届研究生就业行业流向

报告中也公布了具体的雇主名单,其中企业雇主中,国有控股企业占大多数。

我们再来看2023年北京大学国际法学院的就业去向统计(发布于2023年11月20日),由于北京大学国际法学院地处深圳,学校采用中国法和美国法共同教学模式,因此,在入学初期很多同学是致力于做律师的,基本上算是各高校中选择做律师可能性最高

第二章 | 开启业务之门：律师事务所的团队沟通策略

的。但是报告中显示，该校毕业生在国企和政府部门及其他公共组织就业的占比为 46%，依然超过了选择在律所执业的 36% 的比例。

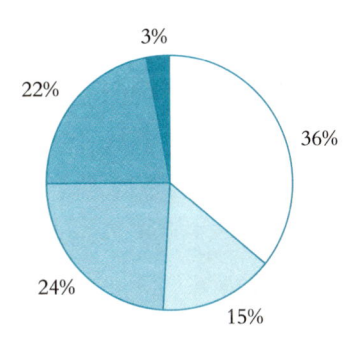

□ Law Firm 律所
□ Business&Industry 工商行业
□ SOE 国企
■ Government & Other Public Interest 政府部门及其他公共组织
■ Advanced Degree 升学

图 2–11 北京大学国际法学院 2023 届研究生就业单位性质分布

追求工作生活平衡

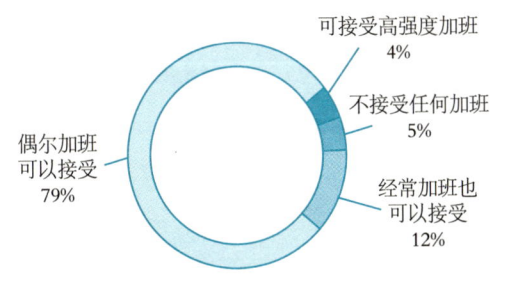

可接受高强度加班 4%
不接受任何加班 5%
偶尔加班可以接受 79%
经常加班也可以接受 12%

偶尔加班可接受，为爱发电 经受挑战 让我们一起拥抱美好的生活

样本：N=24581；于2021年12月通过刺猬平台调研获得
来源：深圳刺猬教育科技有限公司自主研究及绘制

图 2–12 Z 世代加班接受度统计

— 095

从数据上可以看到有 4% 的同学表示,可以接受高强度加班;也有 5% 的同学表示,不接受任何加班;但大部分同学选择了一个相对弹性的答案:可以接受偶尔加班。不难看出,"00 后"更希望保持工作和生活的平衡。

看重带教,为热爱埋单

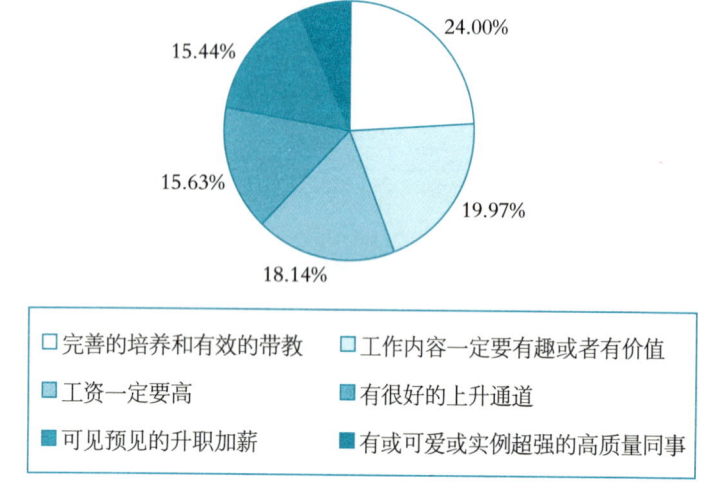

饼图数据:
- 24.00% 完善的培养和有效的带教
- 19.97% 工作内容一定要有趣或者有价值
- 18.14% 工资一定要高
- 15.63% 有很好的上升通道
- 15.44% 可见预见的升职加薪
- 6.82% 有或可爱或实例超强的高质量同事

图 2-13　Z 世代求职看重的因素

根据脉脉发布的《高值人才职业发展洞察 2021》报告,我们可以看到"Z 世代"的毕业生在求职时特别注重 Offer 的性价比。他们非常看重那些能够引领他们步入职场的导师人物。对于律师事务所来说,这一发现提供了重要的启示——"导师制"的实践不仅需要坚持,而且应当成为常态。

同时,这一代年轻人早早开始探索自我兴趣,他们在求职时最

第二章 | 开启业务之门：律师事务所的团队沟通策略

看重的是工作内容的趣味性和价值性。虽然"待遇好"仍然是一个重要的考量因素，但对于他们来说，为热爱和兴趣投入也是值得的。这表明，除了薪酬之外，工作的意义和个人成长的机会也是吸引"Z世代"人才的关键要素。

听劝

数据显示，约有70%的"00后"在求职时会受到父母和周围其他人的影响。这一现象不应被简单解读为盲从，实际上，"00后"在面对职业选择时，会更加考虑家庭的期望，并在此基础上谨慎行事，减少不必要的冒险。这反映了时代背景下的价值观变化和社会心态的演进。在这个基础上，我们可以设想，如果作为同事或朋友，能够为"00后"提供有价值的建议和支持，他们是会认真考虑并采纳的。

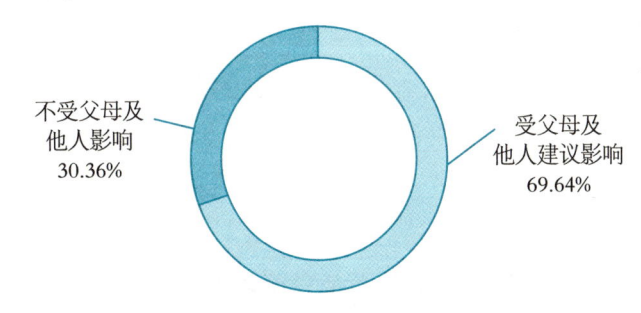

不受父母及他人影响 30.36%

受父母及他人建议影响 69.64%

■ 在求职这件重要的事上，本次调研中69.64%的Z世代青年表示父母及他人的建议会影响自己在找工作这件事上的决定

样本：N=24581；于2021年12月通过刺猬平台调研获得
来源：深圳刺猬教育科技有限公司自主研究及绘制

图2-14 他人建议对Z世代求职决定的影响

根据以上分析,我们可以总结出,作为雇主,以下几点做法可能有助于满足"00后"的期待:

- 清晰的职业发展路径:为"00后"提供明确的职业晋升通道,并给予与之相匹配的薪酬待遇,让他们看到长期发展的可能性和努力的方向。

- 创造健康工作环境:避免制造过度竞争的"内卷"环境,为员工提供稳定和安全感,让他们能够在一个积极健康的氛围中工作和成长。

- 实施导师制度:建立有效的导师制度,让经验丰富的前辈指导新人,帮助他们更快地适应职场,提升专业技能和职业素养。

- 赋能与支持:努力为"00后"员工赋能,提供必要的资源和支持,帮助他们实现自我提升和职业目标,同时也为他们提供有效的建议和反馈。

通过这些措施,雇主不仅能够吸引"00后"人才,还能够有效地激发他们的潜力,促进他们的职业成长,从而共同推动组织的发展和成功。

4.4.2 顶级律所律师解码:优秀律师群体的特征

前面我们探讨了顶级律所的合伙人的典型特征,那么顶级律所的律师是什么样的呢?虽然律师事务所的合伙人绝大多数都是从律师一路晋升上来的,但是由于承担的责任不同,会呈现出不同阶段的特点。通常,能够进入一流律所的律师都是经历了十几年的寒窗苦读,就读国内外知名法学院,大部分在学校也是名列前茅的。这足以证明他们在学习能力、学习方法、毅力和智力水平上十分优异。经过多年和他们的相处,我总结他们身上有以下几个特点。

不断地学习。虽然他们日常的工作非常繁忙,但是依然能够看到很多律师习惯性地在朋友圈分享近期阅读的不同的书籍,并写下书评,或是感兴趣的文章、新闻等。在聊天中,也有一些律师透露他们有写作的习惯,会要求自己在一段时间内写 1~2 篇与专业有关的文章。

自律。这不仅体现在他们对良好工作和学习习惯的坚持上,还体现在生活习惯中。很多律师非常注重身体健康,尽管工作繁忙,但仍保持运动的习惯。据说,一位律师即使晚上 10 点工作完毕,也会去健身房锻炼或者去散散步,以维持好的身体状态。当然,这并不是鼓励大家不回家而去健身房,而是要表达他们一旦设定目标就会始终如一地坚持的态度。此外,他们中的大多数保持着非常健康的饮食习惯。我记得在 2020 年,曾与一位形象好、专业能力强的女律师共进午餐,那时,她刚生完宝宝,基本上是一口甜食都不吃。我问她是如何坚持的,她笑着说道:"我没有坚持啊,这是我的习惯。只要养成习惯,其他问题就都不是问题了。"

成熟度高。在加入律师事务所工作之前我曾在外企实习和工作过,接触了很多年轻人,我当时和他们年纪相差不大,基本上大家讨论的全是周末怎么去玩,很少有人去交流未来怎么发展,认为自己还年轻,这里工作不开心了可以马上换个工作。在律所工作的这些年,我发现这些律师们成熟度很高,大部分人时时刻刻都是在为未来布局。他们会主动与不同的人交流,但绝不是漫无目的闲聊,而是想了解不同领域的信息,他们似乎一直占据主动,从不同渠道获得他们需要的信息,对事情充分地了解能够帮助他们在某件事情上作出决策。记忆犹新的是,在 2016 年,我刚来律师事务所不久,就有一位实习生同学说自己未来就是想成为合伙人,不会考虑去企业工作,他还与我分享了接下来几年的规划。我当时很羡慕他对自己目标的坚定,但是心里想会不会为时过早,后来虽然他离职了,加入了另外一家律所,但我们一直保持着联系。在接下来的几年里,他坚持发表专业文章,开设了自己的专栏,甚至在法律培训平台上授课,并回到母校举办讲座。他的努力和坚持最终得到了回报,在工作的第八年,他如愿以偿地晋升为一家知名律所的合伙人。

自我驱动。自我驱动是顶级律师事务所中普遍存在的一种工作态度。在这里,懈怠的情况极为罕见,因为每个人都在不断地设定新的目标,追求更高的成就。周围同事的优秀表现往往能够激发个人的进取心,促使我们不断挑战自我。这种环境的影响力是如此之大,以至于在一些律师事务所中,甚至可以看到团队的秘书、技术人员、市场营销等职能部门的同事们在业余时间努力学习,最终通过了法律职业资格考试。这种现象反映出一个深刻的真理:与优秀的人同行,能够激励自我不断前行。

4.4.3　Grow 模型深化：与律师共成长

在我来看，律所的 HRBP 应该成为律师最好的赋能伙伴，如果有一天律师在工作、生活中遇到了一些困难，而这些问题又无法直接和合伙人和其他律师开口，他第一个想到了你，那么这个 HRBP 就是成功的。律师事务所的 HRBP 会经历一个奇妙的过程，HRBP 会看到很多律师从实习生到加入律所成为正式律师的那一刻，再到成为独立接项目办案子的主办律师，指导团队成员的资深律师，最后成为合伙人。这种共同成长的经历是十分珍贵的，在他们还不能"独当一面"之前通过尽可能多的投入陪伴与赋能，这个过程所积累的信任是任何方式都不可取代的。因此，即便工作繁忙，也不应因为对方只是实习生或初级律师就敷衍应对。要意识到，在这个阶段，HRBP 所说的每一句话都可能对他们产生深远的影响。这些律师不仅是律所当前的宝贵财富，更是律所未来的希望和支柱。

从我与一些律师最初没有任何主题，就事论事地与他们沟通，到通过不断学习，找准自己的角色，达到有效沟通，总结下来，我认为，教练式的沟通最为有效。它的精髓是，不需要给对方任何建议，而是通过问问题，引导对方主动找解决问题的方案，从而承担责任。约翰·惠特默在《高绩效教练》中提出的 GROW 教练模型令我受益匪浅（见图 2-15）。它并非一个死板的理论，而是一个灵活的框架。

| Goal
目标设定
你想要什么? | Reality
现状分析
你现在在哪儿? | Option
方案选择
你能做什么? | Will
行动意愿
你将要做什么? |

图 2-15 GROW 教练模型

Goal：指确认员工的业绩或其他想要达成的目标，这个阶段主要是明确谈话的目标，后续三个步骤都是为了达成这个目标而服务。

Reality：指帮助员工梳理现状，找出问题和挑战。这个阶段要与员工一起分析原因和所需要的帮助。辅导者要认真地倾听，避免盲目下结论。

Option：指与员工一起探索可能的解决方案。辅导者在这个过程中要询问员工的看法，通过有技巧的提问激发和鼓励员工主动思考。

Will：指确定意愿，当共同探讨出解决方案后，辅导者需要增强员工的信心，勇于承担责任，在确定意愿的前提下商讨行动计划。

随着时代发展，从业者对于被对待的方式的期望正在快速提升，指挥、命令、专制和等级正在失去吸引力和可接受性。他们需要在生活和工作中拥有更多的自主选择、更多的责任和更多的乐趣。

参照马斯洛的需求层次理论，人的需求从基本的生理需求如"食物和水""庇护和安全"开始，逐步上升到社交需求如"归属"和

"他人的尊重",再到心理需求如"自尊",最终达到金字塔顶端的高阶需求"自我实现"。值得注意的是,在这一需求层次结构中,"自尊"位于"他人的尊重"之上,这是因为自尊源自个人内心的"自信与自爱",是一种内在的、自发的自我评价,而他人的尊重则是靠外界获得。

③

GROW模型帮助他人解决问题

不用你给对方任何建议,光靠问问题,就能帮助对方快速梳理思路,找到解决问题的切入口

GROW模型四步骤	问题清单	注意事项
Goal 目标	• 你遇到了什么问题? • 你理想的结果是怎样的? • 如果实现了,对你意味着什么?	帮对方认清目标,看到理想的画面是什么样子
Reality 现状	• 你现在的情形是什么? • 最主要的阻碍因素是什么? • 你已经尝试了哪些方法?	帮对方厘清现状,找到问题的阻碍因素
Options 选择	• 你现在有想到什么解决方法? • 还有吗? • 还有其他可能性吗? • 如果没有任何限制,你能做出的最大胆的行为是什么?	尽可能帮助对方打开脑洞,在这个阶段不用考虑可行性,只要有想法都先列下来
Will 行动	• 如果在以上选择中,挑选一件事来做,会是哪件? • 你会在何时、何地去做? • 我怎么知道你做了呢?	聚焦一个最有效、最可行的方案,并形成具体的行动计划

图 2–16 GROW 模型的问题清单和注意事项

正如约翰·惠特默提出,自尊的建立不是来自威望与特权,威望与特权更多是具备象征意义而缺乏实质意义。当某人真正拥有选择权时,自信就会随之建立。这就是为什么 GROW 模型可以通过激发对方自己探索问题的潜能,从而建立自信。

小故事分享:职业道路分叉口,该何去何从?

"HR 姐姐,我想和您谈一下,我正在考虑近期提出辞职。"

"哦?能告诉我是什么原因吗?我真的很惊讶,因为据我所知,你的主管合伙人李律师对你的表现非常满意。是不是发生了什么我们不知道的事情?"

"不是不是,李律师确实一直对我非常关照,自我毕业加入他的团队以来,他在各方面都很支持我,团队的氛围也很融洽。但……是这样的,我已经在这里工作了 3 年,我发现自己并不是特别热爱目前的业务领域。我觉得如果现在不抓住机会进行职业转变,以后可能会更加困难。"

"哦。原来如此,那你对什么领域感兴趣呢?"

"我发现我对 Y 领域非常感兴趣,这几年我一直在做 X 领域,只是觉得越来越疲累,但是也没有觉得有什么不对,但是前段时间,团队和 Y 领域团队合作了一个项目,我参与到其中了,接触了部分相关的工作,那段时间我非常有干劲儿,我才发现原来这才是我真正的兴趣所在。"

"我懂了。那么,如果事务所内部有这样的机会,我是说假设性的,你会考虑留下来吗?"

"当然，事务所是一个非常优秀的平台，我非常珍惜在这里的工作机会。只是我觉得内部转岗的机会可能并不多，而且合伙人一直对我非常关照，我真的不太好意思提出想要内部寻找其他机会的要求。"

"所以，你的主要目标是希望能够在 Y 领域内转型发展，而不是离开我们这个组织，对吗？"

"当然，我只是想转 Y 领域。"Goal：明确目标，期望的成果是什么。

"那你是已经下定决心要离开这个团队了吗？"

Reality：现状。"其实没考虑好，我在这里待遇还不错，提出离职之后还会有一段时间的 gap，我在经济上也会多多少少有压力的。可是我之前考虑过，我目前只有 3 种选择：(1) 不提出来，继续在目前团队工作，也会稳步晋升，老板对我很好，虽然工作强度很大，但是拿到的薪水能让我过上没什么压力的生活，但是心里始终会对没有做成 Y 领域有遗憾。(2) 和老板提出来想内部转领域看机会，老板大概率会支持，但是也会觉得我心思不在这里了，不再把重要的工作给我，慢慢地，我就被边缘化了，如果内部没有找到机会，我也不得不离职了，最重要的是和老板之间会多多少少产生小隔阂。(3) 直接提出离职，去外面看 Y 领域的机会。"Option：方案。

"似乎你对目前的工作环境仍有一定的留恋，毕竟你的上司待你不薄，而且待遇方面也令你感到满意，这些都足以让你维持一个舒适的生活水平。"

"是的，因为去外面看 Y 领域的机会可能会失败，其他律所 X 领域虽然能拿到 offer，但是待遇是不是比现在好，即使待遇差不多，团队是不是能和现在这样令人满意，我都没有信心。"Reality：现状。

"好的，看起来你对业务领域，平台，团队都有一定的要求，但是人不太可能都要，必须做出取舍。我们在面临选择的时候，可以用时间线拉长或缩短的办法思考，时间线拉长就是 10 年后我想成为什么样子，10 年后你是想成为 X 领域的合伙人还是 Y 领域的合伙人呢？把时间线缩短，在我面临选择的时候，我经常会用这个方法做决定，我会假设自己的生命还只有一个月了，哪种选择不会让我后悔。"激发做出选择 Option：方案。

"明白了，那我觉得我还是想做 Y 领域。"Will：阐明意愿；Goal：再次阐明目标。

"好的，其实你已经做出选择了，那么可以排除第 1 种，只剩下后面两种选择了，内部看机会或离职去外面看机会。你刚才提到了内部看机会的担忧，如果你连离职都敢面对，为什么会担心和老板的关系会尴尬呢？"

"我……不太确定他会怎么想，毕竟他对我一直不错，如果还继续在事务所，他会不会尴尬。"Reality：现状。

"你的离开并非因为对他和团队不满意啊，既然他对你很好，难道不该更加坦诚吗？如果真的告诉他会发生什么情况呢？"

"好像……是的,他也许还会作为前辈给我更多的建议吧。"

"你提到如果提出来换业务组,合伙人可能会担心你心不在这里了,会影响工作,不再把重要的项目给你,如果你能解决他的顾虑呢?有没有可能你其实可以继续把现在的工作处理好呢?"

"我觉得我可以兼顾,因为内部面试并不会占用我很多精力,所以我依然能够处理好工作。而且我会更加感激老板能够给我内部面试的机会,只是我不确定如果这样做了团队其他成员会不会有想法。"**Option**:方案再一次出现。

"你非常会站在对方角度想问题,这特别好。你提得也很对,如果你在继续工作的同时寻找内部的机会,长期下去可能会对团队成员的心态产生影响。当然,如果这只是一个短期的过渡阶段,那情况可能会有所不同。"

"那您看是不是可以这样,我可以和合伙人提出来给我 1～2 个月边工作边内部看机会的时间,我会把我近期如何处理好工作的方案给他,让他放心,如果没有内部机会,我就早点提出离职去市场上看机会,这样老板也会有时间招聘接替的人,我也算是努力过,没有遗憾了。"**Will**:阐明行动计划,建立自我责任。

"我觉得这么做很好,那先打消马上离职的念头吧,好好准备如何和合伙人沟通的方案。"

"好的好的,非常感谢您。"

从小故事中我们可以看到,实际上我并没有向这位律师伙伴提供任何非常具体的建议,只是不断地针对他担心的点追问,但是这位律师很聪明,每一次都能想到更好的处理方式。HRBP 或许无法直接给予律师专业技能的提升,但是可以在他们遇到困惑、迷茫的时候帮助他们消除内心的障碍,以见证他们的成功为我们的成就感来源。正如 2009 年彭蕾演讲中提到的,"当然,HR 是有很多流程和制度要去建立和遵守,但我认为 HR 最大的成就感,就是用你的工作改变一些人,让他们获得成就感,实现自我价值,从而实现公司的价值"。

005
情感投资：与业务搭档共建信任与合作

读者可能会疑惑,我为什么花这么多篇幅去讲解如何沟通这件事情呢？律师不是最容易沟通的吗？可我认为会表达和有效沟通是完全不同的,一个人再会表达也不代表他能和其他人有效沟通,单方面输出与双向互动是完全不同的两种能力。

团队合作的过程中有一个普遍现象,叫"沟通漏斗"(见图2-17),它是指工作中团队沟通效率下降的一种现象。如果一个人心里想的是100%的东西,当传递给其他人时,由于语言表达、情绪等因素,这些东西已经漏掉20%,说出来的只剩下80%;当这80%的东西进入别人的耳朵时,由于表达者或者倾听者的文化水平、知识背景等因素,只剩下了60%;实际上,真正被别人理解了、消化了的东西大概只有40%;等到这些人遵照领悟的40%具体行动时,已经变成20%;3个月后信息衰减的有可能只剩下5%。

沟通漏斗

让你的想法100%的传递下去

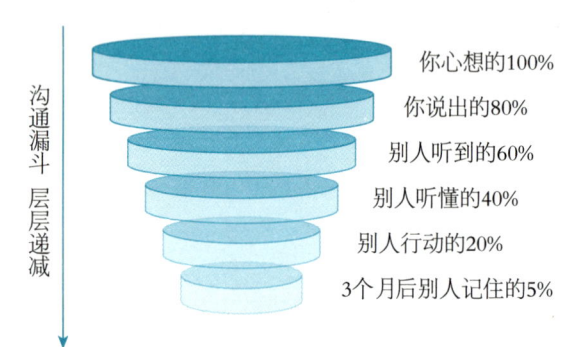

沟通漏斗 层层递减

你心想的100%
你说出的80%
别人听到的60%
别人听懂的40%
别人行动的20%
3个月后别人记住的5%

99%的职场问题，都可以通过沟通解决！
沟通最大的问题在于人们想当然地认为已经沟通过了！

图 2 – 17　沟通漏斗

美国心理学家乔瑟夫·勒夫（Joseph Luft）和哈里·英格拉姆（Harry Ingam）从自我概念的角度对人际沟通进行了深入的研究，并根据："自己知道——自己不知"和"他人知道——他人不知"这两个维度，依据人际传播双方对传播内容的熟悉程度，将人际沟通信息划分为 4 个区域：开放区、盲目区、隐秘区（又称隐藏区）和未知区（也称封闭区），人与人之间有效沟通就是这 4 个区域的有机融合，这个理论称为"乔哈里视窗"。

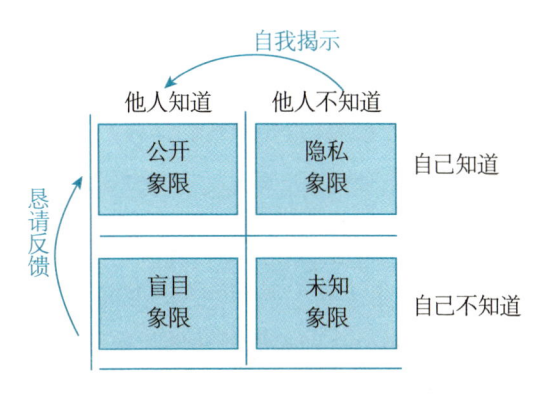

图 2-18 乔哈里视窗

在公开区:利用和扩大共同开放区,建立沟通的基础

一些信息是公开的,如姓名、籍贯、毕业院校、所做的业务领域、共同认识的人等。善于交往的人会利用这些公开的信息扩大与合伙人之间的话题,这样的人容易敲开业务大门,与合伙人进行合作性的沟通。要想使公开区变大,就要多学习、多观察、多询问。正如樊登在《可复制的领导力》中提到:公开象限的扩大就是一个人不断成长的过程。一个人通过扩大自己的公开象限增强自己在团队中的可信度。

在盲点象限:通过反馈了解自己的盲视区,善意提醒合伙人的盲视区

如果一个人盲点象限很大,日久天长,他可能就会变为一个盲目自大、夸夸其谈的人,他身边的很多人都看到了他存在的问题,但是他自己却看不见。造成他这样的原因是什么呢,那就是他很

少主动地去寻求别人的反馈,活在自己的世界。HR与业务的关系很微妙,我们不被业务直接领导,但是他们的信任和评价对我们接下来的工作展开是最为重要的,如果我们一直不清楚自己的"盲点象限",表现得十分没有悟性,合伙人又不愿意点破,那么就不愿意放心地和我们分享更多的信息,他们对我们的不信任不仅会让工作无法更深入地展开,也不利于我们个人的发展。

盲区是自己看不到但是别人能看到的区域。那么我们可以通过提问反馈和自省两种方法来更多地了解自己:

提问反馈。是通过向亲人、朋友或者第三方来提问,从他们的回复中获得反馈,从而了解自身的盲区。

自省。孔子曰:见贤思齐焉,见不贤而内自省也。也就是说,看到优秀的人,我们要学习他们的优点,争取让自己也成为一个优秀的人。如果看到不好的一面,那么我们也要自我省察,看看自己有没有这样的缺点。人贵自知,也贵在自省。

另一方面,从合伙人的角度来说,他的位置越高,就越难听到真话。他的决策可能不合理,但是下属因为畏惧,不敢去表达,而他本人又很难意识到,就造成了"盲点象限"的扩大。作为HRBP,如果看到了这一点,应私下与合伙人沟通,进行善意的提醒,正如"闻过则喜"的子路,对方会感激你的善意指正。

在隐藏区:适度袒露自己的隐藏区,避免主动谈论对方的隐藏区

如果一个人的隐藏区最大,那么关于他的信息,别人都不知

道,只有他一个人知道。这是一个内心封闭的人或者说是个很神秘的人。如果与这样的人沟通,那么合作的态度就会少一些。因为神秘、封闭,往往会引起他人的防范心理。

为什么造成他的隐藏区最大？是因为他问得多,说得少。他不擅长于主动告诉别人。

隐藏区信息过多的人,会给人一种距离感。因为他内心集结了太多的"秘密"。适度地袒露自己的隐藏区,会给人一种亲和感,让同事更快速地接纳你,两个人的关系也就更近了一步。

在未知区:发掘潜能,提升自我价值

一个人的未知区大,意味着关于他的信息,他和别人都不知道。这样的人,他不问别人对自己的了解,也不主动向别人介绍自己。封闭使他失去很多机会,能够胜任的工作可能就从身边悄悄溜走了,也意味着他的潜力没有被完全挖掘出来。

我们经常会发现某个律师原来在团队似乎被认为"能力不行""表现不佳",但是换一个平台便做得风生水起,不能否认这有企业文化和业务匹配度的原因,那是不是也可能是在这个平台上他的潜能未得到充分的挖掘呢？

作为 HRBP 我们首先要学会挖掘自己的潜能,再去帮助律师挖掘潜能。我们可以通过不断学习,提高自己的认知水平,学习的途径可以是与合伙人沟通,寻求反馈,或者是自己通过大量阅读相关话题的书籍。约翰·惠特默在《高绩效教练》中提到,做一个优秀的管理者的前提就是相信每一个员工都具有潜力。

与业务搭档共同投资情感账户

史蒂芬·柯维博士提出了"情感账户"的概念,解析了人际关系中产出与产能平衡的原理。我们都知道银行的账户就是把钱存进去作为储蓄,以备不时之需。情感账户里的储蓄是人际关系中不可或缺的信任,是人与人相处时的那份安全感;能够增加情感账户存款的,是礼貌、诚实、仁慈与信用。这使别人对我们更加信赖,必要时能发挥相当的作用,甚至犯了错也可用这笔储蓄来弥补。有了信赖,即使拙于言辞,也不致开罪于人,因为对方不会误解你的用意。所以信赖可带来轻松、坦诚且有效的沟通。反之,粗鲁、轻蔑、威逼、失信等,会减少情感账户的余额,到最后甚至会透支,此时人际关系就得"拉警报"了。由此可知,我们和合伙人律师建立信任余额是最基础也是关键的一步,若这一步没走好,后续再努力都于事无补,好比第一个数字是 0,那么后面是多少也都无济于事了。

曾在华为和阿里巴巴担任过 16 年 HRBP 的襄阳郭丹曾经提出过"打造专属品牌的降落伞",这是一个什么样的概念呢?这是指我们得到的最高信任级别就是:有一天 HRBP 扔一个专属品牌的降落伞,业务搭档们拿着 HRBP 的降落伞毫不犹豫地跳下去。

信任的级别见图 2-19。

共同圈层的信任 → 专业的信任 → 价值观的信任 → 人格的信任 → 专属降落伞

图 2-19　信任级别示意图

<u>共同圈层的信任:浅层信任的建立</u>

在最初的阶段,HR 与业务部门的合作可能仅限于日常工作中的一些基本互动。这种浅层的信任允许团队成员在非正式的场合中,如共享咖啡或午餐时,展现出真诚和热情。然而,这种信任尚未经过重大挑战或复杂问题的考验,因此它相对脆弱,需要进一步培养和深化。

<u>专业的信任:专业能力的展现</u>

要达到更深层次的信任,HRBP 必须在本专业领域内展现出扎实的能力和深厚的知识。能够独立帮助业务团队处理与人力资源相关的大多数问题。因为大部分合伙人,经过多年的实践,一般都具有人力资源管理知识和观点感悟,特别是资深合伙人,如果 HRBP 在自己的本专业上反而不如业务搭档,那么就很容易变得被动,"伙伴变伙计",从此开始各种跑腿儿生涯。

<u>价值观的信任:共同信念的共鸣</u>

进一步深化信任关系。这一级别已经非常难了,这需要双方有共同的价值观和信仰,对一个事情的基本面认知是一致的。只

— 115

有处事后才知道对方的底色,这一阶段需要并肩作战经历过一些事情。

人格的信任:最高阶的互信

最终,达到了最高阶的无条件信任,无论是任何场景,正式场合还是非正式场合。彼此都能相信对方的用意是良善的,HRBP与业务搭档达到了全方位的互信,也就是敢接专属降落伞的信任。

如何投资情感账户,建立信任

在英国留学期间,我的经济学老师张志超教授曾说,所有经济危机的本质都是信任危机。信任才是我们最大的资产,即使掌握再多的方法论和专业技能,一个 HRBP 如果无法获得来自所支持的业务部门的信任,在组织内将寸步难行。正如我们关心自己的财务状况,也要尽最大努力规划好我们与业务部门之间的"情感账户",避免出现负债累累的局面。关于投资情感账户的方式,史蒂芬·柯维曾提出过 7 条,我根据具体的工作总结了以下 6 种方式:

主动理解对方:理解他人是一切感情的基础。读者不难发现,在如何敲开业务大门的部分,首先讨论的是对合伙人的了解,了解合伙人、判断职业性格,对于与律师沟通的部分也最先谈论了"00后"的职业观、律师的特点,这一切都是为理解他人做准备。人与人之间的差别非常大,同样的一个行动对于 A 律师是鼓励,但是对于 B 律师效果可能是完全不同的。为了避免这样的情况,我们必须找到舒适的方式与他们相处。比如,团建中不断地让一个喜欢独处,甚至性格有一些内向的人当众讲两句,这无疑是没有充分理解对方的性格特点。再如,一位性格要强的合伙人,他方方面面都很优秀,雷厉风行,表达方式比较直接,情急之下也会批评两句,但是完全就事论事。如果 HRBP 不理解对方的性格特点,可能会觉得伤自尊,出现负面情绪。情绪太过敏感不仅无助于问题的解决,还会让自己陷入情绪内耗,可能造成尴尬的局面,也会让后面的工作难以开展。即便我们真的觉得不舒服,或者觉得自己并没有错,可以在双方比较冷静的时候提起,并解释误会,阐述自己当时的考虑,而不是只站在自己的角度,陷入委屈情绪。

不忽视细节,处处显尊重:其实与合作伙伴之间很复杂或紧急疑难的情况并非常态,更多的是日常工作,那么此时,细节就尤为重要。忽视礼貌、迟到、不经意的失言,自认为的小事没有提前汇报,使得合伙人陷入尴尬与被动局面,种种看似不大的事情最能消耗"情感账户"。就像"拿铁因子"一样,每天不经意的支出日积月累往往是一笔"巨款"。这些事情可能看起来未必直接造成了什么损失,但是可能让对方感觉自己不被尊重。有人可能会说这样不累吗,每天都要小心翼翼。如果我们认为这些很累,说明还有进步的空间,当一切变为生活化之后,我们会认为这是理所应当的,就像每天按时吃饭,按时锻炼一样。可能这个时候会有人问,如果对方不尊重我们怎么办,那么我的回答是:我们怎么样对待别人体现的是我们的个人素质而非对方,同样地,他用什么样的方式对待我们更多也体现的是他的个人素质,大多数情况与我们无关。

信守承诺：守信是一大笔储蓄，背信则是一笔庞大的支出，代价往往超过其他任何过失。一次严重的失信会使人名誉扫地，再难与他人建立起良好的互赖关系。实践中，我们在接到任务时要谨慎评估自己是否可以完成，或者需要什么样的协助才能完成。如果答应了对方就要确定这个工作是可以完成的，不要因为逞强或虚荣去接了领导的任务最后发现完不成，这样反而会给人没有信守承诺的印象，还会给对方和其他同事带来麻烦。当然，生活总是有意外，有时候并非我们故意不履行而因为外在的突发情况，那这个时候要把事情放在明面上解释清楚，不要回避问题，该道歉的道歉。

明确期望：很多期望都是含蓄的，从来没有明白地说出来过，但是人们想当然地认为这些事情是心照不宣的，实际并非如此。HRBP 一定要清晰地传递自己的期望，并引导合伙人和律师明确期望，这样我们共同的任务才有可能完成得更好，如果因为不好意思或自己的过多考虑没有说出来，不仅结果不会好，双方还可能彼此怨怼。

曾有位 B 律师和我说过类似的苦恼："我觉得 A 律师已经工作几年了，他应该对这个事情非常清楚啊，我还问他需不需要我帮助，他说他可以完成。我就没有过多嘱咐，显得我不信任他。谁知道第二天一看，这么低级的错误他也会犯，而且我们根本没有时间改了。"后来，A 律师委屈地和我说："B 律师没有和我说这个方案第二天上午就要交终稿，我以为我写了初稿，第二天还有时间当面对一下细节，我确实有些问题要问，但毕竟已经很晚了，我就没有过多赘述。"两位律师都很委屈，从 B 律师的角度，他确实问了 A 律师是否需要帮助，对方说不需要，并且也相信了 A 律师，结果完成情况这么糟糕。从 A 律师的角度，B 律师没有说明紧迫的截止时间，A 律师怕太晚了影响对方休息，没有多问，结果自己熬夜写完的，竟然还引来了不满，真是干得越多错得越多。

从沟通漏斗我们可以知道原本期待的 100%，别人执行的只有 20%，如果再不给出明确的指令，那么恐怕会更少。正如史蒂芬·柯维所说："不明确自己的期望，人们会变得感情用事，原本简单的小误会也会变得十分复杂，原本很小的事情也会导致严重的冲突和人身攻击，最终不欢而散。"

客观正直：不正直的行为就像大厦的地基出现了裂缝，崩塌只是迟早的问题。作为 HRBP，我们经常需要与合伙人讨论团队的状况，在这样的场合中，我们应该提供尽可能客观的信息，并确保信息的真实性，避免掺杂个人的主观情绪，或随意评论他人，以免自己被卷入是非之中。同时，我们必须对所有与团队相关的信息进行严格的保密，不能将其作为闲聊的谈资四处传播。

不正直会让信任账户一夜清零。作为 HRBP，我们的角色是帮助团队成为高绩效的团队，即使团队内部存在误解，我们也应当成为一座桥梁，尽可能地促进双方的沟通与联系，化解沟通上的隔阂和误解。

勇于致歉：里奥·罗斯金说过："弱者才会残忍，只有强者懂得

温柔。"真诚的道歉是一种感情投资。人非圣贤孰能无过,犯错误是再正常不过的事情了,面对错误不要去躲避,更不要将错误转移到其他人身上。HRBP 始终和业务部门有同一个目标,是战友,是合作关系而非对立面,任何不直面问题的表现,都会让问题反复出现。真诚的道歉还可能让对方因我们的敢于担当而对我们刮目相看。当然这里不包含动机不良的错误,这不会得到宽恕。

综上,我们要建立与业务部门的"情感账户"日志,并经常反省,"我近期是否有提款行为?""我和业务搭档的情感账户是否透支了?""我该采取哪些行动积累这些存款?"认真地经营我们与业务部门之间的关系。

情感账户日志		
行动	存款(＋)	提款(－)

图 2-20　情感账户日志[①]

[①] [美]史蒂芬・柯维:《高效能人士的七个习惯》(30 周年纪念版),中国青年出版社 2018 年版。

006
战胜"责任病毒":如何摆脱责任推诿的困境

看到这个标题,可能大家想到的第一个问题是,什么是责任病毒?

责任病毒(Responsibility Virus)是一个管理学概念,由加拿大管理学家罗杰·马丁(Roger L. Martin)在其著作《责任病毒》中提出。这一概念描述了一种现象,即在组织和团队中,人们对失败的恐惧导致他们在承担责任方面走向两个极端:要么承担过多的责任,要么逃避责任。

这种现象在职场中尤为常见,当个体或团队面临挑战和压力时,可能会出现两种典型的行为模式:一种是过度承担责任,认为自己必须解决所有问题,这可能导致个人压力过大和资源分配不均;另一种是逃避责任,将问题推给他人,避免自己承担责任,这可能导致团队合作破裂和效率低下。

律师事务所作为专业服务的提供者,通常依赖于团队合作来高效地推进工作。然而,这种以团队为基础的工作模式有时也可能成为责任病毒滋生的"温床"。很多人可能认为同级之间容易产生合作障碍,但实际上,责任病毒反而更容易发生在上下级合作的过程中。责任病毒的危害在于它能够破坏团队的合作精神,导致成员之间的信任和理解减少,从而影响整个团队的效能和成功。具体表现在:它会造成决策能力的萎缩,因为团队成员可能不愿意承担高于自己能力水平的责任,从而限制了他们的发展潜力和团队的创新能力。

下面我们通过一个小故事来了解律师事务所中团队合作中产生的责任病毒。

小故事分享:

合伙人李律师最近工作非常忙,手上有好几个案子在进程中,同时有一个意向客户,考虑到团队的小李和小孙还是律师助理,李律师准备让新招聘的主办小王对接这个意向客户,小王毕业于知名法学院,在一家大型律师事务所工作过 4 年。成熟得体的言谈举止和优秀的工作履历让小王在多个候选人中脱颖而出,李律师信心满满,认为小王足以独自面对客户。为了方便案件的讨论,客户、李律师和小王组了一个微信群用于讨论工作,客户每一次咨询问题,小王都能及时回复,一切看起来风平浪静,直到有一次,客户咨询法律意见,小王认认真真写了一个法律意见书,发到了客户群里,客户针对其中一点产生了质疑,最后发现这一点小王在法律意见书中写得不够全面,一向对工作一丝不苟的李律师看到客户的质疑立刻坐不住了,担心给客户留下不好的印象,让客户选择其他律所。李律师抓起电话就批评了小王为什么没有先把意见书给他看一眼再发到客户群里,这样就不会出现这个问题,小王感到很内疚,只是嘟囔着:"对不起,我以前都是直接发到客户群里,这是之前律所的工作方式,我下次会注意。"事实上,在客户发现问题的点上,小王犹豫过,但是她又认为及时回复客户更为重要,不能让客户等太久。但她忽略的是,回复错了同样伤害了律所的专业形象。双方反复沟通修改,李律师看完之还是担心客户不满意,渐渐失去了耐心,于是,李律师熬夜改了小王写的意见书,越改越生气,越改越担心,对小王写的意见书越来越不满意。第二天早上,李律师没有继续和小王沟通,而是把自己改完的意见书直接发到了群里。客户表示了感谢,后来客户再询问问题的时候,李律师总是非常紧张地检查小王在群里的回复,生怕小王的回复给客户不专业的感觉。甚至有时候担心小王说错了,自己抢先回复,最终这个客户选择了李律师所在的律所代理案件。

后续每一次客户组织开会的时候,小王总是战战兢兢提前出现在合伙人办公室询问:"您看今天的会议您主讲吧?"李律师担心小王中间出问题,自己要花费更大的精力去处理,就索性完全参与到这个案子中。每当客户有咨询或有法律意见、答辩书的任务时,小王总是非常不自信地问李律师很多问题,反复确认。李律师总是熬夜加班改小王写的文件。李律师的专业水准让客户十分满意,客户开始找他的频率越来越高,李律师花在这个客户的时间越来越多,牵扯了他在其他案件上的精力。小王越来越依赖于合伙人。即使对于自己完全有能力决定的事情,她也不敢拍板,甚至已

经不敢在与客户开会的时候给客户提供法律意见，而是默默地坐在李律师身边。李律师越来越忙，每天接连不断的案件讨论会，而小王似乎就闲了下来，慢慢地李律师心生不满，但是也没有直接和小王沟通，而是每次说话都是"带着刺儿"，小王的自尊心一次次受到伤害，情绪也非常低落，逐渐开始避免和客户对接，生怕对接过程中犯错误，被合伙人批评。

最终的结果就是李律师对自己承担了很多具体的工作逐渐感到不满，他觉得小王根本不像已有4年工作经验的人，慢慢地不再给小王更多的工作，试用期要到期的时候，他开始犹豫要不要让小王通过，而令他意外的是，小王主动递交了辞职信，原因是觉得自己不太适应这里的工作，觉得身心疲惫，希望先休息一段时间。

李律师感到非常意外并有些委屈，他向HR表达了自己的困扰："我本意是不想伤害她的自尊心，所以并没有持续地对她进行批评。我选择了自己直接上手做了，结果这个案子耗费了我大量的精力，而她自己却表示因为压力大而感到不适应这里的工作环境，我认为她的抗压能力实在太弱了。"

其实在这个故事中，产生了责任病毒，在面对共同合作的任务时，一方"逃避责任"，一方承担过多的责任。典型的表现是：

"要么与我无关，要么我管，你就别插手！"

"咱们还是把责任划分清楚，不然出了问题算谁的。"

责任病毒是一种无形的力量，它悄然侵蚀着团队中的积极行为和良好意图。在这种病毒的影响下，好事可能转变为坏事，原本的合作伙伴也可能成为对立的一方。罗杰·马丁强调,有担当的人是企业可以永续发展的关键。

接下来我们先分析上述小故事中的责任病毒。

对于小王第一次在微信群中回复的法律意见书中出现的失误,合伙人的反应是对抗性的,他主动承担了大量的责任,这向小王表明她应该承担相对底层的责任,小王也确实开始逃避责任。由于担心信誉受损,拿不到客户的签约,李律师选择了"自己来",而小王由于担心失败在心理上采取了逃跑的方法,也就是小王默许了,并无意识地接受了这个局面。

我们也可以做另外一种解释:小王表示放弃责任,引入了责任病毒。为什么这么说呢?在面对合伙人的举动时,小王虽然内心充满委屈,但是没有采取主动承担责任的行动,而是很快就放弃了。因为她缺乏信心的表现,间接让合伙人来做所有的选择,包括事事询问合伙人意见,不再独立给客户回复。合伙人李律师也收到了这一信号,并作出了相应的反应。

我们思考一下,其实在任何合作场景下都可能发生这样的情形。

从合伙人的角度来说,在面临局面不利的时候会选择承担全部责任,一方像英雄一方像绵羊的局面就出现了,但是这可能并不会让事情变好,短期内看似问题解决了,但是时间长了,主动承担责任的一方任务越来越重时,对于这些依赖感太强的合作伙伴可能会心生不满,承担不成比例的责任也会在客观上造成个人工作

量的负担和个人时间的牺牲。

此时会出现两种情况。

情况一：承担起争取成功的全部责任——即使明知无望也要努力抗争/忽视警告信号——陷入麻烦无法摆脱——失败。

图2-21：承担过多责任的后果。

从小王的角度来说，在放弃责任的同时，开始也许会内疚，但是渐渐地她也许不会把失败归结于自己，开始不喜欢对方"专横""控制一切"的作风，所有的决定都由对方作出，似乎完全没有与她商量，也没有考虑她的感受，这让她自尊心受挫。

情况二：尽量少承担争取成功的责任——专注于他人而不是自己的责任——感到权力被剥夺、脆弱——失败。

图2-21：逃避责任的最终结果。

由此，我们可以看出这是一个双输的局面。合伙人眼里的小王可能是一个逃避责任、工作态度不积极，能力差的人，而小王眼里的合伙人可能是一个强势，不培养下属的人。并且，任务虽然完成了，但双方都会产生疲惫、失败，或惧怕失败的感觉，这种感觉会触发新的一轮责任病毒，甚至可能会产生角色转换。

假如小王没有离职，继续合作下去还可能出现的情形是，合伙人想：我这么辛苦她也不知道感激，干脆就让她独立对接一个试试，也让她尝尝这种滋味吧，我得歇歇了。而小王呢，可能会触底反弹，她会想：我都这么尽力地去改了，事事请示他，但是他根本不拿我当回事儿，我必须独立把案子接了证明我自己。

随着这种跳跃,又开始了新的循环,或是逃避责任,或是承担过多的责任,双方把自己的工作伙伴从一个极端推向另一个极端,可能会面临新的失败。

感到权力被剥夺、脆弱

承担起争取成功的全部责任

专注于他人而不是自己的责任

逃避责任　承担过多责任

即使明知无望也要努力抗争/忽视警告信号

承担起争取成功的全部责任

陷入麻烦/无法摆脱

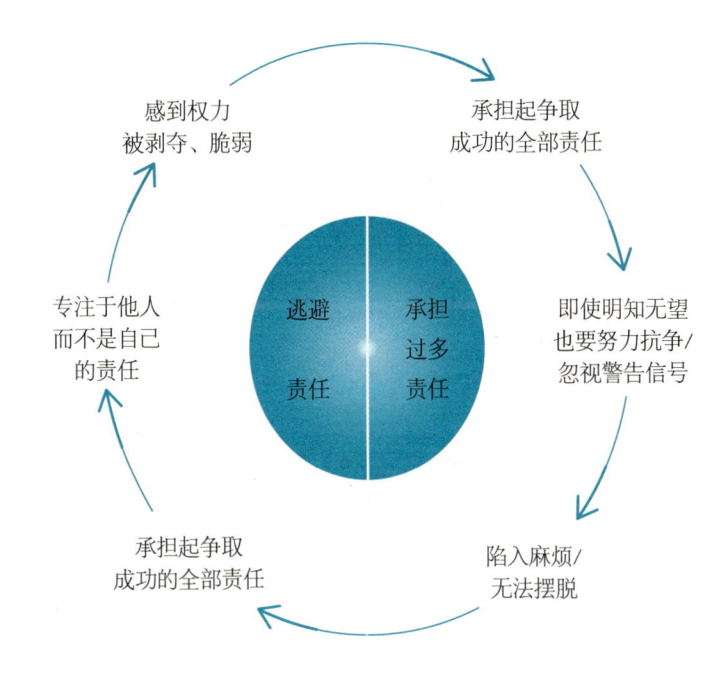

图 2-21　承担过多责任/逃避责任的循环①

如何消灭责任病毒呢？为了有效对抗责任病毒并减轻其对组织和团队的负面影响,罗杰·马丁提出了一套综合策略。这些策略旨在引导个人和团队转变思维模式,采纳结构化的决策流程,并营造一个开放且支持的沟通氛围。通过实施这些策略,组织能够

---

① [加]罗杰·马丁:《责任病毒》,机械工业出版社 2003 年版。

帮助成员在承担责任时达到一个恰当的平衡,避免走向逃避或过度承担的极端。

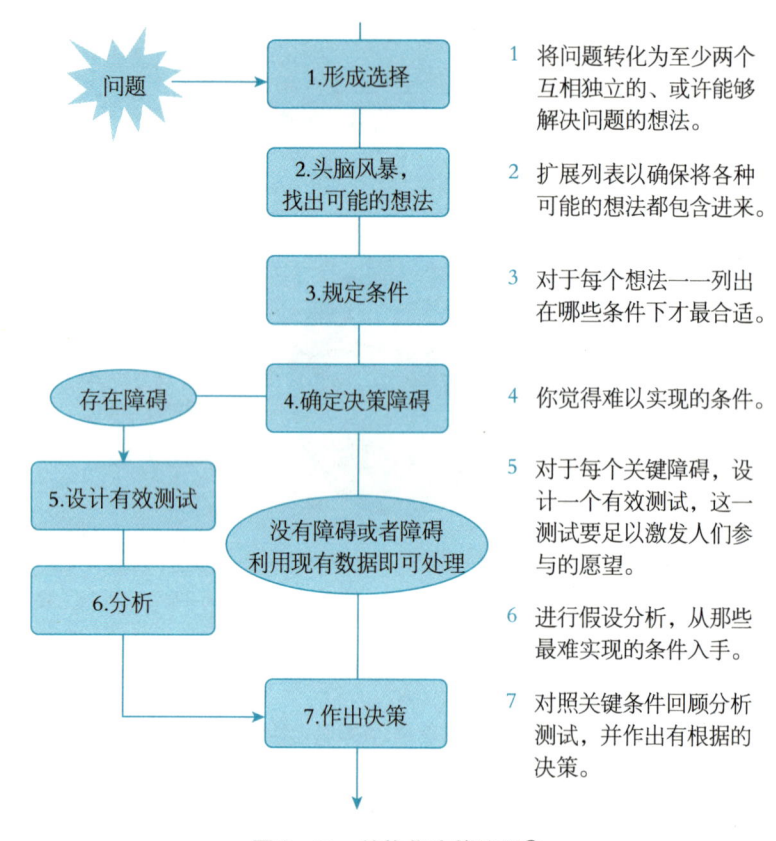

```
问题 → 1.形成选择
         ↓
       2.头脑风暴,找出可能的想法
         ↓
       3.规定条件
         ↓
存在障碍 → 4.确定决策障碍
         ↓
5.设计有效测试
         ↓         没有障碍或者障碍
6.分析            利用现有数据即可处理
         ↓
       7.作出决策
```

1. 将问题转化为至少两个互相独立的、或许能够解决问题的想法。
2. 扩展列表以确保将各种可能的想法都包含进来。
3. 对于每个想法——列出在哪些条件下才最合适。
4. 你觉得难以实现的条件。
5. 对于每个关键障碍,设计一个有效测试,这一测试要足以激发人们参与的愿望。
6. 进行假设分析,从那些最难实现的条件入手。
7. 对照关键条件回顾分析测试,并作出有根据的决策。

图 2–22　结构化决策流程①

在具体实施层面,无论是倾向于逃避责任的个体还是那些承担了过多责任的成员,都可以借助结构化决策流程、框架实验和责

---

① [加]罗杰·马丁:《责任病毒》,机械工业出版社 2003 年版。

任阶梯这三个强有力的工具来消除合作过程中的责任病毒。结构化决策流程(见图2-22)通过明确的步骤和方法,确保决策的全面性和合理性;框架实验(见图2-23)鼓励成员尝试新的思维模式,只需要用5分钟来反思自己对于"手头任务的看法"、"自己与任务相关方面能力"及"对他人与任务相关能力的看法";而责任阶梯(见图2-24)则提供了一种层级化的责任分担模式,让团队成员根据自身能力和情境需求,选择合适的责任承担等级。

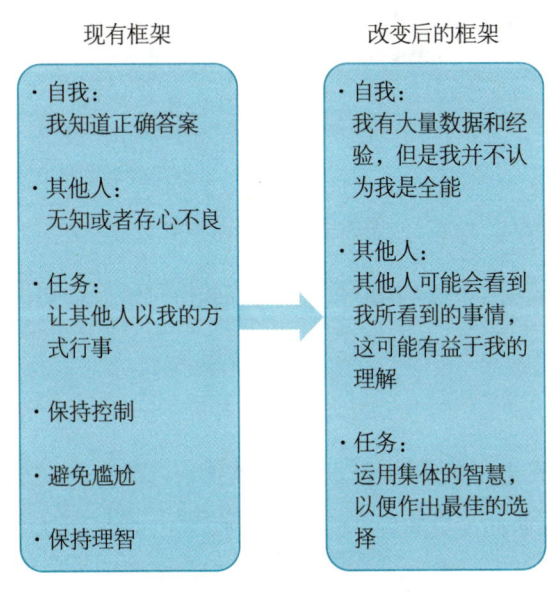

现有框架

- 自我:
  我知道正确答案
- 其他人:
  无知或者存心不良
- 任务:
  让其他人以我的方式行事
- 保持控制
- 避免尴尬
- 保持理智

改变后的框架

- 自我:
  我有大量数据和经验,但是我并不认为我是全能
- 其他人:
  其他人可能会看到我所看到的事情,这可能有益于我的理解
- 任务:
  运用集体的智慧,以便作出最佳的选择

图2-23 框架实验[1]

---

[1] [加]罗杰·马丁:《责任病毒》,机械工业出版社2003年版。

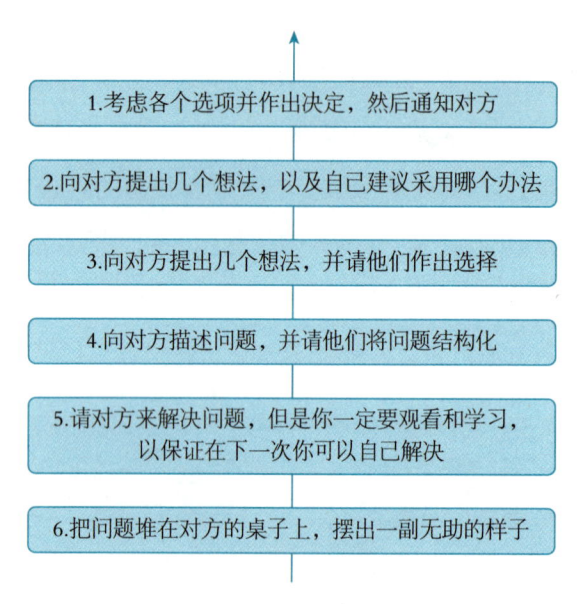

```
↑
┌─────────────────────────────────────────┐
│ 1.考虑各个选项并作出决定,然后通知对方      │
└─────────────────────────────────────────┘
┌─────────────────────────────────────────┐
│ 2.向对方提出几个想法,以及自己建议采用哪个办法 │
└─────────────────────────────────────────┘
┌─────────────────────────────────────────┐
│ 3.向对方提出几个想法,并请他们作出选择      │
└─────────────────────────────────────────┘
┌─────────────────────────────────────────┐
│ 4.向对方描述问题,并请他们将问题结构化      │
└─────────────────────────────────────────┘
┌─────────────────────────────────────────┐
│ 5.请对方来解决问题,但是你一定要观看和学习,│
│   以保证在下一次你可以自己解决            │
└─────────────────────────────────────────┘
┌─────────────────────────────────────────┐
│ 6.把问题堆在对方的桌子上,摆出一副无助的样子 │
└─────────────────────────────────────────┘
```

图 2-24 责任阶梯[1]

接下来我们看看小王和合伙人该如何对抗他们的责任病毒。

对于逃避责任的一方

设想自己的前途与未来

若一直逃避责任,渐渐地,你的伙伴将只能看到你真实能力的一小部分,他们会更质疑你的意志和素质,并且对你越来越苛刻。

由于你接受了一种永远缺乏挑战的生活,你自己也会开始怀疑自己的能力和素质。最终,承担责任的一方会把你看作一块朽木。即使他们不这样看,在他们因为失败而被别人取代之后,他们

---

[1] [加]罗杰·马丁:《责任病毒》,机械工业出版社 2003 年版。

的继任者也一定会。

想象一下这种最糟糕的情景,应该可以帮助你鼓起勇气去采取行动。还有哪一种合理的行动,不管多么不成功,能使你将来的处境更糟呢?还有什么比被动茫然地陷落到自我厌恶和自暴自弃中更可怕呢?很显然,你需要采取行动了。

重新看待承担过多责任的一方

看过如果我们不做任何改变,未来是如何被动之后,再来看承担过多责任的一方。目前他们可能的态度是不认可、傲慢、冷嘲热讽、生气的。为了让他们变得更容易接近,你需要进行框架试验,使自己能够以积极的眼光看待他们。如果你只是一味地认为他们傲慢、霸道、不爱培养别人、自以为是,那也未免把事情简单化了,因为很少有人真正会喜欢表现出这些负面的性格,更大的可能是,这些特征和举止其实是对你的行为举止的一种反应,是由责任的静态守恒带来的。你一直后退,他们就一直前进。他们试图填补由于你责任缺位造成的空白,同时想明白你为什么要这样做。由于缺乏开诚布公的交流,他们就只好猜测,猜测你是不是不负责任、懒惰、缺乏主动性,又或者是不是包含了上述所有的缺点呢?

你应该把其他人看作和你一样,仅仅是被静态守恒迷惑住了,他们可能只是觉得没有人来帮助自己。除非责任病毒被消灭,否则他们就会不断接管你的责任,对你的印象也会越来越差。他们有时可能会处在一个有利的位置上,但是却没有能力独立地处理这个局面。

你现在的框架可能是这样的:

自我——陷入逃避责任的状态不能自拔。

他人——强势、脾气不好、霸道,不愿意培养下属。

任务——在不利的环境中求生存。

你的新框架应该是这样的:

自我——处在逃避责任的状态,但是仍然像其他人一样能够积极对待,学着主动承担责任,能使双方都摆脱当前的状态。

他人——承担了过多的责任,一部分是自己的原因;感觉没有能力去改变任何事情;对逃避责任的一方的行为/态度不满。

任务——尝试和其他人一起工作并分担责任。

记住这个修正后的框架,你现在也就准备好了和那些承担过多责任的伙伴进行一次有意义的对话。

挑选一个你急于解决的问题

回想一下,在你逃避责任的问题中,哪一点最让你苦恼。选择一个确实让你别扭的,但是不要找最难克服的,如让合伙人直接把客户对接的工作全部交还给你,让他完全对你放心。很明显,这是一个太大的飞跃。

但是我们可以选一个适度的目标。比如,是否可以扭转合伙人在分派新任务时的倾向,他是不是可能让你只是回复客户在微信群中的日常法律咨询,如果你回答有些不全面,他可以作为补充,你们互相配合,而不是你一言不发。在撰写文件上你可以先把所有该做的工作全部做了,把所想的问题、思考过程全部说给合伙人听,让他当面指出可能存在的问题,但不能什么都不去做,让对方直接大改甚至重写。达到这一点,可能不需要面对太多情绪因素或太多的痛苦,而且与之相关的负面影响也会很少。此外,因为这样其实是相当于帮助合伙人卸下一部分包袱,所以成功的机会也比较大。

你可能会想,这一步好像没有解决问题啊？其实,这一步的目的只是要止住那个使你陷入逃避责任的境地的恶性循环,而不是就此一举消除逃避责任的状态。

进行一次责任阶梯的谈话

有了新的框架的准备之后,邀请承担过多责任的伙伴进行一次谈话,目的是让双方就你所选择的目标达成一致,也就是你主动承担部分责任,对方少承担一些。这一步遵循了责任阶梯规律。

首先,要说明,你认为你没有承担起你能承担或应该承担的工作,而且你很想纠正这一点。可以以一些实际情况为例来说明你能做得更多。

比如,小王可以对合伙人李律师说:"自从上次在微信群中给客户的回复不够严谨,导致您不再让我独立回复客户消息,我发现自己开始害怕承担任务,因此我没有主动和您说过再让我承担自己应该承担的工作。即使是我确定我能完成的部分。"

接下来,描述你对当前状况的理解。无论是你还是对方都已经对你的能力持消极态度,这并不是什么好现象,也没有任何好处,而你此前的行为也确实加深了那些负面的看法。现在需要做一些事情去打破这种恶性循环,否则还会继续流传下去。

小王可以说:"我能理解这种状况是如何发生的,我没有太多自信,我可能也没有给您太多积极的信号,所以,您不放心把任务交给我,而是自己承担了这些任务。我们都没有尝试做什么来改变这种状态。"

在交谈中很重要的是,千万不要因为当前的状态去责备对方。第一,这种心态是不对的,毕竟"一个巴掌拍不响"。第二,如果较少或不检讨自己的责任会让对方确定你是一个没有责任感的人。第三,会激怒对方,会让他们更加采取消极的态度看待你原本要努力改变现状的行为。

接下来,你要表达出为了双方都好,你渴望改变现状,并且请求他们的帮助。要说明当前的状况,表示你也受到了伤害,比如工作技能在萎缩,你不再进步,自信心受到了打击等,最重要的是表明自己知道对方承担了过度的负担和劳累。

小王可以说:"我发现了自己的做法不太合适,一出现问题,我没有暗示自己可以通过提高自己变得更加熟练,相反,我开始对自己的问题逃避,不以为意,不自信。造成您不得不承担比您该做的更多的具体事务,要么就在为团队还有谁能做原本属于我的工作而苦恼。我想要担负起多一些工作来帮我自己,也帮助您,但是这样的话我将非常需要您的支持与合作。"

谈话的下一个部分应该建议使用责任阶梯来重建你的职责范围。你选择的任务应该是一项你正在做,但是承担的责任低于你应有水平的任务,然后提出建议让自己对这项任务承担起更高一级的责任。

小王可以说:"李律师,其实每一次写法律意见书,我都做了大量的研究,往往有一些我确实不太确定,我怀疑我的思考过程可能出现了问题。您总是花很多时间帮我修改,但是由于太忙了,我只能看到您文字的修改,我有时候还是不太清楚您的思考过程。您看我是否可以下一次写完文件,把我的想法讲述给您听,您可以当面告诉我哪些方面我的思路有问题或想得不周全,而我就可以反省我的问题出在哪里。您给我一点时间,我会逐渐地开始改进自己,这样就能够大大减少您需要在修改我的文件上花的时间了。同时,在微信群中回复客户,不确定的问题我会直接回复客户待与您商量之后回复,我会私下与您商量,确保给客户反馈的同时不贸然直接回复,从而损害律所的专业形象。"

使用结构化决策缓解压力

你可以用结构化决策工具试探是否双方都满意改进后的责任划分,或者会不会对它感到满意,并且对新的责任划分的实施状况进行评估。他们都可以提出:从双方的角度来看,你在什么样的前提下才会认为新的责任划分是适当的?如果一方或另一方对于某些条件持有保留态度,那么就对这些保留意见进行测试,从而新的责任分工可以得到确认或拒绝。

就李律师和小王的故事而言,他们双方都要考虑在怎样的前提下,才能够认为小王的建议是有道理的,比如小王需要证明两件

事情，第一是需要证明她以后能够确保给客户的回复是准确的，拿不准的情况下也不会贸然回复。第二就是证明她只是在某个问题的思路上需要更正，而不是法律专业能力有问题，同时这是一段时间内能够解决的问题，而不是让李律师一直帮助她也不太可能有提升空间的问题。

那么经过讨论，他们得出的结论可能是他们无法明确地预料到结果，唯一的办法就是按照这个方案先试一个月，在此期间合伙人将对小王的表现进行反馈，他们中间会有2~3次对结果进行评估的过程，以此来推断进步的可能性，最后，合伙人李律师会权衡他所花的时间是否值得。

在这个环节，相当重要的一点是，这种尝试要被设计成能够在双方之间公开进行，而不是仅由一方私下判断。如果这种尝试是私下的，那么另一方可能永远也不明白他们为什么失败了，为什么成功了。那将使他们无法从中学到东西。所以合伙人李律师需要在一个月之后解释为什么得出了这样一个结论，小王也需要这样做，只有这样，他们双方才能真正理解小王关于要提高她责任级别的设想是否正确。

行动与反省

"行动"的含义是要承担更多的责任，当然这可能让逃避责任的人感觉到很害怕，但是前面的过程就是为了减少这种恐惧。与什么都不做相比，采取行动的风险还是小了很多，关键是要循序渐进地采取行动。而且通过坦诚的对话，承担过多责任的伙伴也会提供更为宽松的环境,让他们双方容易开始采取行动改变现状。

接下来,你需要反省自身的表现。根据你之前设定的标准评估自己现阶段的表现,并和对方一起验证。开放的验证会让对方相信你愿意接纳他们的反馈,这会帮助他们认识到错误出现的时候,他们不需要采用私下处理的方式,可以通过和你及时沟通来进行合理的调整,而不是必须采取全部自己包揽这种方式。

不断地重复之前的 6 步过程

最后一步是要一再重复前 6 个步骤,直到觉得自己已经从逃避责任的状态中解脱出来了。例如,小王如果真的学会了不确定的事情让客户等等,与合伙人商量之后再回复或者找到自己专业上或思考过程的误区,那么她与合伙人的合作就可以更进一步;如果她在其他事情上也被逃避责任的习惯所困扰,她也可以在工作上或生活上向另一个人重复这个过程,直到她能够更好地将能力和责任匹配起来。

对于承担过多责任的一方
设想自己的职业与未来

对于这一方来说,这个问题比逃避责任的一方更为复杂,因为直到最终结果显现之前,一个承担过多责任的人会感到自己可以应对各种挑战,他们觉得自己无坚不摧,所以不愿意做什么改变。他们之所以会犯下承担过多责任的错误往往是因为他们比其他人更加能干,而其他人在他们承担过多责任时的表现,进一步强化了

他们的想法,即只有他们才能挽救败局。故事中的李律师可能感到了疲倦和自顾不暇,但是他确定小王没有能力去承担她该做的工作,如果让小王承担,可能会引起更多的麻烦,而这个麻烦是李律师不想看到甚至无法承受的。所以,对于李律师来说除了自己承担、更努力地工作之外,他看不到别的选择。如果没有改变现状的措施,那么由责任静态守恒所导致的极端情况迟早会出现。

你首先还是要设想一下这种行为的后果,你那些逃避责任的伙伴们承担的责任会越来越少,而你每次都承担了更多的责任,随着你和你的搭档互相越来越不满而产生的负面作用,你会越来越觉得他们难以独当一面,他们会越来越觉得你"自以为是"。那么在接下来的日子里,还会遇到类似的情形,你身上的担子越来越重,责任越来越大,把这些额外的工作加到你现在工作量之上,一年、两年、三年,你一定会感受到这些负荷不是你承担得了的。过多的负担还会影响你交付的成果,你的专业形象还是一样会受损。无论你多么不信任逃避责任的伙伴,但是这与你一直继续这样下去相比,根本算不了什么。

重新看待逃避责任的一方

可能在你眼里逃避责任的搭档软弱、扛不起事儿或者就是能力有限、懒惰。但是,在这个阶段可以用框架实验重新审视对方,这样的目的是在实验中用积极的眼光看待对方,同时弄明白对方为什么会这样。他们不会因为喜欢做差劲的人而变成这样,事实上,他们肯定有自己的长处,正如小王在面试中表现的那样,4 年的经验让她从一众候选人中脱颖而出。而后表现越来越不尽如人意,可能是责任静态守恒导致的,责任的静态守恒已经把大家都限制在那个攫取和放弃责任的固定立场上了。当你前进时,他们就后退,他们也很苦恼你为什么会这样,他们可能猜测你是因为自大、强势所以不愿意培养他们。此时,能够帮助你看到这一点的框架内容和上文正好相对。

现有的框架大约是这个样子的:

自我——承担过重的责任,并深陷其中。

他人——软弱、差劲,需要我去推动他们。

任务——英雄般地知难而上。

新的框架应该是这样的:

自我——落入承担过多责任的陷阱,主要是我自己造成的。

他人——陷入逃避责任的境地,部分是由于我;感到无法改变任何事情;对于自己的行为和态度感到不高兴。

任务——力图与他人一起,向着更加积极地分担责任的方向前进。

挑选一个急于解决的问题

对于承担过多责任的一方,在处理问题时也要挑选一个让自己感到最苦恼的,但是不是最难解决的一点入手。对于那些承担过多责任、打算直接面对最棘手问题的人来说,这可能有点难。因为在他们看来,直接面对最棘手的问题才是他们成就感的来源。如果李律师的目标是这个客户可以全权交给小王,就像当初招聘

她的期待一样,能够成熟、独立对接客户,那么可能就有点难。比较好的选择是,将目标定在让小王处理她可以应对的客户不复杂的需求。因此,我们的建议是:李律师可以挑一个相对不那么难却还是耗费时间的工作,这样的工作即使错了也不会造成直接损失,在减少责任的同时,能够保证减少对大局的负面影响。这一步的目的只是要止住使其承担过多责任的恶性循环,而不是一劳永逸地消除承担过多责任的状态。解决问题的关键是要有一个好的开头,这样才好打开局面。

进行一次责任阶梯的谈话

采用框架实验的方法,你可以与你那些逃避责任的伙伴进行一次谈话,其目的就是让双方就你所选择的问题的责任分配达成协议。责任阶梯就是你可以掌握这次谈话的工具。

在谈话的一开始,你就可以指出,你感到你身上的责任太重了,但是这对你和大家都没有好处。在这个部分的谈话,不要让对方有被责备的感觉,他们已经为自己的能力和现状感到悲观和不安了,如果你的谈话一开始就让人感到很羞愧,那么其他人可能会采取逃避责任的行为来主导他们的价值观。在整个谈话的过程中,要先说明你承担了过多的责任,但是你不打算继续这样了,你要为这个问题开始分配责任了。

之后举出具体的例子说明你在承担责任的问题上跑得太快了,而原本是可以将更多的责任留给其他人的。

李律师可以对小王说:"上次看到你给客户回复的意见书出现

了问题,我的第一反应是紧张的,因为我还在开创业务的阶段,业绩压力很大,留住一个高质量的客户对我来说非常重要,所以我当时只顾得上我们不能将不专业的回复给客户,后面我觉得如果我过多与你沟通怎么去改,就没有办法按照客户要求的时间回复了,迫于时间压力我直接发给客户了,我没有给你机会来了解我是怎么考虑的,我认为这一点我做得不好。"

接下来说明为什么会出现这种既不理想也没有什么好处的局面。

合伙人李律师可以说:"我能理解事情变得越来越糟糕的原因。我从来没有在这个过程中表达我是需要你的帮助的,我也没有和你解释有些法律文件为什么会那么改。我觉得我是合伙人,对于你没有任何反对意见地接受我这样的安排,没有多想,我只是集中了更多的精力不让这个客户丢了,只是某个瞬间,我突然发现你对这个事情似乎参与得越来越少了,开始我是不满意的,认为你是顺势逃避工作了。但是我现在认为你这么做也不是完全没有道理的,因为我的做法是不会让事情有任何转机。"

在这个阶段,还是不要指责逃避责任的人,他们很可能会因为觉得无力改变而"破罐子破摔",他们会非常敏感,不管你说的批评是有道理还是没有道理。

接着说明,你打算为了大家改变这种情形。要清楚地说明,为此你需要他们的帮助。要说明当前的情况对于大家都不利,首先从你自己开始,但是也包括他们。

合伙人李律师可以说："这对于我没有任何好处。我感到工作负担过重，客户虽然越来越依赖我，但是这让我没有办法接更多的业务，这样做长远看对事务所的利益没有任何好处，也会制约我的发展，永远在具体的事情和具体的客户上，也没办法开拓更多业务。所以我希望你帮助我，减轻我的负担。我有一些不好的习惯，当我要去掌握不应当由我来承担的责任的时候，我希望你也可能提示我。"

李律师可以说："我会把手里的客户分一个类别，目前相对稳定成熟的客户，我可以先交给你，他们目前没有太复杂的疑难案件，我觉得你是可以处理的，你可以帮我减轻这部分的压力。同时，目前我们一起对接的客户还是要一起负责，突然变动对接律师不是很好，特别是刚签署合同阶段。所以关于他们在微信群里的日常法律咨询，你可以根据经验判断下自己是不是100%确定的回复，如果确定，那你可以直接回复，如果不是很确定，请和客户说明会内部商量一下给反馈，不要让客户觉得没有及时回应。关于法律意见书，我们可以在下一次起草法律意见书的时候，你记录下你的思考过程，我会和你面对面一起更改，我将告诉你我改动的原因，这样你下一次就明白了。当我能接受你文件80%以上的内容的时候，就是我要求你达到的水平，就算是合格了，我想这样对大家都好。"

使用结构化决策缓解压力

李律师可能还要反思双方在什么样的前提下才会认为李律师

的方案是可以接受的。如果他们都认为双方的前提能够成立,那么就会有信心采用这种新的责任划分。比如,李律师还要相信小王能够将他的法律意见掌握并在一段时间内可以进步,花过多的时间等待她进步也是十分有风险的。而小王也要相信合伙人确实有时间给她反馈供她学习,而不是在谈话之后就继续忙业务忘记了这个事情。

如果他们心存疑虑,就可以设计一些检验方法。他们双方可以约定,李律师给小王一个月的时间尝试,然后在这一个月中所有小王出具的法律意见和给客户的答复(相对复杂的问题),都由李律师一对一地进行指导,频率最好超过2~3次。所有的指导和反馈都必须公开,在这个过程中为了减少小王担心自己会被批评的顾虑,她也应对李律师的指导给予一定的反馈。

行动与反省

由于要放手交出一部分责任,承担过多责任的一方会担心会不会再给自己种下失败的祸根,但是逃避责任的一方也会有同样的顾虑,或者更为担心。对于承担过多责任的一方来说,重要的是绝不要一有小意外就收回他们交出去的责任。如果这样做,逃避责任的一方会怀疑双方的承诺,并改变自己的做法。因此,对于故事中的李律师来说,他要耐心地等待小王把工作处理之后主动向他反馈。

双方在调整新的责任水平之后,都要对自己的表现进行反思。李律师需要问自己:我是否鼓励了小王,并在她处理得不够好的问

题上给予了一定的宽容度？当我对她的反馈不满意时，我是否给了她有益的建议？当她出现了错误时，我是否向她提供了指导，并且给了她第二次机会，还是我立即就把责任收了回来？同时，他也需要小王的反馈，了解小王的感受。在这个过程中，李律师也需要判断，小王在这个过程中是否一遇到困难就退回到较低的责任水平中去了，或者她对于承担更大的责任这件事情不是那么认真？

这种做法可以加强双方的信心，让他们相信，他们彼此是可以沟通的。通过采取行动，李律师应表明并不想成为一个霸道、不培养下属的人，也不想什么都管，他需要小王的帮助，以此来克服自己承担过多责任的倾向。李律师也需要讲清楚，他需要小王的合作，需要小王承担更大的责任。他们开始把彼此视为解决问题的伙伴，而不是造成麻烦的根源。这将促成一种合作和亲密的关系，这种关系本身就提供了抗责任病毒的能力。

不断重复以上的 6 个步骤

最后一步就是不断重复以上的 6 个步骤，直到你感觉自己已经从承担过多的责任的陷阱中脱身为止。这意味着，一方面，李律师可以和团队成员一起面对问题，少了很多对成员负面的猜测；另一方面，他一直被具体事务缠身的问题得到了解决，会感受到自己逐渐脱离了令人不舒服的承担过多责任的陷阱。在这个过程中，他会感到心态达到了某种平衡，不会把自己当成一个正在走向崩溃的人。

虽然很多事情无法一步到位，但是解决的过程会给你带来一定的信心，止住那种恶性循环，你的责任与你的能力相互匹配。

事实上，在团队合作的过程中，我们会遇到各种各样的障碍，责任病毒只是其中较为普遍的一种。仔细回想，我们不难发现，工作中遇到的挑战很多并非源自任务本身的复杂性，而是与同事之间的协作关系。许多人在遭遇职场上的不快时，会向家人、密友或专业咨询师倾诉，试图排解那些负面情绪。能够与人分享自己的困扰是一种幸运，但有的人可能只会选择自我安慰，告诉自己"工作只是工作，同事只是同事"，不必过于投入情感。这种自我劝解虽然能暂时缓解心情，但未能真正解决问题。然而，我们是否曾深思，同事真的只是同事而已吗？细算一下，我们与同事相处的时间可能远远超过了与家人相聚的时光，如果我们不愿意花心思去思考和解决问题，最终可能只能无奈地忍受那些突如其来的负面情绪。

当然，解决问题的过程绝非易事，它可能会让人感到心力交瘁，但相比纠结于负面情绪，积极思考解决方案至少为我们提供了改变现状的可能性，而后者，就如同原地"摇椅子"，除了给我们找点事儿做，不能改变任何现状。

招聘高手：律师事务所的人才选拔策略

第三章

001 业务需求与人才匹配：精准招聘的智慧

在招聘之前，HRBP通常会问合伙人"您对这个人有什么样的要求？"合伙人通常可能回复"法律功底好，英文好，名校毕业"，我们便不再追问，然后匆忙发广告、安排笔试、面试流程。看起来我们可能满足了这些"硬件要求"，完成了招聘任务，但是没过多久发现，这个人好像没有简历上看起来那么优秀，这是为什么呢？当然，我们首先承认，面试具有一定的局限性，除此之外，我发现，HRBP缺少了引导合伙人发现自己真正需求这一步。

律师事务所的合伙人通常从技术序列进行晋升，因此，在建立团队初期，他们没有带团队的经验，也处于"摸着石头过河"的状态，只能从一些硬性条件上提出模糊的要求。这些要求实际上并非自己真正核心的需求，导致选错了合作伙伴，浪费了巨大的成本。而这个前期工作恰恰是非常必要的，HRBP需要做到以下两点：

(1) 明确业务目标。管理者需要将业务目标拆解，以终为始，反推需要什么样的资源完成这个目标，如财务资源、客户资源和人

力资源等。对于律师事务所来说,最重要的资源是人力资源,人力资源通常指完成这个目标所需要的具体能力,从这一步思考什么样的人具备这样的能力。

(2)**定位业务发展阶段**。根据业务发展阶段分析团队的成熟度。如果合伙人在此业务领域已经深耕很久了,那么大概率团队是成熟的,团队的架构也相对清晰,合伙人能够清楚地分辨他是需要推进业务发展、协助团队管理的资深律师,还是需要辅助资深律师工作、从零培养的初级助手。相反,对于一位初级合伙人,他还处在创业阶段,合作伙伴的作用可能是开疆拓土,抑或专业功底扎实,能让合伙人放心地去开展业务,内外打好配合。

除去以上两点,合伙人需要将现阶段能够承担的人力成本问题考虑进去,从而抉择。值得借鉴的是华为人力资源部在定招聘需求时,一定会先搞明白几个问题:为什么要招这个人?他的独特贡献是什么?能不能把这个岗位给别人做,给别人加点工资?这种方式不仅是在帮业务部门分析需求,也是将招聘管理环节与绩效管理的提高紧密结合,展现出了组织"不养闲人,奖励能者"的理念。

002
律师胜任力模型：构建精英团队的基石

故事一：合伙人张律师焦急地拨通了 HRBP 的电话，声音里满是困惑："我之前招的某律师，学历高，成绩优异，专业功底扎实，他的法律分析能力在同龄人中也是出类拔萃的。但不知为何，他对工作似乎并不那么投入，总是抱怨工作时间不自由、压力太大。我们在面试时明明很仔细，怎么就没发现这个问题呢？"电话那头，HRBP 沉默了一会儿，然后开始和张律师一起探讨可能的解决方案。

故事二：绩效考评的结果刚刚出炉，合伙人与小李律师坐下来进行了一次认真的反馈会。合伙人说："小李，你的表现还算不错，但离优秀还有一段距离。"虽然合伙人提出了一些改进意见，但内容太过宽泛，让小李律师感到有些迷茫。会议结束后，他不禁陷入了沉思：到底什么样的律师才算是优秀的律师呢？

故事三：在管理层的会议上，大家讨论的焦点是组织的战略目标。大家都认同，为了实现这些目标，我们的律师团队需要帮助客户解决什么样的问题，如果解决这些问题，我们的律师团队需要具

备特定的能力。但具体来说,律师们需要哪些能力呢?该如何去描述这些能力,引得管理层成员们纷纷思考和讨论。

这 3 个问题在 HR 的日常中并不陌生,但往往难以给出一个满意的答案。问题的根源在于缺乏清晰的胜任力模型。对于很多人来说,尤其是非人力资源领域的专业人士,"胜任力"这个词可能还有些生疏。简单来说,胜任力就是用来描述一个出色律师所应具备的知识、技能、专业能力、价值观和态度等特质,这些特质使他们能够有效地完成工作,并在同行中脱颖而出。

作为管理者,必须清楚地知道团队需要什么样的人才,以及这些人才应具备哪些关键能力。但能力真的仅仅是指工作上的技能吗?回顾故事一,我们会发现,即便是那些看似在知识和专业技能上无可挑剔的候选人,入职后也可能无法满足工作的需求。这究竟是为什么?在面试过程中,我们为何往往忽略了对态度的考察?正是这些被忽视的态度、价值观和动机,塑造了员工的行为,进而决定了他们的工作绩效。

心理学家将人的素质分为六大类(成就与行动、帮助与服务、影响与冲击、管理、认知和个人效能),由 20 种具体能力组成。这些胜任能力分为多个层次,结合起来就形成了一个完整的企业员工胜任能力模型,包括知识、技能、社会角色、自我概念、个性和动机。

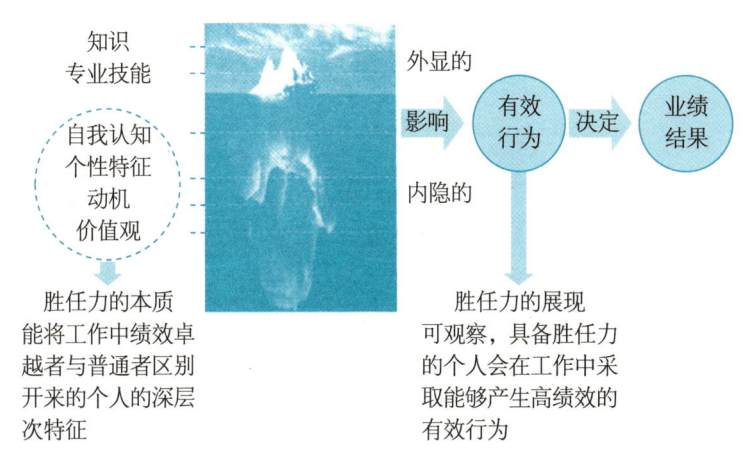

图 3-1 胜任力与心理特质的关系

2.1 胜任力的双赢：组织与员工的共同成长

坎萨尔(Kansal)和辛哈尔(Singhal)在 2018 年提出,胜任能力模型包含一份量化的知识、技能和素质清单,这些知识、技能和素质通过个人行为展现出来,从而在特定的工作环境中实现卓越绩效。它能为员工和组织带来长期利益。

乔汉(Chouhan)和斯里瓦斯塔瓦(Srivastava)在 2014 年提出,从员工的角度来看,熟悉并利用胜任能力模型中的信息,再加上对个人优缺点的认识,可以使个人有能力管理自己未来的工作或事业,驾驭自己选择的职业道路,或探索新的机遇。此外,胜任能力模型有助于实现组织目标。通常情况下,开发胜任能力模型首先要使其与组织目标相一致[1]。因为胜任力中的这些能力不仅要满足当前的需求,还要满足未来的规划要求,这也是坎萨尔(Kansal)和辛哈尔(Singhal)在 2018 年提出的观点[2]。由此可见,能力模型是提高员工绩效的有效工具,有助于作出明智的企业决策(Staškeviča,2019 年)[3]。正如 Atkočiunienė(2010 年)[4]所强调的,胜任力是一种稀有、宝贵、不可替代、不可再生的资源,可确保组织的竞争优势。

2.2 主流胜任力模型:冰山、洋葱与梯形模型

在胜任力的理论中有三种主流胜任力模型:冰山模型、洋葱模型和梯形模型。

麦克利兰于 1973 年提出了一个著名的胜任能力模型——冰山模型,用于描述胜任能力的特征。麦克利兰认为,能力最好被描述为一座冰山(如图 3 - 2 所示),一个人的知识和技能代表了冰山

---

[1] Chouhan V. S. & Srivastava S., Understanding competencies and competency modeling—A literature survey. IOSR Journal of Business and Management, 16(1), p. 14 - 22 (2014).

[2] Kansal J. & Singhal S. (2018), Development of a competency model for enhancing the organisational effectiveness in a knowledge-based organisation. International Journal of Indian Culture and Business Management, 16(3), p. 287.

[3] Staškeviča A. (2019), The Importance of Competency Model Development. Acta Oeconomica Pragensia, 27(2), p. 62 - 71.

[4] Atkočiunienė Z., *Knowledge management information in improving the organization's competencies*, Information Sciences, Vol. 21, No. 5, p. 52 - 57 (2010).

可见的一角。相比之下,潜在的、持久的个人特征或自我概念、特质和动机(如自信心、主动性、同理心、成就导向等)则代表了隐藏在水线以下的冰山的大部分。在当今瞬息万变的世界中,知识和技能的"保质期"越来越短,因此,持久的"水线以下"能力对个人在工作中的有效表现具有更实质性的影响,这也是瓦齐拉民(Vazirani)在 2010 年提出的观点。[1]

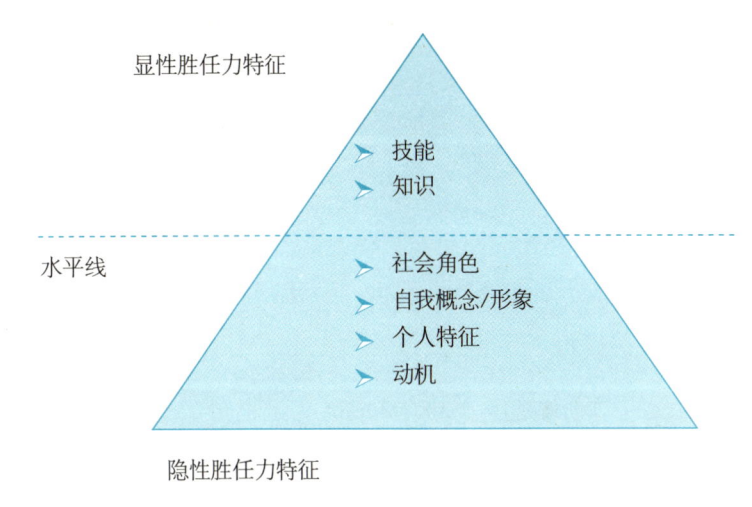

图 3-2 冰山模型

理查德-博雅茨(Richard Boyatzis,1991 年)[2]提出的洋葱模

---

[1] Vazirani N. (2010), Review paper competencies and competency model-A brief overview of its development and application. SIES Journal of management, 7(1), p. 121–131.
[2] Boyatzis R. E. (1991), The competent manager: A model for effective performance. John Wiley & Sons.

型是一个完整的胜任特征模型。如图 3-3 所示,胜任力洋葱模型的原理与冰山模型相似,它由内而外地说明了胜任力的各个要素是可以逐步观察和测量的。洋葱模型由三层组成,由外而内。最外层是知识和技能。它们可以被直接观察和感知,易于评估和评价,并通过培训得到提高和改变。中间一层是自我形象、态度、价值观和社会角色。这一层相对稳定,是个人在中介情境中的自我意识。学者博亚特兹(Boyatzis)在 1991 年提出,最深层是动机/个人品质,这是最恒定、最不易察觉的,对个人行为起着至关重要的作用。

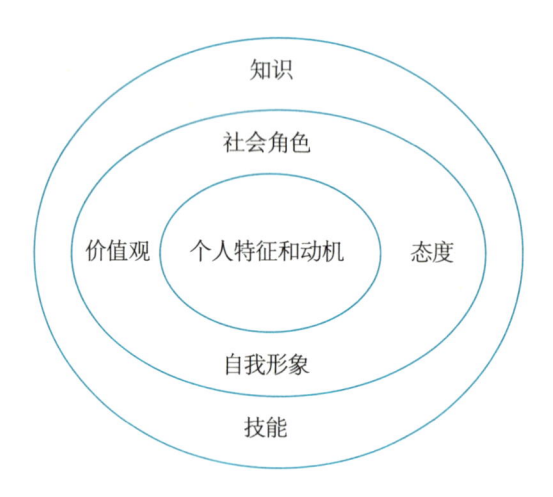

图 3-3 洋葱模型

国际人力资源管理学会提出了梯形模型(见图 3-4),这个模型展现了能力犹如阶梯,包含六个层次:知识、技能、社会角色、自我概念、个人特质和动机。自我概念涉及个人对其身份的认识和理解。值得注意的是,阶梯的顶端代表了个人的绩效行为,而阶梯下面的六个层次则对个人对工作目标的反映产生了不同的影响,最终决定了他们在阶梯顶端的绩效行为。

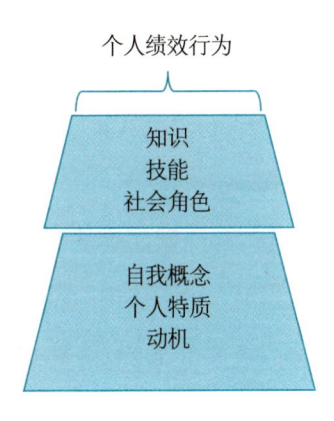

图 3-4 梯形模型

2.3 西方律师胜任力的研究成果

西方学者很早就开始围绕律师岗位胜任力模型展开讨论,不同时期的讨论焦点各不相同。最初,这些西方研究者倾向于从律师工作的固有任务角度来研究胜任力。例如,科特(Cort)和萨蒙斯(Sammons,1980 年)[1]对"优秀律师"的胜任力进行了探索,从对律师职能的分析中得出结论,口头和书面表达能力、法律分析能

---

[1] Cort H. R., Sammons J. L. (1980), "The search for 'good lawyer': a concept and model of lawyer competencies", Cleveland State law review, 29(3-4).

力、解决问题能力、职业责任感和执业管理能力是优秀律师必备的能力。

美国学者露西亚(Lucia)和莱普辛格(Leipsinger,1999年)[1]对律师事务所合伙人的能力模型进行了研究。他们的研究结果表明,该模型包括3个大的方面:能力、关系技巧和个人素质,并进一步细分为19种具体的能力,包括写作能力、口头沟通能力和成功欲望等。

随后,学者和研究机构都开始注重从客户需求的角度探讨律师的能力。基泽(Kiser,2017年)[2]指出,客户更看重沟通、倾听、是否及时反馈、了解客户背景和业务、解释收费安排等技能。同样,亨德森(Henderson,2017年)[3]强调律师需要具备项目管理技能和协作技能,这对律师、非律师和客户组成的团队提高效率、降低成本大有裨益。

2018年,汤森路透采访了13家客户方,他们既是法律服务的购买者,也是律师事务所人才职能部门的领导者,并提出了以下问题:21世纪成功律师最重要的十大能力是什么?排名前五且得票率超过50%的能力分别是:关系管理(92%);沟通(83%);项目管

---

[1] Lucia A. D. & Lepsinger R. (1999), The art and science of competency models : pinpointing critical success factors in organizations. San Francisco, Calif: JosseyBass/Pfeiffer.
[2] Kiser R. (2017), Soft skills for the effective lawyer. Cambridge, United Kingdom: Cambridge University Press.
[3] Henderson W. (2017), Efficiency engines: how managed services are building systems for corporate legal work. From: ABA Journal, 103(6).

理(83%);情商(75%);以及商业基础知识(67%)[鲁尼恩(Runyon,2019年)]①。类似地,2019年10月,美国法律研究促进协会(IAALS)发布了一项关于客户所需能力的重要研究。结果显示,排在前五位的是与客户沟通的能力、与客户的人际关系(包括值得信赖、专业性、对客户的包容、以尊重和礼貌对待客户等)、律师对客户事务的贡献价值(包括具体结果和服务成本)、律师的专业技能以及坚韧不拔的精神(包括勤奋和具有职业道德)[德梅拉士等(Demeola等,2021年)]②。这一时期的研究反映了对客户需求的高度关注。

近年来,研究的重点发生了变化,包括两个主要方向。第一个方向是调查法学院学生过渡到律师角色所需的能力,从而探索适用于初级律师的能力模型的特点。例如,克里斯坦森(Christensen)在2019年③提出,成功的律师应具备积极主动的特质、文化能力(与来自不同背景的个人互动的能力)和有效的团队

---

① Runyon N. (2019), Delta Model Update: The Most Important Area of Lawyer Competency—Personal Effectiveness Skills. [online] Thomson Reuters Institute. Available at: https://www. thomsonreuters. com/en-us/posts/legal/deltamodel-personal-effectiveness-skills/.
② Demeola Z., Cornett L., Anderson E. & Uhl Hulse K. (2021), Whole of Lawyer the Capacity MGMT. Project Ethics Professionalism Workplace Foundations Instructional Design Guide Use Learning Outcomes & Standards-Based Assessments to Train Better Lawyers. [online] Available at: https://iaals. du. edu/sites/default/files/documents/publications/foundations_instruction al_design_guide. pdf.
③ Christensen C. (2019), Preparing Law Students to Be Successful Lawyers. J. Legal Educ., 69, p. 502.

合作技能。类似地,布鲁克斯(Brooks)[1]等2021年研究了法律教育者应向法律专业学生传授哪些技能,以便他们为实习做好准备,从而在全球COVID-19的背景下满足客户需求。汉密尔顿(Hamilton)[2]在2021年仔细研究了客户和法律雇主所寻求的基本能力与法学院所接受的学习成果之间的差距。值得注意的是,他强调了各种能力的重要性,包括诚信、书面和口头交流能力、分析能力、主动性、解决问题的能力、反应能力、对公司目标和价值观的承诺、激发自信的品质、研究敏锐性以及对专业发展的奉献精神,尤其是在大型律师事务所招聘初级律师时,对这些能力尤为看重。

第二个方向是围绕人工智能或数字化背景下的律师能力进行研究。梅迪亚尼克(Medianik,2018年)[3]、卡尔(Carre,2019年)[4]和肖普(Shope,2021年)[5]分别于2018年、2019年、

---

[1] Brooks C., Reuter M., Silver M. & Wald E. (2021), Professional identity formation and its pedagogy: Article: the foundations for (private) practice: Building professional identity through law firm externships.

[2] Hamilton N. (2021), The Gap Between the Foundational Competencies Clients and Legal Employers Need and the Learning Outcomes Law Schools Are Adopting. UMKC L. Rev., 89, p.559.

[3] Medianik K. (2018), "Artificially intelligent lawyers: updating the model rules of professional conduct in accord with the new technological era", Cardozo law review, 39(4).

[4] Carre A. (2019), "Legal Intelligence Through Artificial Intelligence Requires Emotional Intelligence: A New Competency Model for the 21st Century Legal Professional", Georgia State University law review, 35(4).

[5] Shope M. L. (2021), "Lawyer and Judicial Competency in the Era of Artificial Intelligence: Ethical Requirements for Documenting Datasets and Machine Learning Models", The Georgetown journal of legal ethics, 34(1).

2021年研究了人工智能或数字化领域中法律角色所需的能力。虽然他们的研究可能存在一些差异,但三位学者都强调了深厚的法律知识和数据分析技能的至关重要性。不过,他们一致强调,解决问题和高情商仍然是律师最重要的能力。

在中国,律师作为知识型岗位,近年来开始受到学者们的关注,但研究数量仍然有限。在中国文献中,关于法律职业能力的系统研究相对较少。这主要有两方面原因:首先,这一时期中国法律职业仍处于发展阶段,仍有一个经验积累的过程。其次,律师事务所在经营、管理和提供法律服务方面普遍存在短期行为,并不注重人才管理[1]。随着律师事务所发展的日益成熟,关于律师胜任力的研究将逐渐兴起。

2.4　构建律师胜任力模型:实战案例分析

构建胜任力模型是确保企业人力资源配置与战略目标相匹配的关键步骤。首先,我们需要深入了解企业的战略目标,明确企业未来发展的方向和所需的核心竞争力。在这个基础上,我们可以逆向推导出为实现这些战略目标,组织需要什么样的人才和能力。

以律师岗位为例,以下是构建胜任力模型的具体步骤,构建律师胜任特征模型可以遵循以下流程(见图3-5)。

---

[1] Mel X. (2016), Law Firm Strategy and Development. Beijing Book Co. Inc.

```
行为事件访谈  ←  与所调查的律师岗位(绩优者
                  与绩效一般者)就所从事的关
                  键行为进行访谈,基于素质词
                  典进行分析初次找出胜任特征
                  因素
    ↓
专家小组讨论  ←  验证上述胜任特征,结合企业
                  文化、战略宗旨增加组织胜任
                  特征
    ↓
胜任特征问卷调查
    ↓             ←  整理行为事件访谈、专家小组
整理数据、分析数据形成初步模型   中讨论出的胜任力并进行定义
                                 形成问卷发给目标调查岗位人
                                 员,收回有效问卷进行信度和
                                 效度分析
    ↓
胜任力的分级,形成最终模型
    ↓
工具应用(招聘、培训于发展、
绩效考核、人才盘点等)
```

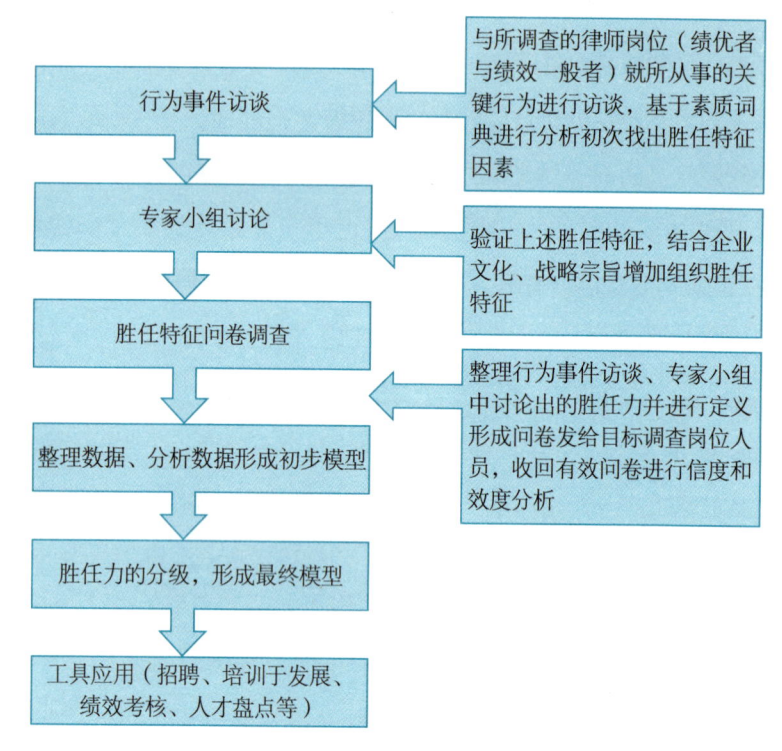

图 3-5 构建胜任力模型流程

行为事件访谈(Behavioral Event Interview, BEI)

美国哈佛大学麦克利兰教授创建了行为事件访谈法,是目前在构建胜任力模型中使用最为普遍的一种方法,是通过对绩效优异的员工和绩效一般员工的访谈,得到与高绩效相关的素质信息方法。行为事件访谈法的意义在于,通过访谈者对其职业生涯中的某些关键事件进行描述,揭示与挖掘当事人的素质,特别是隐藏在冰山下的潜能部分。

之所以要采用行为绩效访谈法的原因如下：

(1)大多数律师并不清楚自己真正的素质,由于工作过于繁忙,很少对工作中的自己进行回顾与梳理,比如自身的优势与劣势。在以往的绩效考核中,我们发现那些自认为自己擅长指导初级律师的资深律师,往往是初级律师评价很难相处的人。

(2)在企业实践中的多数面谈都带有"引导性",因此许多员工会按照普遍认同的答案或者访谈者期待的答案来回答,从而隐藏了真正的动机和能力。结果很多重要的信息无法获取。

BEI 行为事件访谈的设计

在调查开始之前,需要对整个行为事件访谈的流程进行设计。

(1)了解被访谈者的背景,准备访谈提纲与录音设备。

(2)访谈者进行自我介绍,并且明确访谈的目的。该程序的目的是为与相关的被访谈者形成初步的信赖关系,形成友好的沟通氛围,确保后续的访谈活动可以更为轻松地进行,也有助于确保最终的访谈质量,特别要强调访谈信息用途及保密承诺。

(3)梳理被访谈者的汇报对象、下属及具体工作内容。此环节可以在访谈过程中参照被访谈者的职位说明书。

(4)借助 STAR 工具进行深入挖掘被访谈者的行为事件。也就是关注以下问题:

事件的具体情境(Situation);面临的主要工作内容(Task)是什么,想达成什么样的目标;在具体情境下,被访谈者当时心中的想法、感觉和当下采取的行动(Action);最终发生了什么样的结果

(Result)。

（5）通过直接询问求证被访谈者所需要的胜任特征。这个问题可以作为补充，换一种方式进行询问，比如"如果要招聘或培训某人做您的工作，您希望他具有什么样的知识技能、职业素养和能力？"

（6）设计结束语，对被访谈者表示感谢，并与其建立友好的关系。

BEI 行为时间访谈的组织实施

根据以上设计好的提纲，开始行为事件访谈实施阶段。选取 6~8 位样本进行访谈，比如，3~4 位为绩优者、3~4 位为绩效一般者，就所从事工作的关键行为进行访谈，以素质词典为基础，进行主题分析，初次找出胜任特征因素。

表 3-1　行为事件访谈主题分析示例

行为事件描述	主题分析	胜任特征因素
……我主要负责出具法律意见及准备相关的诉讼文件。在办理该案的过程中，我遇到的最大困难：在最短时间内迅速理解客户的指示，并用最简练、清晰的语言告诉客户下一步工作如何开展及我们会从哪些方面努力，维护客户的合法权益。与我们对接的客户的法务都是有多年经验的资深律师，这些客户眼光犀利，与他们对接、向他们出具法律意见要非常小心、谨慎。	（1）被访谈者始终以维护客户的合法权益为最终目标 （2）在最短的时间内理解客户的指示，并进行总结	服务意识 归纳能力

续表

行为事件描述	主题分析	胜任特征因素
……在面对这种挑剔的客户时，我通常会做好预案，提前想好客户可能会有什么问题，主动向客户解释，并力争一次性跟客户说明白。当然，在拿不定主意的时候，我会与经验丰富的合伙人商量，共同出具法律意见，以求给客户最高质量的法律服务	（1）提前做好客户预案，提前做好一切准备 （2）拿出预案，给予客户更高质量的法律服务需要法律专业知识	主动性 法律专业知识
……在取证环节遇到了较大的困难。由于涉案侵权产品是摩托车，体积较大，证物的保全、封存一旦不当都会为后续的诉讼带来麻烦。我们与公证处多次沟通，想方设法购买适宜封存摩托车的包装物品并积极寻找安全、经济的仓库保存证物。证据是诉讼中最重要的元素，保全证物听起来简单，实则有很多细节要注意。虽然公证员很少处理本案所涉侵权产品的案件，但我们不能就此放弃封存，需要积极沟通，并开展头脑风暴，想方设法达到目的。目前本案还在审理中，证物在仓库的保管下，也非常完整	（1）与公证处多次沟通 （2）对于涉案侵权产品特性需要进行了解 （3）遇到公证员很少处理本案件的情况，但是没有气馁，一直想办法，最终解决	沟通协调 行业/产品知识 解决问题

结果分析。

访谈结束后，调查者对访谈的结果和内容进行整理汇总，总结提炼访谈中的胜任特征因素，胜任能力会出现很多，但是要根据出现频率的高低进行总结，有所删减，以下为资深律师胜任力模型示例(见表3-2)。

— 165

表 3-2 资深律师胜任力示例

专业知识	专业技能	综合素质
法律专业知识	项目/案件管理	解决问题
产品/行业知识	文件撰写能力	团队协作
	市场拓展能力	成就动机
	谈判能力	责任担当
		坚韧抗压

专家小组法。

专家小组法又称"德尔菲法",其重点任务为召集对于岗位有着较高认知的专业人士,整理其对于核心岗位胜任特征的观点与意见,专家小组可以是在组织内部工作多年的资深老员工、直接管理者或退休人员,也可以是组织外部对企业有研究和熟知企业内部情况的研究型专家。采用专家小组讨论主要是为了检验第一步得到的胜任特征因素是否较为真实地反映了事务所中资深律师岗位的实际情况,是否有增加或减少的项目,并请律师事务所的高层领导、优秀的资深员工及人力咨询公司的专家对已经得到的参考模型进行胜任特征行为定义。表 3-3 和表 3-4 为专业知识和专业技能的定义参考。

表3–3 专业知识

专业知识	胜任特征行为
法律专业知识	公司法律知识包括公司法、合同法、税法、经济法、证券法、劳动法及国家颁布的有关的各项与本企业及行业有关非法律法规
产品/行业知识	指所从事的法律服务领域内的行业知识和信息,客户所在行业的行业知识、行业动态、商业运作模式和特点及客户产品的知识

表3–4 专业技能

专业技能	胜任特征行为
项目/案件管理	能够根据项目/案件的复杂程度及在工作进行中可能遇到的各种情况,合理地进行资源分配,把握进度,按照工作的紧急程度和重要程度合理分配工作任务,确保整个案件/项目按时按质按量完成
文件撰写能力	能够快速准确地将自己的想法付诸文字,能够起草合同、法律协议、文书,条款清单、公函等文件
市场拓展能力	具备沟通、组织等方面的能力和技能,从而达到开拓市场的目的
谈判能力	谈判双方为了各自的需要而在一定的主客观条件基础上所进行的讨价还价的活动。这种讨价还价的活动,包含一定的心理较量,特别是智力、能力的较量

胜任特征问卷调查

问卷调查法是一种能够快速收集胜任特征的一种调查方法。问卷调查法实施的过程虽然省时省力、成本低,但是前期在问卷设

计和编制方面的投入还是非常大的,具有很强的专业性。采用问卷调查法研究胜任特征,通常是在结构化访谈的基础上或是以开放问卷的方式来收集胜任特征项目,其实是对所获得的胜任特征项目进行筛选。筛选的过程可以用问卷初测或者是专家评定的方式,结合企业自身情况进行改进,然后将保留下来的项目编制成问卷,从而进行分析。目前大部分问卷分析方法为探索性因素分析和验证性因素分析,从而得到胜任特征模型。在这一步得出结果后可以用 SPSS 等数据分析软件先对问卷的信度和效度进行检验,合格后才能对数据进行分析。

模型的解析(分级)

律师具备全方面的素质是必要的,但是必须做到有的放矢,根据麦克利兰素质词典对素质定义及级别定义的三个维度的原理,对胜任特征的行为等级表现加以区分,总结区分原则包含以下4点:

(1)行动的强度是从轻微到强烈;

(2)影响范围是从小到大;

(3)广度是从局部到全面;

(4)主动程度是从低到高。

比如,同一个胜任力初级律师只需要达到"了解""在指导下完成"这种低级别,但是资深律师可能需要"精通""指导别人"的高级别,接下来我们以资深律师胜任力中的专业技能部分为例逐一说明。

专业技能解析

项目/案件管理,指能够根据项目/案件的复杂程度及在工作进行中可能遇到的各种情况,合理地进行资源分配,把握进度,按照工作的紧急程度和重要程度合理分配工作任务,确保整个案件/项目按时按质按量完成。分级行为表现见表3-5。

表3-5 项目/案件管理分级行为表现

分级	行为表现
1级	(1)能够在高年级律师指导下,根据工作的紧急程度和重要程度合理安排完成时间,按照轻重缓急优先顺序处理问题。 (2)各项工作均严格遵守时限要求,无须催促
2级	(1)能够根据工作的紧急程度和重要程度合理安排完成时间,按照轻重缓急优先顺序处理问题。 (2)随时根据案件/项目的时间表核对所承担工作的进展,并向负责该案件/项目的合伙人汇报,最终确保所负责的每一个环节都按时完成。 (3)各项工作均严格遵守时限要求,无须催促
3级	(1)能够根据项目/案件的复杂程度及在工作进行中可能遇到的各种情况,有效预估完成项目/案件所需时间,按照工作的紧急程度和重要程度合理分配工作任务。 (2)随时根据时间表核查项目组人员的工作进展,督促项目组人员在既定时间内完成所承担的工作,最终确保整个案件/项目按时按质按量完成。 (3)随时关注客户需求的变化,能够根据需求变化调整项目进度及其他安排

律师事务所所承担的项目/案件均为高端项目/案件,复杂性很高,完备的项目/案件管理能力对于一个资深律师来说是必要的,本项定级为3级。

文件撰写能力,指能够快速准确地将自己的想法付诸文字,能够起草合同、法律协议、文书,条款清单、公函等文件。分级行为表现见表3-6。

表 3-6 文件撰写能力分级行为表现

分级	行为表现
1级	(1)能够对级别较高的律师起草的文件提供协助,起草或辅助起草一般信函或较简单的法律文件,所起草的法律文书具有逻辑性、条理清晰、结构合理,能够引用正确的法律法规或其他依据。 (2)具有良好的双语文书写作能力,起草的文件语言流畅,简洁,能够运用正确的文书格式以及适合文件的性质及阅读对象的语言风格,没有语法错误和错别字
2级	(1)针对较为简单、常见和一般的问题,非诉律师能够在合伙人及级别较高律师的指导下,利用本所已有的文书范本、格式文件等起草回复、备忘录、法律意见书、合同、尽职调查报告等法律文件;诉讼部律师能够在合伙人及级别较高律师的指导下按照诉讼或仲裁程序起草各种法律文件。 (2)具有良好的双语文书写作能力,起草的文件语言流畅,简洁,熟练运用正确的文书格式以及适合文件的性质及阅读对象的语言风格,没有语法错误和错别字
3级	(1)能够就复杂的项目、案件和法律问题起草项目建议书、备忘录、法律意见书、合同等法律文件,独立完成或指导级别较低的律师完成法律文件;诉讼部律师能按照诉讼或仲裁程序要求独立起草及修改各种法律文件。 (2)具有优秀的双语文书写作能力,起草的文件语言流畅,简洁,熟练运用正确的文书格式以及适合文件的性质及阅读对象的语言风格,没有语法错误和错别字。 (3)能够指导级别较低律师起草法律文件或合同,或对低年级律师起草的法律文件或合同进行审核与修改

撰写文件的能力反映的是一位资深律师的法律功底及思维能

力,一份缜密的法律文件是赢得案件的关键,所以本项定级为3级。

市场拓展能力,指具备沟通、组织等方面的能力和技能,从而达到开拓市场的目的。分级行为表现见表3-7。

表3-7 市场拓展能力分级行为表现

分级	行为表现
1级	(1)协助合伙人或资深律师准备投标文件和演讲稿,对客户维护/开发工作提供必要的支持。 (2)积极参加市场宣传活动,加强客户关系。 (3)通过市场研究和个人关系,寻找和建议新的业务机会
2级	(1)能够维系并在主管合伙人的安排下进一步发展现有客户。 (2)能在合伙人的安排、指导下初步开展参加协调会、会见潜在客户、进行宣传性演讲等市场开拓工作
3级	(1)能够维系并在主管合伙人的安排下进一步发展现有客户,在合伙人的安排、指导下初步开展参加协调会、会见潜在客户、进行宣传性演讲等市场开拓工作。 (2)能够赢得现有客户的信任,能够帮助合伙人从现有客户中识别出核心客户,能够在合伙人的指导下独立完成客户开发工作

资深律师阶段肩负着维护客户的任务,虽然在这个阶段他们还无须直接背负开发客户的业绩压力,但是作为潜在合伙人,必须具备赢得客户信任及识别核心客户的能力,才能为下一阶段做合伙人打下坚实的客户基础,所以本项定级为2级。

谈判能力,指谈判工作需要的能力,如说服对方、解决争端、讨

价还价及表达能力等。分级行为表现见表 3-8。

表 3-8 谈判能力分级行为表现

分级	行为表现
1 级	能够清晰准确地分析问题并表达己方意见,能够根据不同的时间、地点、情景、人群,灵活地表述和解释事实、事件、政策等,使对方理解
2 级	能够清晰准确地分析问题并表达己方意见,能够影响或劝说他人接受已确定的概念、观点和方法,沟通过程中可能需要根据对方的反馈对沟通内容进行少量的调整
3 级	在项目谈判或其他会议上,能够清晰准确地分析问题并表达己方意见,影响或劝说具有不同观点、立场和目的的人接受己方完整的方案或计划。沟通中需要根据实时的情况对沟通内容进行灵活的调整

谈判能力是律师这个职业的必备素质,对于资深律师来说要求应该更加严格,在本次行为素质访谈和问卷调查中,也体现了谈判能力的重要性,因此,本项定级为 2 级。

以此类推,将得到的每一个胜任特征进行解析分级。

最终组织根据自己的调研结果得出了岗位的胜任力模型(见图 3-6)。

冰山上　专业知识
　　　　　•法律专业知识　3级
　　　　　•产品/行业知识　3级
　　　　专业技能
　　　　　•项目/案件管理　3级
　　　　　•文件撰写能力　3级
　　　　　•市场拓展能力　2级
　　　　　•谈判能力　2级

冰山下　　•责任担当　3级
　　　　　•解决问题　2级
　　　　　•成就动机　3级
　　　　　•团队协作　3级
　　　　　•坚韧抗压　3级

图3-6　资深律师胜任力模型示例

2.5　胜任力模型应用：绘制精准人才画像

在人才选拔过程中，胜任力模型可以帮助企业明确哪些是所需要人才的核心能力，从而依据胜任力绘制人才画像，使面试官能够集中关注那些对绩优表现至关重要的关键胜任力。面试官可以根据模型中定义的"冰山下的能力"即深层次的个人特质和动机来设计面试问题，而不是单纯依赖直觉进行判断。这一过程，使得面试结果更加准确，选拔过程更加科学。

举个例子，基于资深律师的胜任力模型，律师事务所可以设计一系列有针对性的面试问题,深入挖掘候选人的潜力和适应性,如表3-9所示。

传统的招聘方式更加注重候选人的硬件条件,律师行业为精英行业,很多律师事务所在以往的招聘过程中,过分强调学历背景、知识水平等,使得招聘到一些"眼高手低"的人员或者是不能认同事务所的文化而无法胜任工作的候选人。若解聘这些不符合要求的人员,不仅要付出时间和心力去招聘新人,人员的流动对现有团队也会造成很大的负面影响,而基于胜任力模型进行的人才选拔,关注律师候选人全方位的胜任素质,可以有效地避免以上问题,从而避免人力成本的浪费。

表3-9 资深律师人才画像卡

岗位名称	资深律师	
冰山上(知识、经验、技能)	(1)法学专业,本科及以上学历 (2)5年以上××领域相关工作经验 (3)扎实的法律功底,通过司法考试 (4)具有优秀的谈判能力、项目管理能力	
冰山下(价值观、素质、潜力、动机、个性)	考察项	精准提问话术
	责任担当	请分享,不是你的职责、你承担并完成的事例
		请分享,别人不愿意承担,你主动承担并完成的事例
		请分享,知道任务有风险,你依然承担的事例

续表

岗位名称	考察项		精准提问话术
冰山下（价值观、素质、潜力、动机、个性）	解决问题		请分享,你成功解决工作中最棘手问题的事例
			请分享,你成功解决别人未能解决的问题的事例
			请分享,你通过建立规范和机制,避免问题重复出现的事例
	成就动机		请分享,相比周围人,你设定了更高的目标并达成的事例
			请分享,你设定了最有挑战性目标,并通过努力达成的事例
			请分享,你设定了别人觉得不可能实现的目标,为之付出巨大努力的事例
	团队协作		请分享,面对别人推脱,你成功协调他人配合你工作的事例
			请分享,面对多人参与的复杂局面,你有效组织促成合作的事例
			请分享,面对分歧,你成功与他人达成合作的事例
	坚韧抗压		请分享,面对一项巨大挫折,你成功应对的事例
			请分享,面对一段困境,你成功走出的事例
			请分享,大多数人没有坚持住,但你依然坚持的事例

（岗位名称栏：资深律师）

我从胜任力理论得到的启示是：好的人才是选出来的,并非培训出来的,在面试中面试官应更看重那些不易改变的能力,他们存

在于冰山之下,洋葱的最内部。对于组织来说只要是识别出这些能力,一切就迎刃而解了。可能读者会问,到底哪些是可以改变的能力,哪些是难以改变的能力呢?杰夫·斯玛特、兰迪·斯特里特《哈佛商学院——最有效的招聘课》中提到关于 A 级管理人才的各项胜任力,还可以细分为 50 项,按可以转化的难易程度可以分为三大类。

(1)相对容易改变的:风险承担、引领前言、教育、经验,组织/规划、自我意识/反馈、培训/发展/辅导、授权、团队合作、口头交流、书面交流、第一印象、关注客户、政治敏感、甄选 A 级员工、重新安置 B、C 级员工、目标设定、绩效管理、多样性、主持会议。

(2)很难改变但可以转变的:判断/决策、战略能力、实用主义、良好的履历、足智多谋/首创精神、追求卓越、引领变革、冲突管理、兼顾需求、独立性、压力管理、适应能力、第一印象、倾听、平衡、谈判技巧、说服力、团队建设。

(3)难以改变的:智力、分析能力、创造力、诚信、独断力、远见、鼓励他人、精力/动力、热情/激情、进取心、韧性。

003
吸引顶尖人才：律师事务所的招聘渠道与策略

3.1 校园招聘：项目管理的策划与实施

校园招聘就是律师事务所根据自身对专业人才的需求，依托地缘优势，结合区域高校资源，打通周边邻近高校人才通道，重点突破，建立相关专业人才的实习通道与就业渠道的过程，与此同时，联动相关院校和利用当地校友会资源，形成畅通的人才资源采集、共享及输送渠道。

众多知名律师事务所一直秉承着类似"黄埔军校"的人才培养模式，将校园招聘视为吸纳新生力量的主要途径。这种做法的优势在于，通过实习期的紧密合作，团队能够对潜在员工的工作表现进行深入评估。同时，通过传统的"师徒制"培养机制，律师事务所能够培育出一批忠诚度高、工作习惯统一、深刻理解并认同组织文化的律师。

尽管这一培养过程充满挑战，需要投入大量的时间和精力，但它所带来的效果是显著的：新晋律师能够更好地融入团队，与组织

建立起长期的合作伙伴关系。在这种模式下,律师事务所与员工之间的相互信任和磨合程度往往高于通过其他渠道聘用的律师。因此,相较于其他行业,校园招聘工作在律所的重要性是极高的。

在招聘时间安排上,各大律所虽然各有不同,但普遍聚焦于为即将毕业的学生提供机会。比如春季校园招聘活动通常在每年的 4~5 月启动,持续至 6 月,并安排在 7 月开始实习。而有些律所倾向于秋季校园招聘,时间线为 9~11 月,这些实习项目专为预计次年毕业的应届生设计,旨在通过实习发掘并提前锁定具有潜力的法律人才。

如何组织校园宣讲会

宣讲会是让学生了解律所的最好机会,虽然在信息爆炸时代最不缺少的就是信息,但是对于读者来说筛选成本很高,信息的准确性很难评估。因此,要抓住宣讲会与学生近距离接触,解答他们所关心的内容,提供真实可靠的信息。

我将组织宣讲会的重点总结为"3 定 2 选":定基调—定时间地点—选嘉宾—定内容—选渠道。

定基调:前面提到校园招聘是打造雇主品牌的重要途径,那么每一次宣传都是事务所展示形象和文化输出的方式。如果是需要创意的行业,或年轻人较多的组织,如大多数互联网企业,那么无论是招聘文字还是宣传图片更多的是展现与候选人的亲和力,拉近距离。大多数律师事务所通常是以展示专业形象为主,因此,基调就不能过于娱乐化,而是应该向大众展示靠谱、专业的形象。

定时间地点：HR 需要根据宣讲议程提前和高校老师提前确定宣讲时间和地点。这一点很好理解，但是值得注意的是宣讲时间一定要避开学生上课和考试的时间段，保证更多的同学可以到场。

选嘉宾：宣讲嘉宾有多重要呢？我曾经和多个法学院的学生沟通，了解到，作为学生，他们实际上对于律所事务所每一块业务具体做什么不是非常清晰，促使他们选择某一家律所的除名气外，更多的是在选"师父"，好的宣讲嘉宾会成为同学们心中的"标杆人物""我想成为他/她""我想和这样的老板一起共事"这些想法的涌现使得他们作出加入律师事务所的决定。

建议对于宣讲合伙人的选择，可以有以下两个方面的考虑。

（1）资深合伙人，初级律师和 HR 必不可少。初级律师刚刚毕业可以针对如何规划自己的就业时间，如何平衡实习和学习，在工作初级自己的日常工作等话题进行分享。这些话题对于同学们来说参考性较高，也是他们眼前最关心的部分。资深合伙人经历的分享可以让同学们看到选择律师这个行业多年后自己的发展路线，思考这是不是他们喜欢的生活。

（2）经历可参考性较高。在律师的选择上最好"接地气"，这指的是嘉宾选择上最好是同学们的学长、学姐，这样有助于拉近与学生的距离，共同话题也会比较多。关于宣讲合伙人的选择可以有以下两种考虑：首先，可以考虑选择依托于平台上成长出来的合伙人，让同学们看到"哦，原来只要从法学院毕业加入这个平台，我就可以靠自己的努力去奋斗去获得一定的成绩"。其次，还可以考虑从业背景比较多元化的合伙人，比如毕业之后的第一份工作是在法院工作或担任公司法务，经过几番辗转，现在在律所事务所担任合伙人，那么这样的从业经历可以帮助同学们了解这几种不同赛道的区别，促使他们思考自己到底适合什么样的路线。

定内容：上述选择嘉宾的部分已经初步介绍了宣讲会要输出的内容。我想说明的是，最好在宣讲会开始前做一个调研，看看同学们具体关心的问题是什么。只顾宣传，说着一些同学们不太懂的专业名词，可能会造成嘉宾在上面讲，同学们在下面玩手机，或者干脆对着演示文稿拍个照片直接走人。

（1）合伙人的宣讲部分可以包含以下内容：

①不同业务领域的区别，成为这些业务领域的律师具体做什么；

②成为合伙人之后需要承担什么样的工作；

③在这个平台上能够获得什么样的机会；

④合伙人自己执业经历故事的分享；

⑤合伙人对于初级律师的期待。

（2）初级律师分享的内容可以包含以下内容：

①为什么选择这个平台；

②实习生的一天是怎么样的；

③如何与带教律师配合；

④实习心路历程分享；

⑤成为正式律师之后与实习生的工作内容有什么不同；

⑥如何平衡实习时间和学习时间；

⑦需要在入职之前做好哪些准备等。

(3) HR 主要针对以下几个问题进行说明：

①校园招聘的时间安排：明确说明简历系统的开放时间，简历投递的具体流程，以及整个招聘过程中各个阶段的时间节点，包括初试、笔试、心理测评、复试等，直至最终拿到工作录取通知的时间表。这有助于候选人合理安排自己的时间和管理期望。

②培养体系的介绍：详细介绍事务所为新入职员工提供的培养计划，包括是否有到其他分所或海外分所交流的机会，以及是否有留学资助计划等。这些信息能够帮助候选人判断事务所对人才的投入和珍视程度。

③职业发展体系的介绍：由于规模有限，很多律师事务所对于职业发展路线非常模糊，甚至诉讼律师干脆以获得执业证的时间为节点，非诉律师可能好几年都是一样的级别。实际上，律师工作专业性极强，职业初级的前几年是他们学习吸收的阶段，每一年的差距都是非常大的，清晰的职业规划就像阶段性的灯塔一样，给予律师方向。让他们对于自己每一年的目标有清晰的认识，对自己应该承担什么样的工作有所预期，比如工作 3 年左右，可以独立承办普通案件，或者独立地带着一些实习生、初级律师负责一个项目。

④企业文化的宣导。文化是一个企业的基因，企业的平台，薪资待遇可以短期吸引候选人，但是真正能够与平台共同发展，长久

走下去的是底层价值观与组织文化是否相符。比如,一个"佛系"青年,很多事情差不多就好,对于追求极致这件事情觉得没有必要,甚至觉得是负担,那么在一个"追求卓越"的环境中,可能会觉得十分痛苦,这无关对错,只是理念的不同。

选渠道:律师事务所的招聘目标相对明确,主要是法学院的学生群体。因此,招聘策略的关键在于精准定位受众,而非广泛撒网。要精准定位,我们需要了解法学院学生获取信息的主要渠道。《第一财经》杂志发起的"00后新主张"大调查数据显示,"00后"群体在获取信息方面,有76.66%的人通过线上搜索相关知识的文字、视频、音频,66.76%的人通过订阅公众号、关注专业领域博主,34.01%的人通过向熟人请教,而其他方式仅占0.77%。这些数据表明,"00后"更倾向于通过网络渠道学习和获取信息,而非传统的现实社会途径。鉴于此,以下几个渠道将成为我们校园招聘推广的有效途径:

律所公众号:各律所都有自己的公众号,平时更多是分享专业内容和行业热点,但是法学院的学生为了了解律所信息和专业内容,对公众号关注度很高,特别是知名律所。

各高校公众号:除了各自高校名称命名的公众号,还有一些就业平台,如"北大就业""清华就业""贸大就业""RUC法学院就业工作微平台""法大国际法研究生会"等。

法律招聘圈的热门公众号:在法律招聘领域,一些公众号因其专业性和实用性而受到法学院学生的欢迎,如"法律小伙伴"、

"D调魔法学院"、"律芽"、"职问"、"法律就业"、"光石法学苑"、"国际法务"、"Light Law律灯"、"青苗法鸣"、"风跃法学留学与求职"、"法律offer"以及"法伯乐",还有"北京实习生频道"等。

高校就业网站:在各大高校的官网上会有关于就业的模块,这部分可以与各法学院的就业老师联系发布。

微信群:微信群也是一个不容忽视的传播渠道。可以通过联系各高校的教师和学生,在法学院或班级的微信群中分享招聘信息,以实现快速传播。

海报张贴:海报张贴仍然是一个有效的传统宣传手段。可以指定在各高校实习的"校园大使"在人流密集的区域,如食堂、宿舍楼、教学楼附近等,张贴招聘海报,以吸引学生的注意。

律所开放日

开放日是与学校就业办或学生会合作举办的活动,主要形式是邀请学生来事务所参观,主要包含与合伙人、律师面对面沟通环节,参观办公室环节,让同学们身临其境地感受律师具体做什么工作,或者举办小型的模拟法庭,甚至可以组织"红酒会",团队游戏等。开放日的举办时间比较灵活,可以以校园招聘为契机,也可以在任何一个时间段不以校招为目的,提前与同学接触。由于是邀请同学们来事务所,开放日的局限性也比较明显,每次邀请人数有限,规模过大并不方便活动的开展。在组织开放日之前,最好做一个调查,了解同学们关心的内容,比如很多同学给出了回答"诉讼律师的一天"、"未来十年我的样子",以便活动的内容投其所好。

除了调查同学的意向,也可以紧抓法律时事热点,拓展创意性话题。

开放日活动形式各有不同,但是目标就是将律师事务所的品牌与文化通过潜移默化的方式融入这群人的意识中,揽尽天下对于事务所品牌与文化高度认同的潜力股。

3.2　社会招聘渠道:精准定位行业精英

在律师事务所,社会招聘的比例相较于其他组织略低,但是依然十分重要。

内部推荐:在加入律师事务所之前,我在媒体公司和金融公司都有过工作经历,相比之下,律师行业是少有的从实习生开始就可以进行背景调查的工作。经过多年的实践观察,我认为无论对于校园招聘还是社会招聘,内部推荐的律师可靠程度远高于其他渠道,因此,我认为 HR 应该投入更多的时间精力、加大预算、出台更多的友好政策鼓励内部招聘。当然我们可以对推荐人进行分类奖励,原则上对于事务所越关键的岗位奖励越高、市场上越难获取的岗位奖励越高、候选人条件越优秀奖励越高。如律师岗位对于事务所很关键,那么律师岗位的推荐奖金应高于其他岗位。对于律师岗位来说,在市场获取一名工作经验 7~8 年的资深律师难度远远超过 3~5 年的律师,而获取 3~5 年的律师难度远远超过工作经验为 1 年以下的律师助理,因此要分岗位、分级别确定奖金。但是律师行业的领域有很多，有些领域的人才获取难度会更高，如有些岗位不仅要求候选人懂法律还需要有理工科背景、掌握双语甚至多门外语，或者是一些领域很精专的岗位，如医药行业、大数据、海关等，这些岗位的推荐可以考虑增加推荐奖金。

对于内部推荐，HRBP 需要多多发力，比如，可以多和内部律师沟通，多多倾诉自己的招聘需求，这往往会在无意间收获合适的候选人。我刚加入律师事务所的时候，就收到了一个需要懂日语具有理工科、有律师执业证的招聘需求，被动收了很久简历也没有效果，当时非常焦虑，眼看自己各种记录中的招聘周期从"绿色"变成了"红色"。无奈之下选择了在某一天下午进行了"扫楼"，开始和各种在职律师沟通，最终通过内部推荐招聘到了一位合适的人选。

公众号：年轻人是社交媒体的活跃用户，与实习生招聘的公众号类似，社会招聘广告可以如下公众号上查询（排名不分先后）：

"职问""法律求职""法律就业""法律小伙伴""D调魔法学院""律芽""光石法学苑""国际法务""Light Law 律灯""青苗法鸣""风跃法学留学与求职""法律 offer""法伯乐"等。

招聘网站：相比前几种更垂直的途径，招聘网站在精准地猎取律师候选人上尚显不足。我们很难从智联招聘、前程无忧、猎聘网、boss 直聘与想招聘的律师取得联系。前几年，通过领英网（linkedin）会获得一些做涉外业务的候选人，但是它已经于 2023年 8 月退出中国市场。不过这几大网站在招聘商标专利等岗位人

员方面依然发挥着重要的作用。

猎头：在法律行业中，猎头公司扮演着至关重要的角色，特别是在招聘律师岗位方面。猎头公司通常拥有广泛的行业网络和深入的市场知识，能够为企业寻找到合适的法律专业人才。以往猎头顾问的水平参差不齐，但是近些年，随着行业的完善，很多猎头顾问具有法律背景，甚至是从律师转型为猎头顾问的。猎头渠道的费用相对较高，甚至达到了招聘成本的 25% ~ 30%，并不是每一个律所都有这样的预算，但是我依然建议 HR 与猎头顾问保持沟通，具备对猎头筛选的能力，多了解行业和候选人信息。如果能够通过猎头服务找到真正能够为律所带来巨大价值的人才，即使需要支付较高的费用，长期来看这样的投资也是极具价值的。

律师事务所通过精心设计的校园招聘和社会招聘两大渠道，确立了一套持续的专业人才输送体系。这一体系不仅促进了人才的良性流动和更新，而且确保了律师事务所能够持续吸引和培养新鲜血液，从而维持人才队伍的活力和竞争力。

004
找到最佳人选：全面招聘与评估技巧

故事一：周五傍晚，HR 小李正收拾东西准备离开，这时邮箱里弹出一封紧急邮件，来自一位合伙人。邮件内容紧急而明确：由于律所刚刚承接了一项重要项目，急需两名短期实习生，并要求他们在下周一前到岗。小李知道，这将是一个忙碌的周末。

故事二：正在办公室忙碌的小李接到了一位律师的电话。电话那头，律师的声音带着一丝焦急："小李，某项目进入了关键阶段，我们现在急需增加人手。请尽快招聘 10 位优秀的驻场人员，如果他们表现突出，将来还有机会正式加入我们。你知道的，我们团队的律师都是经过长期实习，一步步成长起来的。"

故事三：合伙人李律师匆匆走进小李的办公室，脸上带着几分忧虑："我们团队的一位主办律师决定离职了，他负责了很多重要工作。初级律师很难立刻达到他的水平。我需要你在一个月内找到合适的有经验的人选，最好是那种法律功底扎实、能独立承担案件、性格随和且能吃苦耐劳的优秀人才。"小李随声应和，但是她知道这几乎是不可能完成的任务。

从上面的小故事可以看到,律师事务所日常招聘的特点可总结为以下 3 点。

(1) 缺乏长期招聘计划:律师事务所的项目或案件往往具有临时性,这导致传统的长期招聘计划在实际操作中效果有限。例如,一个项目的成功中标或关键阶段的到来,可能突然需要增加大量人手。然而,项目在 1~2 年或更短的时间内结束后,就不再需要这么多人员,因此维持大量正式律师作为长期储备并不现实。

(2) 招聘周期紧迫:律师事务所的招聘需求通常与项目的进展紧密相关。一旦项目中标或进入关键阶段,合伙人才能准确预估所需的人员数量。由于需求的紧迫性,留给 HR 的招聘时间往往非常有限。

(3) 招聘标准严格:律师事务所的核心业务依赖于律师的专业能力,因此对候选人的要求非常高,无论是硬性条件如教育背景、专业知识和技能,还是软性条件如情商、沟通表达能力等。特别是顶尖律所,为了保持竞争力,他们倾向于以具有吸引力的薪资待遇来吸引最优秀的法学院毕业生和市场上的高级人才。

面对这些挑战,HR 需要在短时间内通过高效的面试和笔试流程,精准地招聘到合适的人选。虽然招聘工作看似平常,但实际上却是一项极具挑战性的任务。《聘谁》一书的作者杰夫·斯玛特和兰迪·斯特里特指出:如果招聘到不合适的人,公司就要付出相当于该员工 15 倍薪水的代价。接下来,我们将对充满挑战的招聘工作进行详细拆解,探索如何在有限的时间内吸引并筛选出最合适的人才。

4.1 简历筛选：三重视角法

筛选简历是笔试和面试前的一个环节，也是企业招聘人才的重要一步，能够精准有效地筛选合适的简历可以节约候选人和企业的时间，也能后续降低测评、面试等成本，因此是重要的一环。我们日常会收到相对数量比较多的简历，特别是在招聘季，因此就需要助力业务的人力资源伙伴有重点。

筛选简历的工作目标有两个。

目标一：快速排除不匹配的简历。为了在短时间内识别出不适合的候选人，HR 需要培养快速浏览和抓取关键信息的技能。这一能力的培养基于对企业人才画像或岗位胜任力模型的深入理解，以及对关键岗位要求的明确把握。通过这种方式，我们可以在大约 10 秒内判断出一份简历是否符合基本要求，从而快速剔除不符合条件的候选人。

目标二：利用关键词筛选合适简历。在初步确认候选人的个人信息无重大问题后，接下来就是在简历中的工作经历和职责描述里寻找与岗位相关的关键词。例如，"WTO 相关业务""合规体系建设""投融资并购""商事仲裁案件"等词汇，都能帮助我们迅速评估候选人与团队业务的契合程度。由于律师行业的圈子相对较小，因此，如果候选人之前所在的团队和招聘的合伙人业务十分

— 189

相近,基本上就是一份靠谱的简历。

当招聘正式员工时,要想确定这是不是一份有效的简历,就需要我们从个人信息、工作经历、主观信息三个方面进行分析,见图3-7。

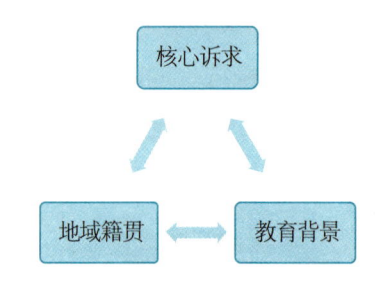

图3-7 个人信息分析三大维度

核心诉求:这里所说的诉求指的是企业的核心诉求,比如破产相关业务要求律师能够接受出差,即便候选人各方面都符合但是坚持不能接受出差,这属于无法满足核心诉求。

教育背景:教育经历代表了他学习生涯获得的结果,这在一定程度上反映了候选人学习能力、投入度和个人毅力等,但是这只是阶段性的一个反馈,我们当参考即可,不以学历论英雄。

地域籍贯:这一点会关系到候选人未来长期发展地区的选择,比如来自南方城市的候选人很可能对于上海、深圳、广州、杭州等城市更为青睐。如果所招聘的岗位位于北京,那么候选人是否有工作一段时间回家乡或去离家乡较近城市发展的可能性。这一点对于正式岗位要稍微注意,因为不绝对,所以也不必完全以地域判断。对候选人工作经历的分析维度见图3-8。

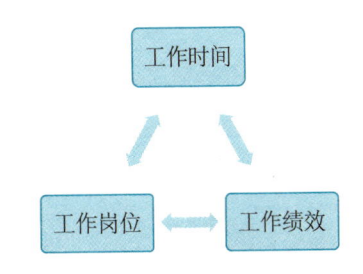

图3-8 工作经历分析的三大维度

工作时间。招聘人员在筛选简历的时候,要注意候选人每段工作经历时间的长短、工作经历之间的衔接情况。是否存在频繁跳槽、频繁转换岗位的情况。同时,工作时间也能反映候选人的资历,即使对于实习生,一般实习周期都为3个月,低于3个月就要特别询问一下提前结束实习的具体原因。

工作岗位。首先,工作岗位反映了工作内容,我们根据工作内容可以判断候选人与企业所招聘岗位的匹配度;其次,工作岗位的变化可以反映候选人在之前的工作经历中的发展情况,比如是否有晋升。

工作绩效。招聘人员要关注候选人在原岗位做出过哪些成绩。当然,曾经做出的成绩代表着未来可能创造绩效的能力,很多候选人在简历中只写经历,不写成绩,或者他们自己从没有想过,也无法总结出工作成绩。这往往是因为候选人并不理解自己所做工作对企业的核心意义是什么。招聘人员可以优先面试那些将工作成绩写得比较清楚的候选人。如果工作成绩比较好的,招聘人员可以在面试的时候追问,重点关注那些可以用数字量化的内容,而不要被"取得了很好的效果""业务增长速度快"等未用数字量化的语言所迷惑。对候选人主观信息的分析维度见图3-9。

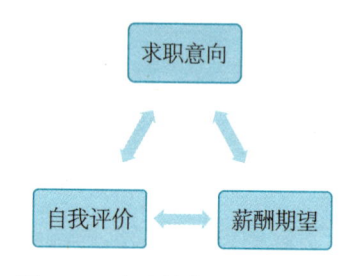

图3-9 主观信息分析三大维度

求职意向。候选人倾向的业务方向非常重要,在律师行业候选人都会直接写清楚自己倾向的业务领域,如果候选人并没有写清楚方向或写的是非诉或者诉讼均可等泛泛的话,那说明他还没有清晰的职业规划。

自我评价。自我评价是比较主观的内容,且一般候选人展示的全部为正面,但是可以作为候选人可能存在的优势的参考。

薪酬期望。薪酬期望过高和过低都值得关注,薪酬期望高于目前岗位的50%,那就要了解是否之前所在的组织或行业与招聘组织的行业差距较大,或者是候选人自己认为在之前的雇主单位价值被严重低估,所以要问清楚为什么会有这样的想法。当候选人薪酬期望明显低于行业水平也不必觉得高兴,因为这也一定是有原因的,有可能是原来组织的工作量明显超过所投递的组织,所以会降低期待,也有可能是候选人对于行业水平不了解,对于自己低估,还有可能是对于候选人来说所投递组织的雇主品牌具有加持作用,无论是什么原因,招聘人员都要了解清楚,才能了解他投递的内在动机。筛选实习生的考量维度见图 3-10。

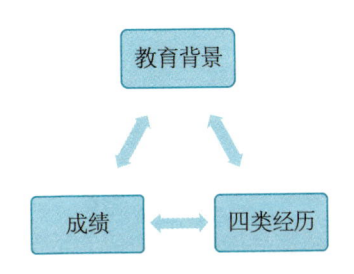

图 3-10 实习生筛选的三大维度

教育背景:名校毕业是面试官判断高潜人才的特征之一。人的成长在很大程度上是周围的人推动的。所谓近朱者赤,近墨者黑,毕业于名校的应聘者在一个充满竞争的环境里成长,拥有的平台和资源是顶尖的,这些是普通学校的学生没有的。强调名校毕业不代表"唯学历论",普通院校也有好学生。两者的差异在于名校的同学已经经过了学习能力的筛选,存在好学生的概率会更高。

成绩:在校成绩代表学习时间、学习能力、学习方法综合评估的结果,作为学生主要的时间花在了学习上,靠前的学习成绩一定程度上代表着他的优秀特质。而所谓的四类经历如图 3-11 所示。

```
┌─────────────────────┬─────────────────────┐
│   社会实践经历      │   科研项目经历      │
│           ┌─────────────────┐             │
│           │  实习生四类经历 │             │
│           └─────────────────┘             │
│ 模拟法庭、辩论赛经历│   学生干部经历      │
└─────────────────────┴─────────────────────┘
```

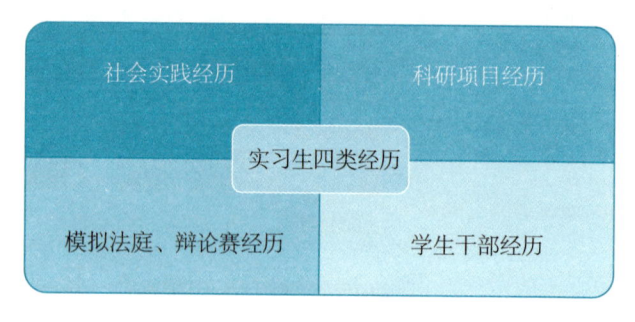

图 3-11 四类经历

社会实践经历:通常指的是学生在校外参与的各种实践活动,包括但不限于志愿服务、社区服务、实习经历、参与社会公益项目等。这些经历能够展示学生的社会责任心、团队合作能力以及将理论知识应用于实际问题解决的能力。

科研项目经历:这类经历涉及学生参与的科学研究工作,可能包括在实验室进行的实验、参与教授的研究项目、学术研究竞赛或独立研究等。科研项目经历能够体现学生的学术探究能力、创新思维和对专业知识的深入理解。

模拟法庭、辩论赛经历:这指的是学生参与的模拟法庭辩论、公开辩论赛或其他类似的竞赛活动。这些经历有助于展示学生的批判性思维、公共演讲技巧、逻辑分析能力和法律实务操作能力,尤其对于法律专业的学生来说,这些经历尤为重要。

学生干部经历:这涉及学生在学校期间担任的各种领导职务,如学生会主席、社团负责人、班级代表等。学生干部经历能够反映学生的领导能力、组织协调能力、沟通能力和团队合作精神。

4.2 笔试测评：专业能力的量化评估

4.2.1 专业知识的考察

律师事务所中法律专业能力是律师应该具备的最基本的能力。因此，笔试考察必不可少。笔试题分为客观笔试测评题（具有标准答案和评分标准，以判断题、选择题、填空题、计算题等形式出现）和主观笔试测评题（多以简单、论述和案例分析呈现）。律师事务所多采用主观笔试测评题，主要用于考察被测评人综合运用某个知识点或多个知识点的能力。笔试题结果比较客观，因此，可以使团队迅速地淘汰法律基础弱的候选人。

一般来说，笔试题通常根据不同业务进行划分，比如争议解决类、非诉业务、知产类业务。

争议解决类的标准试题通常包含案例分析（约 90 分钟）和英文翻译（约 60 分钟）两部分。还有一种形式就是合伙人将之前所做过的案件进行匿名处理，从而让候选人给出相应的法律意见，团队会模拟真实的工作场景，让候选人线上作答，时间也非常灵活，可能是 3 天也可能是一周，与正常工作所要求的时间限制非常接近。还有可能是合伙人现场给一个简短的案例，候选人要当场分析并口头展示。

非诉业务类的试题通常包含案例分析（约 90 分钟）和英文翻

译（约 60 分钟），还有一些团队对于其他语言有一定的要求，如日语、韩语、俄语等，会在第二语言方面增加考试题。

知识产权类的业务的笔试通常根据不同领域有所区分，特别是专利类业务，通信、化工、机械等领域笔试题有所不同，包含对技术问题和外语水平的考察（可能专利申请文件的翻译），约 180 分钟。

4.2.2 认知能力测试

除与专业相关的试题外，笔试题还可能是一般认知能力测试。

一般认知能力测试

认知能力测试（Cognitive Aptitude Tests）是衡量一个人学习及完成一项工作的能力的一种测试。这种测试尤其适合于对一组没有实践经验的候选人的做选择时使用，与工作相关的能力可以分为语言能力、计算能力、感知速度、空间能力及推理能力。这个可以采用市面上很多产品，如人才测试一体化平台 SHL。律师事务所可以选择在律师的归纳推理能力、数字推理和语言能力方面进行测试。

归纳推理测试。归纳推理测试测量在不熟悉的信息条件下灵活工作并找到解决方案的能力，这些能力对于解决问题来说很重要。这些测试还可以被称为抽象推理测试，它们所提供的信息有助于考虑理解更复杂的场景以及找到解决方案的能力。在这些测试中表现较好的人往往会有很强的能力进行概念性和分析性的思考。它们可能会在没有先验知识或经验可以借鉴的不确定情况下更有效运作。相反，如果测评分数较低，就可能意味着候选人在使用不熟悉的材料工作和解决问题时效率较低。

数字推理。数字推理测试告诉我们有关候选人对于数字数据的理解程度，它们的难度从基本数学、数字问题和序列到更为复杂的技能，例如从与工作相关的表格和统计数据图形中得出逻辑推断。分数较低可能说明候选人在进行数字数据工作时有困难，他们可能会出现更多计算错误，并花费更长时间来完成。

语言推理。语言推理测试测量的是在工作场所理解书面信息的能力。一些言语测试提供了有关基本技能的信息如词汇量、拼写和语法和技能等。其他更高级的测试则说明了解读和评估工作相关文本的能力。更高级的测试如管理层和毕业生题库的言语关键推理，测量了评估不同论据之逻辑的能力。取自高级管理层测试组的言语分析测试则测量了解读高水平书面信息的能力，从复杂的书面报告到政策文件等。在这些测试上表现良好的候选人将能够迅速轻松地吸收复杂书面信息，并得出精确的结论。那些得分低的候选人可能在理解高级别书面信息的内容与逻辑方面有一定困难，从而比其他人更容易在压力下作出错误的推断。

4.3 面试流程设计：全面甄选的艺术

面试作为人力资源管理中的一项常规工作，对于从事招聘工作的人力资源从业者和人力资源业务合作伙伴而言，是一项必备的技能。同样，每一位管理者在其职业生涯中都不可避免地会参与到面试过程中。尽管如此，我们发现许多面试官在选拔人才时，往往依赖于个人经验和直觉，而非系统化的评估方法。

杰克·韦尔奇，这位商界的传奇领袖，曾强调面试几乎是管理者最重要的职责之一。他的观点值得我们深思：招聘失误可能给企业带来巨大的损失，而正确地识别并招募到合适的人才，则可能为企业带来长远的利益。因此，投入再多的时间和精力在面试和选拔过程中都是值得的。

4.3.1 面试方法选择：找到最佳匹配

在深入探讨律师事务所应采用何种面试方法之前，让我们先基于一些关键数据来审视面试预测的准确性。研究显示，非结构化面试的预测准确性①仅为 0.14，即 14%，这一结果虽然优于背景调查（7%）和工作年限（3%）的预测准确性，但仍有较大的提升空间。相比之下，样例测试的预测准确性高达 29%，但由于工作内

---

① 以 R^2 值衡量。

容的日益变化,选择恰当的工作样例颇具挑战。紧随其后的是一般认知能力测试,其预测准确性为26%,与结构化面试的准确性相当。结构化面试通过一系列标准化的问题和评估标准,确保了面试过程的客观性和一致性,其优势在于评价完全基于应聘者的表现,而非面试官的主观判断。

鉴于此,我建议在律师事务所在选拔过程中,可以考虑将一般认知能力测试与结构化面试相结合。

4.3.2 结构化面试:标准化的评估流程

前面我们已经对一般认知能力测试有了初步了解,现在让我们更详细地探讨结构化面试的实施细节。

在结构化面试中,面试题目、评分方法和评分标准都是预先设定并标准化的。面试官需严格遵循既定的标准和流程,确保面试的每个环节都按照规定执行,不得随意更改。这种面试方式通常结构严谨、层次分明,整个流程的标准化程度高,有助于确保面试的公正性和可靠性。通过这种方法,律师事务所能够更准确地评估应聘者的能力和潜力,从而作出更明智的招聘决策。

有人认为结构化面试就是问每个候选人一样的问题,这种观点是对结构化面试的误解,真正的结构化面试与三大要素有关。

(1) 面试官组成结构化。面试官队伍的组成要有一定的互补性,比如在律师事务所面试一位候选人,除了人力资源部的专业人员,最好还有不同业务领域的合伙人或律师作为面试官会比较好。

（2）面试程序的结构化。结构化面试通常要有一套比较标准的面试流程，比如先笔试后面试，面试又分为初试和复试，初试由什么样的人作为面试官、面试什么内容、面试多长时间，复试由什么样的人作为面试官、面试什么内容、面试多长时间都有一定的规定。

（3）测评要素的结构化。测评要素可以理解为岗位胜任力模型中的要求，或者人才画像、岗位任职资格。面试官需要提前了解对某个岗位，企业需要什么样的候选人。这里所说的需要什么样的人，可以按照冰山模型中的知识、技能、能力、素质、经验、价值观等维度进行划分。

面试过程中候选人的测评要素应当遵循一定的结构，包括候选人的仪容仪表、语言表达能力、分析能力、沟通能力等，每个测评项目设置都有一定的目的性和考察重点。面试中对候选人所有的测评项目的评分都应当遵循一定的标准。

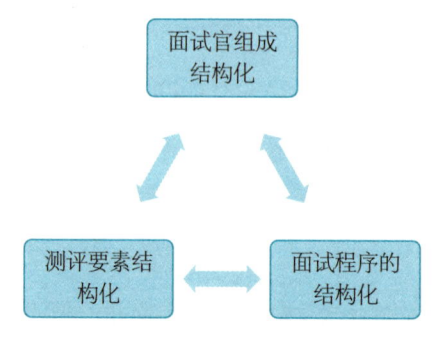

图 3-12 结构化面试三大要素[1]

---

[1] 任康磊：《人才测评：识别高潜人才，提升用人效能》，人民邮电出版社 2021 年版。

设计结构化面试的时候,可以参考 4 个步骤,如图 3-13 所示。

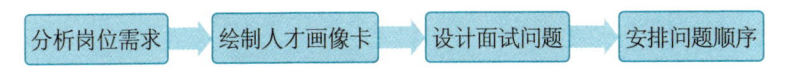

分析岗位需求 → 绘制人才画像卡 → 设计面试问题 → 安排问题顺序

图 3-13　设计结构化面试的三大步骤

分析岗位需求

分析岗位需求是招聘环节最重要和最基础的一步。通过细致的岗位分析,组织可以识别出该岗位的核心任务和面临的主要挑战。这一步骤对于明确岗位所需的素质、知识、能力和经验至关重要。

在岗位的关键任务和挑战明确之后,接下来的重点在于深入分析岗位的多维度需求:

(1)素质需求:包括职业道德、责任感、团队合作精神等个人品质。

(2)知识需求:涉及岗位所需的专业知识、行业理解以及法规遵守等。

(3)能力需求:包括专业技能、问题解决能力、决策制定能力等。

(4)经验需求:考量候选人的相关工作经验、项目管理经历等。

这一过程通常涉及人力资源专业人员与业务部门之间的密切合作。通过深入而明确的沟通,确保人才选拔的标准与业务部门的实际需求和期望相匹配,从而提高招聘的成功率。

绘制人才画像卡

人力资源专业人员应根据岗位需求识别招聘选拔过程中的关键考察点,并据此绘制出详尽的人才画像卡,如表3-10所示。这一过程是招聘成功的关键,它确保了招聘团队能够按照既定的标准和期望寻找合适的候选人。完成人才画像卡后,招聘工作便转变为一个明确的"按图索骥"的过程。这意味着,招聘团队将依据画像卡中的详细标准,系统地筛选和评估每一位候选人,确保最终选出的人才不仅在技能上符合岗位要求,而且在潜力、态度和价值观上与企业的文化和发展目标相匹配。

表3-10 初级律师人才画像卡

岗位名称	初级律师	
冰山之上 (知识、经验、技能)	(1)法学专业,本科及以上学历 (2)扎实的法律功底,通过司法考试 (3)优秀的中英文口语及书面表达能力	
冰山之下 (价值观、素质、潜力、动机、个性)	考察项	精准提问话术
	踏实可靠	请分享,面对简单重复的任务,你依旧高质量完成的事例
		请分享,面对最繁重的工作任务,你依然保质保量、按时完成的事例
		请分享,你中途接手一项他人做不好的工作,最终出色完成的事例

续表

岗位名称		初级律师
	考察项	精准提问话术
冰山之下（价值观、素质、潜力、动机、个性）	沟通协调	请分享,面对别人推脱,你成功协调他人配合你工作的事例
		请分享,面对多人参与的复杂局面,你有效组织促成合作的事例
		请分享,面对分歧,你成功与他人达成合作的事例
	坚韧抗压	请分享,面对一项巨大挫折,你成功应对的事例
		请分享,面对一段长期困境,你成功走出的事例
		请分享,大多数人没有坚持住,但你依然坚持的事例
	精准高效	请分享,你长期做一项工作很少出错和返工,总能高标准交付的事例
		请分享,你出色完成上级紧急交代的一项重要工作的事例
		请分享,同一项工作任务你比其他人完成更好、更快的事例
	积极主动	请分享,你主动干预事情发展偏离预期的事例
		请分享,你主动帮助团队解决困难的事例
		请分享,你主动承担别人不愿意承担的任务,并最终完成的事例

设计面试问题

根据人才画像卡,企业在设计面试问题时应同时关注"冰山之上"和"冰山之下"的考察项。"冰山之上"指的是那些容易观察和衡量的技能和知识,这些通常可以通过笔试以及面试中的专业相关问题来评估;而"冰山之下"则涵盖了更深层的个人特质,如态度、动机和价值观,这些特质虽然不易直接观察,但对于确定候选人的长期适应性和潜力至关重要。在设计面试问题时,可以参考《人才画像:让招聘准确率倍增》一书中的胜任力词典,确保所提出的问题与所需的胜任力紧密相关,如表 3-10 所示。通过候选人对这些问题的回答,面试官可以更准确地评估候选人在各个测评项目上的适合程度。此外,企业应根据具体的用人需求,制定明确的评断标准,并确定各个考察项在总评分中所占的比重,如表 3-11 所示。

表 3-11 面试评估结果示例

考查方向	考查要点	分值(0~5)	具体评价
知识、技能 (30%)	法律功底		
	法律调查及研究能力		
	文件撰写能力		
	中英文语言表达能力		

续表

考查方向	考查要点	分值(0~5)	具体评价
综合素质 （70%）	吃苦耐劳		
	沟通协调		
	抗压能力		
	精准高效		
	积极主动		
总分值及整体评价			

安排问题顺序

面试问题设计完成后，面试问题的排序同样重要。一般面试问题顺序设置的原则是循序渐进、先易后难。企业应先从候选人能够预料到的问题出发，让候选人适应面试节奏，打开思路，快速进入角色。曾双喜老师在《超级面试官:快速提升识人技能的面试实战手册》中提出，一次完整的面试就是在叙述一个完整的故事，正如写小说有一个结构叫"起承转合"，"起"是起因，是故事的开头，"承"是事件的过程，"转"是结果的转折，"合"是对该事件的讨论。

表 3-12 面试的起承转合

步骤		主要内容	时间占比（%）
起	暖场	面试官作自我介绍，说明面试流程，或让应聘者进行自我介绍等	5
	找到提问点	找到应聘者的关键经历事件，或应聘者自我介绍中提到的经历，或简历中的亮点和疑问点	
承	挖掘行为事件	根据 STAR 和 AOR 原则深入挖掘行为细节，形成完整的行为事件，这是面试的核心	60
转	补充提问	补充有关求职动机、薪酬期望、入职时间等问题	20
合	应聘者提问	面试官回应应聘者的问题	15
	面试评价	面试官给予评估，并最终给出面试意见	

同时要注意主要面试官的设置和面试问题顺序设置之间的匹配性，让合适的面试官问合适的问题，比如人力资源部门可以针对一般性的问题进行询问，而专业类的问题最好由业务部门来进行考察。以下为面试官的分工参考。

表 3-13 面试官分工

面试阶段	面试官来源	关注点
初步筛选	人力资源部	综合素质、性格、价值观、潜力、求职动机
复试筛选	用人部门	专业能力、人岗匹配度
录用阶段	人力资源部及用人部门	用人风险、潜力、人与战略、文化的匹配

部分面试问题参考下文。

(1) 初试问题参考题库。

①综合素质方面的问题

请在 1 分钟内简洁地介绍你自己，包括教育背景和个人特点。

在你的本科和研究生学习阶段，哪些课程对你产生了重要影响？除了校内课程，你还通过哪些方式（如学术讲座、国际交流等）拓宽了你的学术视野？

请分享你的业余爱好，并解释这些爱好如何帮助你保持工作与生活的平衡，以及对你的个人成长有何意义。

请提供一个具有说服力的理由，说明为什么我们应该选择录用你。

请客观地评估自己，你认为自己在哪些方面还有提升的空间？

②工作态度方面的问题

请描述你在研究或实习过程中遇到的一个复杂问题，并说明你是如何解决的，以及最终的结果如何。

当你面临工作压力时，你通常采取什么方法来缓解压力？请提供一个具体的例子。

请谈谈你对律师职业所面临的挑战和压力的理解，以及你准备如何应对这些挑战。

③职业发展与价值观方面的问题

从职业角度来看，你希望未来的自己成为什么样的人？你有哪些具体的职业规划？

请比较和分析在政府机关、公司和律所工作的机会,并分享你的看法。

你为什么选择我们作为你的职业发展平台?

在求职过程中,以下因素(兴趣、灵活的工作时间、薪酬福利、培训机会、发展空间、企业文化)对你而言的重要性排序是怎样的?请给出你的排序理由。

请描述你理想的工作生活模式。如果工作中需要经常加班,你会如何平衡工作与生活?

(2) 复试问题参考题库。

①知识技能方面的问题

该案例涉及哪些方面的法律法规?为什么?

在进行调研时,你通过哪些渠道查询信息的?为什么选择这些渠道?

请介绍你是如何确定信息研究的方向的,并且是按照什么思路进行信息的归纳与整理的?

②专业能力方面的问题

对于××问题的回答,请描述你的思考过程。

对于××问题的回答,你觉得对方律师可能会从什么方面反驳?

对于××问题的回答,是否有可能从更多角度进行考虑?如果是,是哪些方面?请具体说说你的想法。

③沟通协调方面的问题

我是团队中与你同级别的律师,如果我不同意你对于××问题的回答,你会怎样回应?

我是团队中你的主管合伙人,如果我不同意你对于××问题的回答,你会怎样回应?

我是当事人,如果我不同意你对于××问题的回答,你会怎样回应?

④团队协作方面的问题

假如你被录用,在与团队第一次见面会上,你会对大家说些什么?

你觉得团队合作中可能出现哪些矛盾和问题?你会怎样解决?

你如何在团队中找到自己的定位?

正如拉斯洛·博克(Laszlo Bock)在其著作《重新定义团队》中所强调的,这些问题虽然看似简单,但真正引人注目的是问题的答案。这些问题能够为你提供持续可靠的依据,帮助你从优秀的应聘者中筛选出极其优秀的一批人,因为极其优秀的应聘者在作出选择的时候会有好得多的前例和理由,你可以看到伟大与普通之间清晰的分界线。

行为面试法选择对的人

尽管我们设计好了面试流程和面试问题,但是如何在30分钟左右的时间辨别应聘者与人才画像之间的匹配度也是非常不容易

的。随着信息获取越来越容易,各种面试攻略唾手可得,候选人准备的也越来越充足,所以他们在面试中的表现未必是他们真实的自己,因此,问对问题十分关键。

行为面试法可以帮助我们解决这个问题。行为面试法由简兹在 1982 年最早进行阐述,行为面试侧重于探索深层次的行为,而不太考察学历、年龄、性别、外貌、非言语等特征,因此行为面试法对于考察胜任力/人才画像中的冰上之下的隐性素质非常有效。

行为面试的假设是"过去的行为是预测未来最好的指标",这是因为人总是有相似的行为模式,在遇到相似的情景的时候会和过去的行为模式一致。当然,这一观点虽有道理,但也需进一步探讨,因为具有成长型思维的人依然可以对自己的行为模式进行改变和提高。

行为面试法就是根据求职者过去的行为,判断他的工作能力。其主要作用是为了帮助管理者区分找工作能力强和做工作能力强的人。曾经有一段时间我一直被一个问题困扰,在面试过程中觉得部分很优秀的候选人为什么来了没多久就会被团队认为合作能力不行或者工作无法落地呢?原因就是这类候选人具有很强的找工作能力,但是这与具体工作能力的相关性不高;但是,有些人找工作能力一般,甚至面试结束之后都没有留下太多印象,反而来了之后的表现令人惊喜。表 3-14 就是这两种类型的人的能力特征。

表 3-14　找工作能力与做工作能力的特征①

找工作的能力	做工作的能力
镇静自信	主动积极
和蔼可亲	善于合作
发音清晰	达成目标的能力
外表阳光	业务能力

虽然很多合伙人也会采用行为面试法问问题，但是往往只是泛泛地去问面试者一些过去经历的事情，以此来判断是否符合岗位要求。行为面试是一种结构化的面试，根据前面对于结构化面试的介绍，它是以对岗位严谨的分析为基础的，根据岗位的胜任力提前设置题目，提高面试可信度，而行为面试法最重要的就是逻辑和细节。

如果要考察候选人是否具有完成挑战性工作的能力，可以询问：

你在作出重大决策之前，都是如何做的？请举例说明。

从这个问题，可以考察候选人的分析问题的思路是否清晰，以及行动是否及时有效。实际上很多候选人在面对压力和重大人生决策的时候都是没有思路的，或者过于依赖他人的建议。他们可能在做基础工作的时候是优秀的，但是缺乏潜力，因为思路不清晰使得他们无法往正确的方向走，所以工作年限的增长可能只是让他们变为熟练工种而没有提高他们的工作能力。有些人虽然思路

---

① 参见王建和：《阿里巴巴管理三板斧》，机械工业出版社 2019 年版。

清晰，但是行动落地能力不强，他们在带团队的时候可能会把落地工作全部交给下属，总是让下属做具体细碎的工作，不给其向上发展的空间。根据候选人对之前所遇到的事情的描述，可以分析候选人的行动是否符合逻辑、细节上是否有前后矛盾的地方，以判断候选人回答的准确性。

4.3.3 面试工具应用：提升实施效率

运用 STAR 法进行追问，用 AOR 原则挖掘情景

在律师事务所的面试中，我们经常遇到那些口才出众、逻辑严密的律师候选人。他们的表达能力往往让人印象深刻，但这也带来了挑战：如何在他们的流利回答中辨别真实性和实际能力？为了解决这个问题，我们采用了一种结合"STAR"和"AOR"原则的综合评估方法。

"STAR"原则要求候选人提供详细的情境背景、任务目标、行动措施和结果反馈。这不仅帮助我们理解候选人在过去的工作中的实际操作，还能揭示他们在面对挑战时的应对策略。例如，对于一位声称在复杂非诉讼项目中发挥关键作用的候选人，我们可以通过以下问题来深入了解：

（1）您能描述一下您参与的某个项目的具体情境吗？包括项目的背景和您参与的时间点。

（2）在该项目中，您面临的具体任务或目标是什么？您是如何理解这些任务的？

（3）您采取了哪些具体行动来实现这些目标？请提供具体的例子。

（4）项目的结果如何？您对自己的表现有何评价？您从中学到了什么？

在候选人提供了初步回答后，我们可以进一步探讨他们如何从经验中学习和成长，以及他们如何将这些经验应用到未来的工作中。

为了进一步验证候选人的回答，我们引入了"AOR"原则，这是一种更深层次的追问策略。它要求候选人提出具体的解决方案，并考虑可能的替代方案和这些方案在实际工作环境中的可行性。例如以下问题：

（1）如果您加入我们的团队，但只有有限的资源，您将如何有效地管理这些资源以达成目标？

（2）您能否详细说明您的行动计划？请提供具体的步骤和预期的挑战。

（3）在您的计划中，有没有考虑过可能出现的意外情况？您会如何应对？

（4）您的方案在现实工作环境中是否可行？您如何调整计划以适应我们团队的特定需求？

通过这种细致的追问，我们不仅能够评估候选人的专业技能和沟通能力，还能够洞察他们的思维方式、问题解决策略和适应变化的能力。这种方法有助于我们从候选人的流利回答中筛选出真正有价值的信息，确保他们的经历与律所的需求相匹配，从而作出

更加精准的招聘决策。

4.3.4 面试官队伍建设：专业评估的核心

构建一支卓越的面试官队伍是确保企业文化传承和团队质量的关键。我们的面试官团队不仅深刻理解并认同企业文化，而且在组织中有着出色的表现。面试是具有战略高度的一项工作，奈飞公司将面试作为职业经理人最重要的工作之一："面试的重要性高于用人经理预定的任何会议，参加面试是高管会议的与会者缺席或提前离开会议的唯一理由。"

面试是招聘的核心环节，很多企业已经可以做到对面试的重视与投入，但对面试官的培养还没有给予足够的重视。哪怕是那些坐在面试桌后面的面试官，大多数都是靠自己摸索出来的办法，这样的面试方式，难免会有"看走眼"的时候。

企业要提升精准选人的能力，就必须打造自己的超级面试官队伍。那么如何打造超级面试官队伍呢？

首先，选取组织中具有五大胜任力的面试官。

从冰山模型中我们知道，冰山之下的价值观、态度和动机重于冰山之上的知识技能。选对的人比后期培训重要得多，如果选出的人是错的，后期培训工作只是徒劳。因此，搭建面试官团队首先要选取对于组织来说对的人。之前，在设置面试官的标准时，我曾写下了以下硬性标准：

（1）拥有深厚的组织文化基因，这可以通过他们在组织中的服务年限和所作贡献来衡量。

(2)团队稳定性强,至少有两名以上成员在组织中工作超过3年,且在过去3年中至少2年的绩效评价达到A级或B级(针对已经带团队的管理者)。

(3)具备丰富的面试经验,每年参与不少于20次面试,或至少参与过3次校园招聘项目的面试工作。

我以为这个标准相对合理,然而很快我发现并不是满足以上标准的人都能担任面试官,即便他熟悉业务、有多年管理经验等,仍然未必是一个好的面试官。合格的面试官需要具备五大胜任力,如图3-14所示。

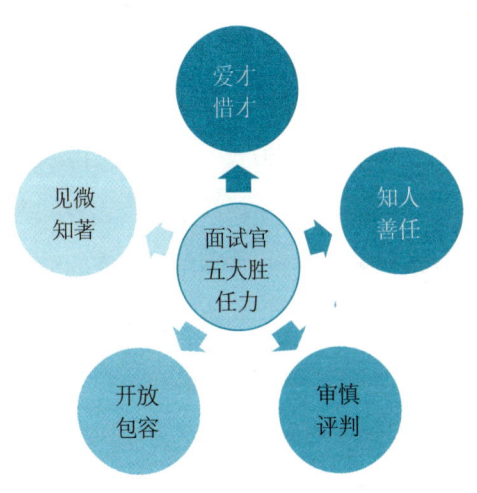

图3-14 面试官应具备的五大胜任力[1]

---

[1] 曾双喜:《超级面试官:快速提升识人技能的面试实战手册》,人民邮电出版社2020年版。

爱才惜才：爱才和惜才指的是爱护、尊重和珍惜人才。如果面试官会因为看到一位合适的候选人而激动,会因为错过了一个人才而沮丧,那么我认为这就是爱才惜才的,这说明他看到了并珍惜候选人的价值。

见微知著：面试官仅通过短时间交流就能把一个人的个性、能力、动机摸清楚,并判断候选人是否适合应聘的岗位,是否与公司价值观相符,是不是公司的高潜人才,这确实太难了。这就要求面试官见微知著的本领,能够观一叶而知秋,通过捕捉应聘者的只言片语,挖掘其背后的情绪状态、性格特征、价值观与动机。

知人善任：所谓知人就是了解和识别人才；善任,是指能做到"人尽其才、才尽其用"。面试官最重要的一项技能就是知道什么样的人适合从事什么样的工作。任何人的能力都是相对的,某一特点在这个岗位上是缺点,在另一个岗位上可能就是优点。

开放包容：优秀的面试官应该具有开放包容的态度,对各种风格的应聘者能够做到兼容并包,特别是包容人的缺点。此外,针对面试过程中,不同应聘者对同一问题的看法,面试官不要把自己的观点当作标准答案,而应该鼓励不同的声音。

审慎评判：人们在与他人交往过程中,容易受过去经验影响,带有某种先入为主的偏见,这样很容易导致评价不够客观。因此,面试官必须要保持审慎的态度,耐心细致地倾听应聘者的回答,认真分析他的行为与言语,谨慎地评价他的能力,只要作出评价就一定要有相应的行为证据和逻辑依据,这不仅是对应聘者负责,也是对企业负责。

其次,面试官应掌握五项技能(见图 3-15)。

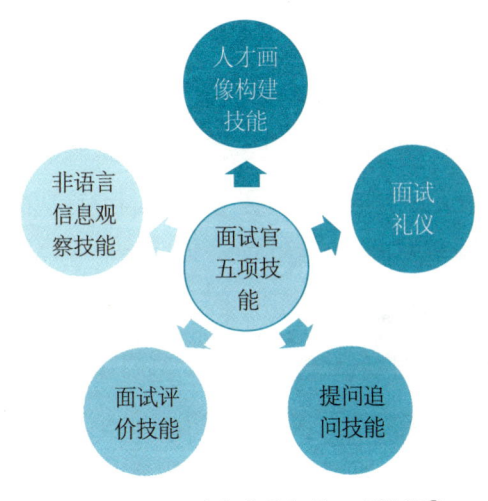

图 3-15 面试官应具备的五项技能[①]

(1) 人才画像构建技能。

"人才画像构建技能"要求面试官深入分析候选人所需的软性、硬性条件。硬性条件通常指的是候选人的专业技能和知识水平,即"冰山之上"的部分,容易观察和评估;而软性条件,如个人态度、动机和价值观——"冰山之下"的部分,则需要通过深入的对话和分析来揭示。

(2) 提问追问技能。

提问追问技能是面试官的重要工具,它涉及快速识别关键信

---

① 曾双喜:《超级面试官:快速提升识人技能的面试实战手册》,人民邮电出版社 2020 年版。

息点,运用恰当的提问技巧来收集必要的信息。通过连续的追问,面试官能够深入挖掘候选人的行为细节,从而有效识别候选人陈述的真实性。

(3)非语言信息观察技能。

非语言信息观察技能要求面试官在面试过程中要认真观察应聘者的外表、表情、眼神、肢体动作等非语言信息,从而判断他们的能力水平、性格特征、情绪状态。

(4)面试评价技能。

面试评价技能是面试官综合提问、追问和非语言信息观察的结果,对候选人的能力水平、性格特征和求职动机进行全面评估的能力。基于这些评估,面试官能够作出是否推荐候选人进入下一轮面试的决策。

(5)面试礼仪。

面试礼仪体现了面试官在面试过程中对候选人的尊重,包括专业的行为举止和积极的沟通态度。通过营造一个和谐的面试氛围,面试官不仅能够使候选人感到舒适,更有助于候选人真实地展现自己。

最后,为面试官提供学习机会。

企业应提倡面试官学习先进的选人理念,掌握选人的工具和方法。可以通过阅读权威的面试方法和理念的书籍,或请组织中具有优秀带团队能力的资深管理者分享经验。比如,应让面试官学习胜任力模型,清楚候选人画像。面试官要掌握素质模型中,冰山之上(知识、专业技能)和冰山之下(综合能力、价值观、特质和动机)的重大区别,以及如何针对这些方面精准提问。

那么有人可能会问:如果我所在的组织正在面对很多直线经理在面试经验方面缺失的问题,怎么办?最直接高效的方法是可以邀请有多次面试经验的资深管理者一起面试,学习者通过观察,向资深面试官学习,或者可以请资深面试官在一旁观摩面试,面试后请他们及时向学习者指出问题和反馈结果,从而使学习者的面试技能得到很大的提升。为了提高专业性,组织也可以请第三方培训机构安排面试的相关课程。

4.4 职业性格测评:揭示职业适配的辅助工具

在面试过程中,尽管我们可能会有意识地运用 STAR 面试法来进行深入追问,以及利用 AOR 原则来挖掘情境反应,但在精准判断候选人的潜力和适配度方面,仍有提升的余地。为了进一步提高准确度,可以采用职业性格测评来辅助判断,如大五人格测试、MBTI(迈尔斯 – 布里格斯类型指标)、16PF(卡特尔 16 种人格因素问卷)等,这些工具不仅能够作为面试提问的参考,还能辅助我们在决策时作出更为全面和客观的判断。

性格测评的历史可以追溯到第一次世界大战时期,当时它被用来预测哪些士兵更容易受到"炮弹休克"(战斗应激反应)的影响。时至今日,性格测评已广泛应用于各类企业和机构的人才招聘和选拔过程中。管理者们越来越依赖这些测评工具，因为它们在预测工作绩效方面的准确度相对较高，且相较于其他评估方法，成本更加低廉。

本部分着重介绍大五人格测试，原因有 4 点：首先，它基于广泛的心理学研究，具有较高的信度和效度。这意味着测试结果能够稳定地反映个体的人格特质，并且这些特质与实际行为有较强的相关性。其次，它可以预测工作表现，研究表明，大五人格特质与工作表现有显著的相关性。再次，大五人格模型在全球不同文化背景下都得到了验证，这使得它在跨国公司或多元文化团队的人才选拔中尤为有用。最后，大五人格的五个维度简单明了，易于向非专业人士解释，有助于 HR 和管理层在选拔过程中进行有效沟通。接下来，我们就来详细介绍大五人格测试以及它为何适合律师事务所。

The Big Five 大五人格测试

1961 年，美国心理学家托普斯和克里斯托经过大量的研究后发现，有 5 个因素可以概括各类人格特质。1981 年，美国心理学家戈尔德伯格给这 5 个因素起了个外号"大五"（The Big Five）（见图 3 - 16）。

图 3-16 大五人格测试五个因素

The Big Five 大五人格测试也叫 OCEAN(海洋)测试。O 代表 Open to expertise(开放性),C 代表 Conscientiousness(尽责性),E 代表 Extraversion(外倾性),A 代表 Agreeableness(宜人性),N 代表 Neuroticism(神经质)。它的五个因素含义如下。

开放性:是指个体的认知风格。

尽责性:指的是自我控制能力和自我调节能力。

外倾性:指的是个体向外界投入能量大小,外倾性类似人们平常说的性格外向或性格内向。

宜人性:指的是对人际关系和谐与沟通合作的看重。

神经质:指的是个体产生的消极情绪。

每一个特质分别包含 6 个子维度,但是并非每一个测试都会包含所有维度,而是根据组织的要求进行筛选,后面在人才盘点的部分,我们会介绍倍智的大五人格测评包含的维度。

表 3-15 大五人格测试维度高低分特质

因素	维度	高分者特质	低分者特质
开放性	O1 想象力	充满幻想和想象	比较理性,比较现实,不具备比较强的想象力
	O2 审美	懂得欣赏自然或艺术的美	对自然或艺术的美不感兴趣
	O3 感受丰富	能够感知自己的情绪、了解内心世界,愿意坦率地表达情绪	不了解自己的情绪,不愿意主动探寻内心世界,不愿意表达情绪
	O4 尝新	喜欢接触新事物,喜欢冒险,喜欢看新的风景	不喜欢接触新事物,不愿意冒险,喜欢熟悉的人、事、物
	O5 思辨	喜欢思考,喜欢讨论抽象的思想或概念,喜欢解决复杂的智力问题	不喜欢思考,不喜欢抽象的思想或概念,不喜欢解决复杂的智力问题
	O6 价值观	喜欢挑战权威,喜欢打破常规,不喜欢传统,能够接受混乱和冲突	权威和常规能够给自己带来安全感,不喜欢挑战他们,不喜欢解决复杂的智力问题
尽责性	C1 能力	对自己的能力比较自信,具备一定的掌控感	对自己的能力不自信,不具备掌控感
	C2 条理性	喜欢制定计划,喜欢按照计划办事	没有计划性和条理性,缺乏逻辑和规律
	C3 责任感	喜欢按照规矩办事,有责任感,会主动承担责任	不喜欢规矩,不喜欢被束缚,不愿意承担责任
	C4 追求成就	有目标感,追求成功,有时候是工作狂	目标感弱,安于现状,有时候比较懒惰

续表

因素	维度	高分者特质	低分者特质
尽责性	C5 自律	对待任务比较专注,持续进行,尽力完成,面对困难能够迎难而上	做事拖延,容易半途而废,遇到困难容易放弃
	C6 审慎	能够三思后行,作决策时不冲动	比较冲动,不计后果,想到什么就做什么
外倾性	E1 热情	热情友好,喜欢周围的人,善于交朋友,容易与他人形成亲密关系	不善于交朋友,对于人际关系表现得比较冷漠,有时会刻意疏远他人
	E2 乐群性	喜欢与人相处,喜欢人多、热闹的场合	喜欢独处,喜欢个人空间
	E3 独断性	喜欢支配别人,喜欢指挥别人	不喜欢支配别人,也不喜欢指挥别人
	E4 活力	生活节奏比较快,能够适应忙碌的工作,充满活力	生活节奏比较慢,也不喜欢忙碌,喜欢悠闲的状态
	E5 寻求刺激	喜欢冒险,追求刺激	不喜欢冒险,也不喜欢刺激
	E6 积极情绪	容易产生积极情绪,如乐观、高兴、快乐等	不容易产生积极情绪,但不意味着容易产生消极情绪
宜人性	A1 信任	愿意相信别人的动机是积极的	不轻易相信别人,认为人性是自私的
	A2 坦诚	与人交流时比较坦诚,不喜欢隐藏	与人交流时防备心理比较重,喜欢掩饰自己
	A3 利他	愿意帮助别人,把帮助别人当成一种乐趣	不愿意帮助别人,把帮助别人当成一种负担

续表

因素	维度	高分者特质	低分者特质
宜人性	A4 顺从	不喜欢与人发生冲突,有时候为了迎合别人,愿意放弃自己的立场;有时候为了与人相处,甚至愿意放弃自己的利益	不介意与人发生冲突,不愿意为了迎合别人而放弃自己的立场;有时候为了达成自己的目的,甚至不顾忌别人
宜人性	A5 谦逊	不认为自己比别人强	认为自己比别人强是很有必要的
宜人性	A6 同理心	会因为别人的痛苦而感到伤心、难过,容易对他人表现出同情,比较仁慈	对别人的痛苦没有强烈的感受,更关注事实、更客观,不容易表现出同情
神经质	N1 焦虑	容易焦虑,容易紧张,容易感受到危险	不容易焦虑,不容易紧张,不容易感受到危险
神经质	N2 愤怒和敌意	容易生气,容易怨恨,容易表现出敌意	不容易生气,不容易怨恨,不容易表现出敌意
神经质	N3 抑郁	容易感到悲伤,容易感到被抛弃,容易灰心丧气	不容易感到悲伤,不容易感到被抛弃,不容易灰心丧气
神经质	N4 自我意识	关心别人如何看待自己,担心别人嘲笑自己,在人群中容易感到害羞和紧张	对于别人如何看待自己并不在意,在人群中不容易表现出害羞和紧张情绪
神经质	N5 冲动性	比较冲动,追求即时满足,不考虑长期后果	不冲动,懂得延时满足,会考虑更长远利益
神经质	N6 脆弱性	处在压力下时,容易感到惊慌、无助、混乱	处在压力下时,仍能感到平静和自信

在律师事务所的面试筛选过程中，大五人格测试提供了一种独特的优势，它能够预测候选人的心理健康和社会功能，这对于筛选律师尤为重要。

首先，大五人格测试能够帮助我们识别出那些情绪稳定、不易焦虑的候选人，这些低神经质的特质对于律师这一高压职业来说至关重要。他们能够在紧张的工作环境和复杂的案件处理中保持冷静，这是律师成功的关键因素之一。

同时，高外向性的候选人往往在人际交往和团队合作方面表现出色，这对于律师与客户建立信任关系、与同事协作解决案件同样重要。他们的社交能力和积极态度能够促进事务所内部的和谐氛围，提升客户满意度。当然，这并不是说所有高神经质或内向的候选人都不适合律师这一职业。实际上，这些特质在某些方面可能是优势。高神经质的候选人可能对细节更加敏感，这对于法律研究和案件分析是一个宝贵的品质，而内向的候选人可能在独立工作、深入思考时更加专注。

尽责性、宜人性和开放性这三个维度则进一步揭示了候选人的社会适应性和职业发展潜力。高尽责性的候选人在工作中更加可靠，能够坚持不懈地追求目标，这对于律师职业的长期成功至关重要。宜人性高的候选人在与客户和同事的互动中更加和谐，有助于建立良好的职业声誉。开放性高的候选人则更愿意接受新思想和挑战，这对于法律行业的创新和适应变化至关重要。

总体来说，大五人格测试为律师事务所提供了一种全面评估

候选人的工具。

那作为招聘方我们该如何面对性格测评的结果呢？

在实际应用中，性格测评的使用往往会出现两种极端态度：一种将其视为无科学依据的测评，认为其结果不足为信；另一种则将其视为无所不能的"神奇工具"，认为它能解决所有人才管理问题。

这两种看法都忽略了性格测评的真正价值。性格测评的核心在于通过评估个人的行为倾向，预测其在工作中的表现，从而在人才识别、任务分配、职位匹配和团队构建等多个方面提供有价值的参考信息。因此，我们应该理性看待性格测评的结果，既不应一概而论地否定其有效性，也不应不加辨别地完全依赖它。关键在于如何合理利用测评结果，使其成为我们决策过程中的有力辅助，而不是被测评结果所左右。

性格测评结果体现的是应聘者的自我认知，基于面试中提问与追问的评价是面试官的判断，两者可以相互佐证，形成佐证矩阵（见图 3–17），帮助面试官作出更准确的判断。

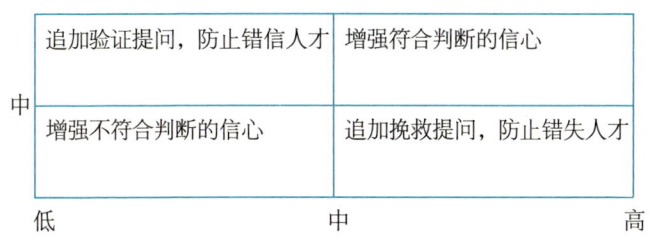

面试评价 高		
	追加验证提问，防止错信人才	增强符合判断的信心
中		
	增强不符合判断的信心	追加挽救提问，防止错失人才
低	中	高

测评分值符合度

图 3-17　性格测评与面试提问佐证矩阵[①]

性格测评分值反映的是个体在各素质维度的倾向性，没有好坏之分。正如前面提到的，外倾性分值高的人不一定就比外倾性分值低的人表现更好，亲和性低的人也未必就不好，关键是要看性格特质与岗位特性的匹配程度。

[①] 李祖滨、陈媛、孙克华：《人才画像：让招聘准确率倍增》，机械工业出版社 2021 年版。

005
聘用决策：在不确定性中寻找确定性

小故事：清晨的第一缕阳光透过窗户，HR小王打开邮箱，一条邮件引起了她的注意。一位候选人已经连续两次发邮件询问面试结果，但合伙人赵律师迟迟没有给出反馈。一看日历，竟然已经过去两周了。小王心想，优秀的候选人不会无限期地等待，于是她拨通了赵律师的电话。电话那头，赵律师听到是关于面试的事情，有些犹豫地说："哎呀，这个候选人让我挺纠结的。说不行吧，他的表现还算满意，但要说行吧，又感觉好像还差那么一点点。我不确定后面还有没有更合适的人选。你那边还有没有其他候选人？这个候选人我们先不要急着决定，给我点时间再考虑考虑，同时我们也看看其他的人选。"小王挂断电话，面对这个棘手的问题，她开始思考如何说服赵律师加快决策。毕竟，候选人不可能无限期地等待。作为HR，她知道必须要有更科学的方法来帮助合伙人作出明智的选择。

其实这个场景经常出现在HR的工作中，似乎我们帮管理者花了大量的时间去搜索简历，安排笔试和面试，临门一脚总是会出现一些问题,总是觉得缺乏一些科学的管理工具帮助管理者决策,当然,我们的原则是宁愿"漏招"也不"错招",不要因为怕自己的工作推倒重来就说服管理者作出错误的决定。

前文我们讲述了科学合理的面试流程包括结构化面试,针对冰山之上知识技能和冰山之下的胜任力进行考察和精准提问,通过行为面试法追问获取应聘者真实的行为信息,对应聘者进行判断,并借助职业性格测评工具佐证。但如果这些完成之后还是不能最终作出聘用决定,我们建议采用直觉验证和加试进行补充,并作出最终的聘用决定。

直觉验证

在我看来,当我们对一位候选人难以下定决心,产生纠结的时候,往往没有那种马上录用的激情,这正如购物的时候,没有"立刻下单"的冲动,这通常意味着他们可能并不是最佳选择。然而,这种犹豫有时也是因为面试技巧不够熟练或者对候选人的信息了解不够深入。在这种情况下,我们可以借鉴李祖滨老师提出的"直觉验证十问",这是一套结构化的问题清单,能帮助面试官更系统、更精确地验证他们的直觉判断。

表 3-16 直觉验证十问[1]

问题	是	否
在直觉上,我能相信此应聘者说的话吗?		
把重要任务交给此应聘者去办,我能放心吗?		
此应聘者如果没有优秀企业的光鲜经历,我还会选择他吗?		
如果有更多的应聘者,我现在是否会选择他?		
此应聘者至少比我们现有团队的20%的人优秀吗?		
此应聘者如果应聘我们竞争对手公司,对我们公司会有影响吗?		
我能从此应聘者这里学到我现有不足的技能吗?		
此应聘者在未来能否达到公司晋升标准?		
如果其他面官不同意,我还用她/他吗?		
如果我不用他,会后悔吗?		

上述 10 个问题中,如果有 7 个及以上答案为"是",则可以判断"通过";如果仅 6 个或以下答案为"是",可以考虑再做进一步的验证或者直接放弃。

直觉验证可以弥补结构化面试的不足,大大提升面试准确性。但直觉验证应基于科学的结构化面试,不能完全"凭感觉"。

对难做判断的加试

面对一个难以抉择的候选人,除了依赖直觉之外,我们还可以引入额外的评估环节来增强决策的准确性。在招聘流程中,面试

---

[1] 李祖滨、陈媛、孙克华:《人才画像:让招聘准确率倍增》,机械工业出版社 2021 年版。

官通常能够对那些表现卓越的候选人或明显不符合标准的候选人进行快速评估。然而,候选人在面试中可能因为过度准备而表现出与日常状态不一致的行为,或者由于面试时间的限制、面试官经验的不足以及其他信息的干扰,这些因素可能使得面试官难以作出明确的评判,有时甚至会导致不同面试官之间的观点产生分歧。

为了应对这种情况,我们建议采取加试的策略。加试不仅能够提供更丰富的评估手段,还能够邀请更多的面试官参与到复试过程中,从而实现对候选人多维度的评价。通过这种方式,我们可以从不同的视角和专业背景出发,对候选人的能力和潜力进行全面的考量。表 3-17 为我们提供了面试过程中可能出现的争议情况及其处理策略,这为我们在招聘决策中提供了重要的参考依据,帮助我们作出更加公正和合理的选择。

表 3-17 面试中疑问处理方式

争议情形	处理方式
专业技能有疑问	加试专业技能考试或实操测试
结构思维有疑问	撰写文章或就某个主题进行分析,并形成书面演示文件
其他素质项或价值观有疑问	资深管理者、面试官加试
对学历、过往表现、业绩等有疑问	做背景调查
文化融入度有疑问	邀请参加团队聚餐,或其他会议活动再考察

如果即使通过加试也无法对候选人作出明确的评估,或者当团队中的面试官对其评价存在较大分歧时,我们建议采取谨慎的

态度,考虑放弃该候选人。在这种情况下,遵循"宁缺毋滥"的原则是更为明智的选择。正如埃里克·施密特在《重新定义公司》一书中所指出的,避免聘用表现不佳员工的最佳方法是从一开始就不让他们加入团队。遵循这一理念,谷歌在招聘过程中采取了一种原则:宁愿"漏聘"即错过那些本应加入的人才,也不愿"误聘"即错误地招募那些不适合公司的人员。

另外,如果多位面试官在是否录用候选人的问题上意见不一致,我们建议由职位级别最高且具有丰富面试经验的面试官来作出最终决策。这位面试官更有可能凭借其深厚的经验和对职位要求的深刻理解,全面地权衡候选人的潜力与团队的需求,从而作出更加恰当的选择。通过这种方式,我们可以确保招聘过程的专业性和决策的一致性,同时也维护了团队对招聘结果的信心。

006
招聘误区：无意识偏见与个人经验分享

在日常招聘的工作中，也许我们每个人都自诩为明察秋毫的侦探，却不知无意识的偏见正悄无声息地操纵着我们的决策。"锚定效应""确认偏差""邓宁-克鲁格效应"这些心理学术语听起来陌生而晦涩，却在我们每天的招聘决策中扮演着隐形的指挥家。接下来，我将借曾在英国留学期间的一篇自我反思文章来分享这三种无意识偏见如何影响我们的决定。

对无意识偏见的思考

我对"偏见"的反思源于两次经历：一次是关于"猜测曼哈顿双卧室套房（全景）的价格"的互动，另一次是关于"设计培养领导力的课程"的小组讨论。在第一次互动中，我看到了这样的问题："这个房间每晚的价格超过 55 英镑吗？""你希望为这个房间支付多少钱？""这个房间每晚的价格超过 55 英镑吗？""你希望为这个房间支付多少钱？"虽然我对曼哈顿的房价一无所知，但直觉告诉我，可能不会偏离 55 英镑太多。我毫不犹豫地写下了每晚 70 英镑。然而，旁边的同学却写下了"6000 英镑/晚"，后来我才知道，

她看到的问题是"这个房间的价格是否超过 5500 英镑/晚?"我意识到,问题中的数字引导了我们的决策。

在关于"设计培养领导力的计划"的小组讨论中,我们小组就谁应该参加培训展开了辩论。根据我的经验,我认为这个话题主要是针对领导者或即将成为领导者的人。在我看来,这不需要进一步讨论,并试图说服小组队员继续讨论其他话题。但是,一位团队成员提出,领导力培训适用于每个人,因为在当前的组织结构中,即使非领导者也可能在不同的环境中成为领导者。例如,即使员工在扮演父母角色时也需要领导技能。这两次互动促使我反思自己是否在不知不觉中产生了认知偏见。

我的工作经历

作为反思的一部分,我回顾并重新评估了之前在工作场所有关偏见的经历。5 年前,我所在的机构迅速扩张,我在那一年招聘了 300 多名新员工和实习生。因此,我自信能够准确评估应聘者是否适合成为一名律师。在一次与 4 名实习生的面试中,第四位应聘者引起了我的注意,他在会议室外匆忙地从破旧的背包里拿出一件褶皱的西装外套穿上,显得有些胆怯。我当时的想法是"他可能不是我们想要的那个人"。不出所料,面试一开始,这位候选人就显得非常紧张,在回答每一个问题之前都要稍做停顿。根据他在面试前 10 分钟的表现,我觉得对他的初步判断得到了证实,因此没有太在意他后来的回答。根据我的经验,来事务所应聘的大多数应聘者都表现良好,毕业于知名法学院,对自己的能力充满信心。因此，我毫不犹豫地在"建议"一栏填写了"不推荐"。但是合伙人与我持有不同的意见，他认为，候选人在面试和公众沟通方面缺乏经验，可以通过实践加以改进。让合伙人印象深刻的是，候选人在阅读《民法理论与案例分析》这本出了名的难读的书时，做了十多万字的笔记。这让他相信，这位候选人的能力一定比他所表达的更强。鉴于他日常工作是汇报给合伙人，并有 3 个月的考察期，我带着质疑没有提出不同意见。3 个月后，这位候选人顺利通过了严格的考察期，现在已成为一名出色的诉讼律师。客户评价他不善言辞，但总能找到案件的突破点，为客户争取最大的利益。他的回答通常可靠且经过核实的，很少会草率地脱口而出。反思这一经历，我现在仍然充满愧疚，组织差点因为我的草率而错失人才。

对我工作经历的评价

通过学习，我认识到是无意识的偏见导致我在上述情景中作出了错误的判断。接下来，我将分析无意识偏见是如何导致我作出决定的。无意识偏见会不由自主地发生，由我们的本能触发，但在影响我们的判断方面起着非常关键的作用。它会导致工作中的不平等，从而降低组织的生产力，这也是奥贝莱（Oberai）和阿南德（Anand）2018 年的观点。我在上述情景中的错误判断可归因于认知偏差，如"锚定效应"、"确认偏差"和"邓宁－克鲁格效应"。

首先，锚定效应是指决策者在作出判断时，对最初呈现的价值的偏好影响过大，该观点由特沃斯基（Tversky）和卡尼曼

(Kahneman)于 1974 年提出。一般来说，人们在作决定时，思维往往会被最先得到的信息所左右，就像沉入大海的锚一样，把思维固定在某个地方。见惯了那些条件优越、能言善辩的候选人，我形成了这样的刻板印象。我认为这是一个优秀的诉讼律师形象，它是我心中的锚。但我心目中的"形象"真的是"优秀的诉讼律师"吗？显然不是。随着时间的推移，我意识到诉讼律师最基本的素质是可靠、对案件争议的敏锐性以及运用专业法律知识维护客户利益的能力。咨询行业对专业顾问的形象和表达能力有很高的要求，虽然理由是"可以迅速建立信任感"，我承认这确实有一定道理。但我们真正需要的是与客户建立长久的信任关系，而这种关系是通过解决问题建立起来的，尤其是为那些正处于法律纠纷的客户解决问题。可靠的品格和对于争议的敏锐性往往很难获得。范·埃克塞尔(Van Exel)等人在 2006 年提出观点，问题的模糊性越高，熟悉程度、相关性或个人参与度越低，决策中的锚定效应就越强。换句话说，我之所以作出错误判断，是因为我没有抓住"优秀诉讼律师"的本质。同样，由于我不熟悉曼哈顿酒店的价格行情，"55 英镑"这个锚定数字在猜测曼哈顿双人套房价格的互动中发挥了强大的作用。

其次，确认偏差也是我作出错误决定的原因之一。克利克(Glick)于 2017 年提出，确认偏差被定义为寻找能够证实自己信念的信息、数据和知识。换句话说，我们常常不遗余力地证实自己的假设，却很少试图推翻、反驳或证伪自己珍视的信念。忽视反面例子，不关注、不支持假设立场的信息，这种倾向不利于获取新知识。以之前讨论过的面试为例，我对应聘者的初步评估是我们对他不感兴趣。之后，我没有对自己的判断进行评估。他面试时的紧张情绪似乎证实了我的观点，我也为自己的判断找到了佐证，因此，忽略了他对专业学习的阐述部分。我还忽略了他没有立即回答问题这一事实，这可能表明了他性格中的谨慎。同样，我致力于为小组成员寻找各种理由，让他们相信领导者是领导力培训的目标受众。与其说我在评估这种观点是否准确，不如说我认为这是一种常识。通过后来的学习，我了解到领导力是影响一个群体实现愿景或一系列目标的能力，正如罗宾斯（Robbins）和贾奇（Judge）在2015年提出的观点，它绝不是只有领导者才需要掌握的能力。

最后，"邓宁－克鲁格效应"也在我的错误中起了作用。它指的是在某一领域表现不佳或缺乏技能的人倾向于夸大自己的能力和表现。这是因为他们缺乏元认知、元记忆、元理解和自我监控技能[1]，产生的原因是，专业技能和知识的缺乏往往隐藏在"未知的未知"领域，或被错误的信念和背景知识所掩盖，而这些似乎足以得出正确的答案[2]。我曾面试过数百名律师候选人，因此我认为自己已经熟练掌握了面试律师职位的技巧。诚然，一方面，经验是一种帮助，因为它能让我们为应对类似情况做好准备。另一方面，

---

[1] Folk，2016年。
[2] Dunning，2011年。

这也会导致我们在作决定时不自觉地忽略对经验形成的判断进行批判性评估,不更新我们的认知。事实上,我并没有完全意识到自己作为一名律师的工作性质,但由于我的自满情绪使我停止了反思,我并没有意识到"这是我的未知"。"邓宁－克鲁格效应"是一个对我很有启发的概念,因为它让我了解到通往知识之路的艰难。当我不熟悉一项技能时,我往往会很快到达无知的山顶。也许我对很多事情都是一知半解,但在遇到真正的挑战之前,我往往不知道真正发生了什么,并认为自己已经全盘掌握了。只有经历了自信心的低谷,我才能调整心态,真正踏上学习之路。

我的行动计划

通过以上分析,我认识到了自己无意识偏见的根源,接下来我将谈谈如何克服这种偏见。首先,我会承认偏见的存在,并就此提供有针对性的培训。当我承认自己的偏见时,我就更有可能意识到它的存在,在作决定之前就会放慢脚步去识别它,从而减少出现偏见的可能性。同样,认识到差距可能是培训和发展中最重要的一步,因为不认为自己有技能缺陷的人往往没有动力投入时间和精力去学习和提高特定技能[1]。在认识到自己的偏差后,我会开展有针对性的培训,以弥补自己的不足。自学是必不可少的,但找出自身的问题具有挑战性。因此,作为人力资源部门的一员,我会与员工一起探索工作场景中可能存在的偏见。这将包括发起定期

---

[1] Boz 和 Koc,2021 年。

研讨会,就像我们在课堂上进行的头脑风暴一样,相互学习将有助于我们减少偏见的发生。或者探索如何促进引入意识培训,如内隐联想测试,作为培养偏见意识的重要工具。只有通过培训形成"我的想法可能有偏见"的意识,才能帮助我们减少"无意识偏见"。

其次,我将继续探索未知领域,提高认知水平。探索未知领域可以帮助我们拓宽知识边界。当我们的知识边界足够宽广时,我们就会发现自己还有很大的范围不知道,从而可以集中精力去学习。反之,我们的视野有限,就像井底之蛙无法看到更广阔的世界。此外,不断学习可以使人力资源专业人员完善自己的专业知识,赢得业务部门的信任。人力资源从业人员经常被批评缺乏专业技能,我认为这是因为他们中的许多人放弃了深化自己的知识,只是完成行政或其他常规任务。因此,他们无法为业务部门提供专业意见,也无法真正帮助员工成长。因此,通过不断学习,我们可以拓展自己的知识边界,提升自己的专业技能,最终赢得员工的信任和尊重。

最后,我会定期反思自己,并引导他人这样做。反思可以让个人处理过去的经历,并在未来的情况下作出有意识的选择。遗憾的是,我曾经忽视了这一做法,这也是我一直难以克服个人障碍的原因。反思可以带来不同的情绪状态、问题澄清和新的认知地

图①,但并不是每个人都擅长反思②。作为人力资源从业者,我们有责任在这一过程中引导他人。在第一堂课上,我学到了一个有用的模型,叫作"自我认知——乔哈里之窗"③,它可以从两个维度来定义:你对自己的了解和他人对你的了解。该模型确定了四个领域:"竞技场"(为自己所知,也为他人所知)、"盲点"(不为自己所知,但为他人所知)、"伪装"(为自己所知,但不为他人所知)和"未知"(不为自己所知,也不为他人所知)。通过这次练习,我发现自己以目标为导向、要求苛刻的倾向可能会让人觉得我咄咄逼人。虽然以前没有意识到这一点,但同事的反馈帮助我了解了自己的行为是如何影响他人的。因此,反思不仅是反思自己的行为,克服未来的障碍,它还体现在从自己的经验和他人的反思中教导他人。

---

① Boud 和 Miller,1996 年。
② Callahan 等人,2015 年。
③ Luft 和 Ingham,1955 年。

第四章

绩效管理：律师事务所团队效能提升策略

001

绩效管理困境：律师事务所面临的挑战与启示

缺乏科学的考评体系

从规模上，中国目前中小型律所占大多数，从管理模式上，提成制律所占大多数。因此，管理手段相对简单，在管理者往往根据自己当年的创收分配给团队律师，律师拿到的奖金往往与自身的表现有关系，但更加取决于老板的业绩。

提成制作为目前国内事务所管理模式中最主流的一种，有很多优势，因此也有很多推崇者。提成制由于其"过程简单、操作简便、见效明显"等特点，至今仍被多数律师事务所采用，由于提成制使得律师的收入与其总业务收入水平之间建立了直接联系，多劳多得，因此极大地调动了律师的工作积极性，与此同时也保障了律师事务所收入的增长。但是近年来这种传统的提成制管理模式受到了很多的诟病，其中之一就是不利于律师的成长。原因是年轻律师还处于学习、精进专业的阶段，如果这个时候让他们的考评与老板拿案源或自己找案子挂钩势必影响他们学习的精力和动力。在面试的过程中，我与其他律所的律师交流，他们很坦诚地说刚毕

业的 2~3 年尚处于解决温饱的阶段，平时的工资和年底的奖金只是老板业绩或者老板个人决定，与自己的专业水平关系不大，所以这种模式会让他们觉得收入与专业不挂钩，没有更多的动力去学习专业反而天天想着怎么能去到一个合伙人业绩好的团队，或者自己怎么去拉客户。

因此，缺乏科学考评体系的弊端是短时间内律师财务收入的不稳定，长期来看对律师的职业发展具有很大的损害。

考评指标主观因素过多

一些提成制律所的团队或公司制律所的老板具有一定的管理意识，采用了 360 度测评。360 度测评来自不同的同事、上级、下属、客户的打分，它的出现避免了老板的"一言堂"和团队老好人不敢打分的现象。但是也存在一定的弊端，因为不难看出全部都是主观因素的结果，缺乏量化的客观数据，如果一个员工大家对他都很满意，确实他的工作可能是出色的，但是如果他的工作量一天只有 6 小时，所在团队也没有完成业绩目标，我们能说这个律师应该拿到高额的年终奖吗？显然也是不合理的。此外，管理者对于"好"的标准判断不同，"手松"和"手紧"问题难以控制，特别是律师事务所合伙人人数较多，大家的标准更为多样，所以如果全部为主观评分则有失公允。因此，在考评过程中我们应该规避完全依赖主观考评因素的情况。

打分标准无法统一

在之前的讨论中，我们指出了由于合伙人对"优秀"标准的理解存在差异,评分时的宽松或严格程度难以统一。在这种情况下,如果合伙人不主动推荐自己的团队成员,并强调他们的卓越表现,仅凭考评分数可能难以识别出团队中的杰出人才。这时,考评小组的合伙人可能会质疑:仅凭一方之词就能断定团队成员的优越性吗?每位合伙人都可能认为自己团队的律师最出色,但这并不意味着每个人都能得到特别关照。显然,这种情况背后的原因主要有两个。

首先,律师们没有被放置在同一标准下进行比较。由于不同合伙人采用不同的评价标准,最终的评分往往受到个人偏好的影响。其次,缺乏一个校准机制来确保评价的公正性。如果短期内无法统一评价标准,我们该如何解决这一问题?律师的工作确实依赖于团队合作,正如许多律所尝试"共用律师"来实现公平竞争。

在这种情况下,校准会议就显得尤为重要。它为律师们提供了一个机会,使他们能够在相对公平的环境下得到评价。即便业绩考评分数已经给出,校准会议也能确保每个律师的表现得到适当的考量和调整,从而提供一个更加公正的评估结果。通过这种方式,我们可以更准确地识别和奖励那些真正表现出色的"明星人才"。

指标设置与实际业务脱离

在一些大型律师事务所中,管理相对成熟和科学,他们会采用客观量化指标与主观考评相结合的形式,这种考评在律师事务所的管理中已经是非常先进的了,但是也不免存在一些值得探讨的地方。比如,客观量化指标采用的是"律师工作小时数""回收率",主观评价部分来自360度考评,三个部分占不同的比例最终加权得到了律师的考评分数。这种考评方式看起来是非常合理的,但是如果与业务联系起来就会发现它的弊端,比如针对国内诉讼的案件,很多客户是付风险代理费,后续根据案子的输赢付款,或者有些非诉项目是一次性付款,并非根据律师工作小时数收费,那这样很多律师所记的工作小时数是否完全按照自己实际工作记录的就无从考证了,所以数据的真实性存疑。我们再来看看"回收率"这个指标,客户是否付款,其实和律师的表现关系并不大,假设一个律师一直表现很好,只是遇到了不按时付款的客户,那么他的回收率很低。其实合伙人都无法控制客户是否付款更何况是普通律师,那么这个时候用回收率与律师的考评相关联就显失公平。那有人可能就会问,如果完全把业务和收费模式考虑进去这样的绩效考评会不会太细,这种说法也没错,但是结果的公平性和促使团队目标完成才是考评的意义,我们必须不断探索更合理的方式,而不是说新的模式还存在缺陷就不去进步了。

过于重视财务指标,忽略团队绩效,破坏内部协作

公司制律所绩效考核常常会出现这样的问题:自从有了绩效考核,部门与部门之间、员工与员工之间就明显出现了隔阂,原有的内部协作就破坏了。过度的绩效考核引发人性恶的一面,各方都只从自己的立场出发,人人只关注自己的利益,相互的抱怨难免

增多,良好的内部协作无法出现。正如华为的一位员工说"绩效考核,实实在在导致的另一个问题就是团队合作的问题,绩效考核会导致项目组内 PK、项目组间 PK、部门间 PK、地域间 PK……最终导致的结果是什么？部门间、项目间不合作了,有好东西或研究发现不再透露。"

在律师事务所比较常见的情形是今年经济形势好,资本市场业务很火,那么事务所的主要收入来源就是非诉部门,反之,经济形势下滑,纠纷变多,诉讼部门的业绩很好,那是否意味着这两个部门的员工拿到的年终奖和当年的经济形势要深度挂钩吗？那么是否就违背了公司制律所团队协作的初衷,现实是这两个部门是相互依赖的关系,诉讼的案源可能是来自非诉部门,经济形势下滑,由于律所的业务多样性,诉讼部门会成为业务创收的来源,帮助非诉部门度过"经济寒冬期",因此,律所作为一个整体不能只重视短期的财务指标。

缺乏反馈机制,绩效考评失去了指导作用

我曾与很多来自律师事务所的 HR 同行进行沟通,她们的苦恼是律师会反馈合伙人认为分完钱绩效考评就结束了,也没有和员工进行反馈,但是绩效考评的真正意义是为了帮助员工发展,指导员工进步,而不仅仅是用来分钱的数字。律师作为知识型员工非常看重内在激励,如果没有有效的指导,无异于是对他们成长机会的剥夺,久而久之可能产生不满。

基于之前的分析,我们制定了以下初步原则来设置绩效考评

体系。

(1) **综合考量主观因素与客观指标**：在评估员工的表现时，我们需要同时考虑主观评价和客观数据。主观评价可能包括同事、上级对其工作态度、团队合作精神的评价，而客观指标则涉及具体的业绩数据（如团队业绩）、项目完成情况（如工作小时数、回收率等）。

(2) **组织考评小组的校准会议**：为了保证评估的公正性和一致性，组织一个由部门/业务组代表组成的考评小组，召开校准会议，确保评估标准和过程的透明度和公正性。

(3) **客观指标与具体业务紧密相关**：设定的客观指标应与员工的具体业务和工作职责直接相关，这样可以确保评估的针对性和有效性，同时也让员工清楚自己的工作目标和期望。

(4) **指标设置旨在实现团队目标**：绩效指标的设定应以实现团队和组织的整体目标为目的。这意味着个人的目标应当与团队和组织的目标保持一致，鼓励员工为共同的愿景和目标努力。

(5) **开展具有指导意义的绩效面谈**：与员工进行绩效面谈时，不仅要提供反馈，还要给予具体的指导和建议。面谈应当是双向的，鼓励员工提出自己的看法和职业发展需求，同时为他们提供成长和改进的机会。

通过遵循这些原则，组织可以建立一个公平、透明且有效的绩效考评体系，有助于激励员工的积极性，促进个人和组织的共同成长和发展。

002
重新定义成功：律师事务所的绩效管理新视角

德锐咨询曾经提出过重构绩效的概念，重构的过程从 3 个方面展开——绩效管理的主体重构、绩效管理的定位重构和绩效管理的目标重构。我认为这个理念为管理者思考绩效提供了全新的视角，重新定义了绩效的含义。

主体重构：从个体到团队

主体重构，就是绩效管理的主体和主要参与者从个人转向团队。

无论是提成制律所还是公司制律所，大多数考核方式还是强调激发个体绩效贡献，但这种考核方式的弊端逐渐出现：组织内部过度竞争，团队成员互相猜疑，组织文化严重受损等。随着信息化时代的到来，律师事务所面临的外部环境更加多变和不确定，个体的单打独斗越来越无法保障组织的持续发展，组织更加依赖团队的高效协作、相互补位。虽然都是律师，但是大家深耕的专业领域不同，一个人不可能无所不能，团队协作式的律所，可能一个电话、一条企业微信就能请这个领域的专家帮助解决这个问题，衍生出

新的业务。

同时,员工个人对外在激励刺激的敏感性也在逐渐降低,真正优秀的员工在物质激励之上更加关注个人成长和发展、组织认同与文化,继续采用以个体业绩激励为导向的绩效考核将难以推动企业发展。美国哈佛大学教授戴维·麦克利兰在成就动机理论中把人的高层次需求归纳为对成就、权力和亲和的需求。这3种需求非常符合律师这个群体,比如成就需求,律师们往往渴望将事情做得更为完美,获得更大的成功,这个群体普遍追求的是在争取成功的过程中克服困难、解决难题、努力奋斗的乐趣,以及成功之后的个人的成就感,对于他们来说这些远超物质奖励带来的幸福感。此外,律师群体普遍具有较高的亲和需求。虽然这个职业已经是在存量市场上竞争,但是他们这种对于人际关系高敏感的人实际上是更喜欢合作而不是竞争的工作环境。他们重视团队合作中建立的友谊和信任,这种人际关系的建立对于他们来说,是工作满意度的重要组成部分。

因此,律师事务所在制定绩效管理体系时,应当超越单一的业绩激励,更加注重整体目标的设定与分解。通过将事务所的整体目标细化到每位律师的日常工作中,确保每个人的努力都能够与事务所的长远发展保持一致。在进行绩效评估时,应当以事务所整体目标的实现情况为出发点,深入分析各部门和个人在目标实现过程中的贡献与不足,并制定相应的改进措施。

在绩效结果的应用上,律师事务所应当将整体目标的达成作为激励的基础。如果事务所的整体目标未能实现,那么个人激励也应当相应调整。

定位重构:战略执行工具

定位重构,就是让绩效管理回归作为战略执行工具而非考核工具的本源。

绩效管理最重要的价值是帮助企业实现战略目标。任何一个企业存在的意义都在于实现长期、可持续的发展,这离不开从上到下达成共识的战略目标。绩效管理主要功能正是从多个方面帮助企业实现战略目标。

在律师事务所中,人力资源部门在设定律师的绩效目标时,首要任务是深入理解并准确把握事务所的目标,拆解为部门至团队的目标。在此基础上,才能根据对律师工作的实际了解,合理设定各项绩效指标。这一过程绝不能脱离实际,不能仅依靠闭门造车的方式,仅凭想象和假设来制定指标。正确的做法是,人力资源部门应当与律师事务所的管理层、律师团队以及其他相关部门紧密合作,共同分析和讨论律师事务所的组织目标、部门/团队目标,并在此基础上,结合律师的具体工作内容和职责,制定出既具有挑战性又切实可行的绩效指标。因为只有这样才能让个人绩效的达成促进部门或团队绩效的达成,从而提升组织绩效,达成组织目标(见图4-1)。

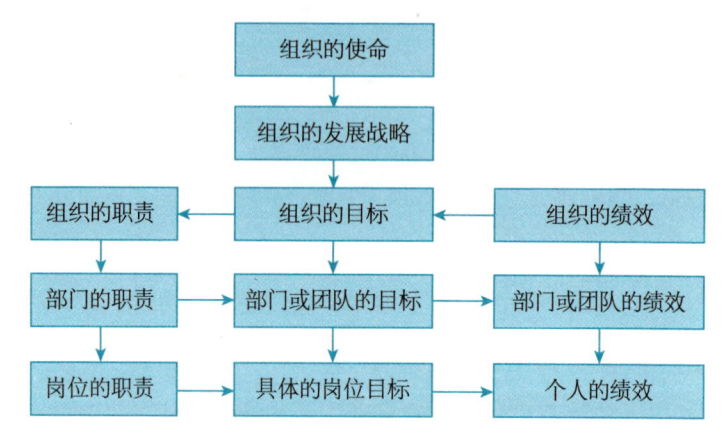

图 4-1　从战略到绩效①

流程重构

流程重构是针对律师事务所考评特性的一项关键补充，特别是在绩效评估的分数校准环节。传统的绩效考评往往只停留在打分阶段，缺乏对结果的深入审视和调整。考虑到律师事务所通常具有扁平化的组织结构，我们应当确保律师们在同一标准下进行评估，引入校准机制变得尤为重要。在基于 KPI 等初步评分完成后，律师的述职报告作为补充，为评估提供了更全面的视角。

在这个流程中，考评小组的组建尤为关键。考评小组的成员，尤其是合伙人，应当是对组织文化有深刻理解、具备丰富管理经验的人士，他们能够确保评估过程的公正性和客观性。这样的考评

---

① 李祖滨、胡士强、陈琪：《重构绩效：用团队绩效塑造组织能力》，机械工业出版社 2019 年版。

小组不仅能够准确把握评估标准,还能够在评价过程中发现真正为组织带来价值的人。通过流程重构,不挫伤真正为组织带来价值的人的信心,也能够在一定程度上识别"浑水摸鱼"的人。

目标重构:打造组织能力

目标重构,就是让绩效管理的目标不仅定位在短期业绩提升上,而是看向更远的未来,打造助力企业可持续发展的组织能力。杨国安教授认为组织能力指的不是个人能力,而是一个团队(不管是 10 人、100 人还是 100 万人)所发挥的整体战斗力,是一个团队(或组织)竞争力的基础,是一个团队在某些方面能够明显超越竞争对手、为客户创造价值的能力。

对于律师事务所而言,要想实现长期的稳定发展,关键在于打造一个高效协同、战斗力强大的团队。这不仅是指拥有几名杰出的律师,而是指整个团队能够在各自的专业领域内发挥最大的潜力,形成一个有机的整体,共同为客户提供优质的法律服务。

因此,在设定绩效目标时,律师事务所应当以提升整体的组织能力为目标。这意味着要注重团队合作、知识共享、专业技能的提升和创新能力的培养。通过这样的绩效管理,律师事务所不仅能够提高当前的工作效率和服务质量,还能够为未来的可持续发展奠定坚实的基础。

003　绩效校准会：克服绩效数据的偏差

校准会议为什么必要

我认为之所以要有绩效考评校准主要有以下 3 个原因。

(1) 统一评估标准。

前面我们提到数据打分标准无法统一的问题，那么之所以存在这个问题最主要的原因是每一位主管合伙人都只是评价自己团队的律师，没有办法把这位律师放在整个部门和整个律师事务所的赛道上去比较，所以考评小组如果是能够来自其他部门、其他团队的合伙人，以及在校准过程中能够让部门/业务组的每一位律师进行述职报告，就有了横向比较的机会，有助于结果的准确性。

(2) 为默默耕耘者发声。

一些律师只顾着自己埋头工作，但是很少和合伙人进行沟通，导致合伙人对他的了解不是非常全面，甚至存在一些误解。这种情况并非指责合伙人不能慧眼识珠，合伙人并非万能的，对一个人了解不充分也是正常的，但是在这种情况下能够有其他合伙人帮忙补充信息帮助全面地了解，无论是对律师还是对主管合伙人都是有益的。

(3) 人性化的评估补充。

KPI 有相当一部分的分数是基于客观数据,这些客观数据通常是力图适合大部分团队和大部分律所的,并不一定适合所有律师,所以一定有律师数据之外可以衡量工作的指标我们没有看到,所以绩效校准会议不仅是对主观评分进行校准,也可以对客观数字进行补充。

如何保证校准会议的公正客观

绩效考评校准会议最重要的部分就是考评小组合伙人能够给予客观公正的评价。那么如何保证考评小组成员能够保持独立性和客观性呢?我们认为有以下六点。

(1) 严格选拔标准:在选拔考评小组成员时,应设定严格的标准,确保成员具备必要的业务专业知识、管理经验和无偏见的判断能力。选择那些在组织内有良好声誉、能够公正评价他人的专业管理者。

(2) 多元化成员构成:考评小组应由来自不同层级和不同背景的成员组成,以确保多角度视野和减少任何潜在的偏见。

(3) 明确评估标准:为考评小组提供清晰、具体的评估标准和指导原则,确保所有评估都基于统一的标准进行,减少主观判断的影响。

(4) 建立培训机制:对考评小组成员进行定期的培训,强化独立性和客观性的重要性,提供如何避免偏见和冲突利益的策略。

（5）**定期轮换成员**：定期更换考评小组成员，避免长时间任职可能导致的习惯性思维和潜在的利益冲突。

（6）**透明的反馈机制**：建立一个透明的反馈和申诉机制，允许被评估者对评估结果提出异议，并由考评小组公正地处理。

需要注意的是，校准会议的存在虽然是为了公平，但是依然不能做到满足所有人要求的绝对公平。华为的人力资源管理变革指导意见中有这样一段话：

企业不是神仙，不可能时时、事事做到公平，所谓的绝对公平是做不到的。只要企业的领导人，是为了企业的目标真诚奋斗，这次对你不公平，下次也许就纠正过来了，也许几次不公平，终有一次是公平的。是金子总会发光的。[1]

---

[1] 参见黄志伟：《华为人力资源管理》，古吴轩出版社 2017 年版。

004 有效指导：提升团队绩效的秘诀

本部分会结合律师事务所中合伙人对于绩效指导的误区来进行阐述。在写这个话题之前，我原本是惴惴不安的，原因是我实在谈不上多么有经验，更不敢说能够自信地说出如何有效的指导。但是在这些年的面试、私下与律师的聊天以及离职面谈中，我与他们深入地询问过，他们期待得到有效指导，故在此分享。

不要把绩效反馈与年终绩效评估等同起来

在我问到律师对绩效反馈哪部分不满意的时候，有些律师说："我的合伙人只是在年底绩效考评的时候会和我沟通下今年的表现，其余很少单独沟通。"合伙人认为所谓绩效反馈是年底发奖金之前的打分评级之前的那一次谈话，事实上，真正的绩效反馈发生在每一天。律师们也期待他们的合伙人能够及时地与他们探讨哪些是他们值得保持的地方，哪些是需要马上改进的，甚至他们认为及时的批评也是一种机会。

"合伙人如果能够就事论事，以解决问题为导向最让人欣赏。如果合伙人能够及时指出我的错误，哪怕是批评的语气，说明是在给我机会,我非常不喜欢让我猜的领导",这是我在面试过程中询问你欣赏什么样的领导时,一位律师候选人给我的回复。

年底的绩效评估前的谈话往往是"有缺陷的绩效反馈",一方面,一般到年底绩效考评的谈话,往往是走流程式的谈话,所里统一组织了,就在这个时间聊一聊,年底案子多,合伙人也面临回款、自己考评的压力,往往一拖再拖,草草了事,并非一场经过精心准备,帮助员工改进的谈话。另一方面,即便是非常好的一次年底谈话也存在缺陷,因为时间跨度太长,违反了"现学现改"的原则,也就是说反馈应当是对现实状况尽可能及时地反映,如果一个员工在某一方面的表现无法满足管理者的要求,就应该让他当时当地知道,这样才能阻止他继续错误行事,不要让员工在"年底考评"的节骨眼上对结果存在"意外"的感觉。正如戴维·西洛塔的《激情员工》中提到:在年终绩效评估中,员工所听到的关于自己的全新评论越多,就代表这个组织的评估体系越失败。

不要认为员工只对表扬感兴趣,而无法接受上级对自己的不足提出意见

我曾与一些在团队中绩效不那么如意的律师进行过交流,但是很显然,他们是不知道自己哪里不符合要求的,在这一点上我感到很困惑,于是去和合伙人或者直接带他们的资深律师进行了交流,他们反馈说:"我当时的意思就是他在这块不太行的意思,我觉得说得太多了就伤自尊了,本以为他是可以体会出来的。"由于常年相处,我十分相信说出这些话的合伙人或者带教律师真的是非常注意其他人感受的人,但是这样对于律师来说却是被剥夺了进步、发展甚至留下的机会。不能否认,职场中确实有对批评十分敏感的员工,他们对于任何改进的建议都无法接受,这是非正常的状况。因为对于律师这种高压工作,这种员工即便是没有批评,也会承受不了的。那么除了这种极端的情况,我认为传递负面的评价时的初心很重要,我自己曾有过这种体会,当愤怒来临的时候,我会问自己:到底是为了把自己压力降低发泄情绪,还是为了让对方知道问题,从而有助于解决。其实下属是能够感受你的本意的,如果真的是出于为他好的考虑,传递改进的建议,他们反而非常感激,因为谁也不希望自己因为没有听懂模糊的批评而被判定为"悟性不够"。我相信他们只是不能接受被当作情绪发泄的对象,被骂了一通,怎么做还是不知道。因此,我认为正直的初心是解决这一问题的唯一途径。

如果一个员工是让人满意的,就该让他知道

很多人对于律师和律师事务所的管理存在很大的误解,比如律师就是非常会表达的,他们了解对方的需求,"很会说话"。但是在实际工作中,一些领导者往往忽略了和下属的沟通。经常有合伙人说:"我团队的××律师非常优秀,很有潜力",当我和律师转述的时候,他们往往一脸惊愕:"真的吗,我完全没有感受到啊?"我们发现在日常管理中,一个人因业绩差受到批评比因业绩好得到表扬的速度要快得多,这种现象在师徒制作为主要培养方式的律师事务所尤为凸显,合伙人往往把自己当作"家长式"的领

导,愿意耐心带、耐心教,唯独缺乏及时的表扬,怕下属骄傲了就不继续进步了。但是能够过五关斩六将加入律师队伍,甚至顶级律所平台的年轻人,是不缺自律的,他们往往有着很高的自我成就动机,可能只是需要给予一点能量,他们就能如飞轮一样转动起来。同时,他们需要有事实依据的表扬,这种事实依据一般来源于对某项具体成就的欣赏,比如,"你写的报告真的很不错,我尤其喜欢提及……那部分",赞美变得准确有助于减少敷衍他们的嫌疑。因此,及时且有事实依据的表扬也许比默默地发高额奖金带来的情绪价值更高。

反馈要限于与绩效有关的部分

一些律师表示在绩效反馈中,有些管理者会将重点放在令自己感到不快的行为上,但却没有或很少关注与员工的业绩以及组织的成功相关的方面。比如,过于关注周末如何度过的,和谁关系比较好,为什么私下的着装不太得体。

实际上,员工生活和行为的很多方面完全与管理者无关,如果管理者对这些琐碎的事情进行干涉,只能反映出管理者自己的偏好及偏见。很多管理者认为自己担任的是"家长"的角色,因此无论是否关系到业绩,无论是否重要,无论员工是否接受,他们都要在各个方面提出"很有帮助"的意见。当然很多管理者的初衷可能并非出于八卦或者干涉,甚至只是想让关系别只有工作这么冷漠,展示出对下属的关心,但是往往把握不好度。

管理科学中理论叫领导与下属交换关系理论(**Leader-Member**

Exchange Theory，LMX）LMX 理论指出：鉴于领导者精力和资源的有限性，领导者会不可避免地跟团队中的某些员工建立更好的关系，而事实证明这对员工的绩效是有帮助的，很多人一听觉得这不是职场中搞小团体，搞关系那一套吗？但 LMX 与"关系"不同，它是假设大家只是在工作情景下，这种紧密关系有助于员工产生高绩效。领导与下属的关系往往与个人的生活交织在一起，难免会产生互相干涉。我们不能说只鼓励大家聊工作，只是最好是在他们需要的时候，才应当对他们的其他方面提出意见（假设管理者在这个方面确实有些经验）。

在进行绩效反馈时鼓励双向交流

前面我们反复提到，律师事务所的师徒制培养方式让合伙人难免会有"家长"的定位，往往是一个在听，一个在不断地输出，在这种情况下，双方关系明显不对等，律师一方往往连正常的反馈也不敢有，不可否认合伙人的经验对于年轻律师极为宝贵，确实应该以虚心的态度学习，但是律师是真正做这些工作的人，他们的经历和观察有助于他们找到有效的绩效改进方法。

一次有效的沟通能够让员工成为一位"搭档"，而不是受批评的靶子。它有助于形成一种良好的氛围，在这种氛围中，员工能够主动向上级提出问题以改进自己的绩效。《激情员工》一书中指出，最佳的绩效反馈视角，就是员工主动提出要求的时候。

人才盘点：律师事务所的团队优化策略

第五章

故事一：荣誉与年资的较量

在律所的走廊里，李律师的声音温和而坚定，他对小张律师说："小张，你去年的表现真是让人刮目相看，你主导的案件让客户赞不绝口。不过，你还记得小牛吗？他可是我们的老员工，勤勤恳恳多年，还没尝过优秀员工的甜头呢。所以，今年我们决定把这个荣誉给他。"小张律师的心里像是打翻了五味瓶，去年的辛勤汗水，到头来却因为"年资"二字，与荣誉和奖金擦肩而过。他的心情，就像是一场精心策划的晚宴，却在最后一刻被告知，主菜换成了素菜。

故事二：小孙的离职风波

刘律师的眉头紧锁，小孙律师的离职报告如同一颗重磅炸弹，让整个团队陷入了混乱。小孙不仅是团队的顶梁柱，更是与客户沟通的桥梁。他的离去，让团队面临着前所未有的挑战。小张律师虽然努力，但毕竟还是个助理，难以独当一面。刘律师决定，必须尽快从市场上挖来一位经验丰富的律师。然而，时间紧张，合伙人的要求又高，最终匆忙中招来的小李律师，却像是一双不合脚的鞋子，两个月后，刘律师只能无奈地对 HR 说："小李不太适合我们，他的工作方式和我们律所格格不入，看来我们得让他离开了。"

故事三：李律师的项目难题

李律师面前摆着一个棘手的问题：一个大型项目正等着他，而团队的人手却捉襟见肘。他考虑过招聘一位新律师，但项目的关键阶段一过，这位新成员似乎又显得多余。他想到了借用其他团

队的律师,但这个人必须能够独立对接客户,而且得是那种让人放心的靠谱人选。然而,其他团队的律师他接触甚少,难以判断谁才是最佳人选。即使他找到了合适的人选,那位律师的主管合伙人又是否愿意放人呢?李律师的心中充满了疑惑,就像是在一场棋局中,他需要找到一个既能攻城略地,又能守家护院的全能棋手。

以上三个故事,HR 同事们应该并不陌生。故事一中领导对于团队哪些成员是团队的核心,哪些应属于被优化的人员没有足够深刻和清晰的认识,这就导致管理者"这个不敢伤,那个不好意思得罪""担心没人干活",一旦这种想法产生,团队的"大锅饭"文化就形成了,那么这种无差别对待就会伤了团队骨干的心。故事二中合伙人并未提前搭建团队,小孙走了,无人来接替小孙。一旦团队梯队没有搭建好,突然的变动不仅会影响当前的工作,团队也会人心惶惶,匆忙招聘不合适的人可能会错上加错。故事三中明显体现了各团队之间互相不了解,律师没有被放在同一个刻度尺上进行比较,得到的评价比较主观,因此,没有办法将人才放在一个活水池里发挥作用。

人才盘点就是为了让管理者做到心中有数,发挥高潜人才的能力,给他提供顺滑的职业晋升阶梯,从而为企业创造长期价值。

001
人才盘点的重要性：律师事务所的核心竞争力

律师事务所为什么要做人才盘点

人才盘点可定位为通过对战略与组织发展的审视，从多角度对内部人才进行评价，帮助企业管理者了解组织人才现状及未来业务发展需求之间的差距，进而采取有针对性的措施缩短差距，以满足战略发展需要。

众多的研究以及企业的实践表明，当企业的战略创新模式已经确定的时候，能够决定企业成败的最大变量不是来自资金等物化资源，更多来自人才，而人才盘点已经成为人才管理的第一步。

律所事务所人才盘点现状

尽管我们都知道律师事务所是以人力资本为主，没有人意味着没有业务，甚至合伙人主要来源为内部晋升提拔，但是很少有律所把人才盘点项目放在十分重要的位置上，对于合伙人来说人才招募往往是最重要的，绩效考核、薪酬福利项目等都比人才盘点得到的关注度要高，似乎这是一个可有可无、忙的时候顾不上的项目。可能有人说中国大部分律所事务所的规模或者说对于合伙人

来说团队规模并不够大,因此谁"几斤几两"领导心里都是有数的,还有人可能会说没有做人才盘点这件事情并没有影响合伙人的创收,这说明它还没那么重要。首先,我反对第一种说法,在团队规模较小的时候,管理者确实对大家的表现是心知肚明的,但是来自管理者的评价依然是主观的,缺乏科学管理依据的,并不能避免"任人唯亲"情况。其次,关于第二个问题,从短期来看似乎没做人才盘点没有影响团队的创收,但是从长期来看的影响呢?我想通过以下提问来让大家思考这个问题。

接下来请思考一下,我们所在的组织,是否潜藏着一些看似不显眼却可能侵蚀团队精神的问题?

首先,是否有这样一些人,他们的价值观与团队背道而驰,但业绩却出奇的好?他们的存在,就像是一颗定时炸弹,随时可能对团队的和谐造成破坏。

其次,是否因为机构臃肿和管理层的分身乏术,导致那些"混日子"的人得以长期潜伏,逐渐成为团队的"蛀虫"?他们的消极态度,就像是"慢性毒药",慢慢侵蚀着团队的活力。

再次,来看看领导层,是否因为缺乏管理魄力,宁愿做"和事佬"也不愿意直面问题,导致奖金和晋升变成了一种"大锅饭"式的假公平?这种环境下,优秀员工得不到应有的认可,纷纷离去,留下的只是那些平庸之辈,团队的战斗力逐渐减弱。

最后,是否有哪些潜力无限的人才,因为缺乏曝光,而被埋没在小团队中,直到他们意识到晋升无望而选择离开?这些人,往往是那些为组织贡献了大部分业绩的关键少数。

这些问题,从长期来看,无疑是对组织的潜在损失,甚至可以说是巨大的损失。正如华为所倡导的,"得人才者得天下",但关键在于如何有效地利用这些人才。让我们一起来看看,人才盘点如何为组织带来实实在在的好处。

对人才状况达成全面共识

人才盘点可以帮助管理者对企业内部人员状况进行全方位诊断。从组织层面可以从人员数量对组织进行盘点,判断对业务的支撑、组织结构合理性和组织能力差距。涉及具体内容,如李祖斌老师在《人才盘点:盘出人效和利润》中提到的,企业可以通过人均销售收入、人均净利润、单位人工成本产出效率等了解人效情况。通过分析人员总数、人员性别比例、年龄分布、司龄分布、学历分布、职级分布、职类分布、地域分布、管理幅度统计(直接下属数量)、流失率统计等判断人才数量的合理性。从人才质量方面,可以判断人才的绩效和潜力是否符合企业的长期发展。律师事务所可以了解不同级别,不同岗位、不同序列员工的九宫格定位、潜力、岗位匹配度信息。通过这些数据可以认识到人才管理现状的差距,从而采取进一步的管理措施弥补差距。

识别优秀的人才

正如本章节开篇所说,当组织和团队规模较小,管理者的管理幅度较小时,组织可以通过管理者的判断去识别谁是人才,但是领

导者一个人的评价往往是主观的。当组织规模扩大,管理幅度变大时,管理者又往往兼顾完成业绩,客户管理,团队管理甚至政府关系等多重任务,他们开始心有余而力不足,无法识别真正有潜力的人才。

而人才盘点可以从组织层面对人员状况进行精准扫描。人才盘点借助360度测评,可以收集被盘点对象的上级、同级、下级和本人的全方位意见,更好地反映评价人的真实状况,帮助组织识别真正优秀的人才。通过人才盘点会议,直接上级的介绍可以帮助高层管理者了解间接下级的表现,进而在基层管理者和基层员工中发现优秀人才,识别出更多的明星员工。

人员优化工作有依据

无论企业多么优秀,都会存在不合适的人,他们的存在是企业利润的消耗者。然而,很多团队管理者忙于团队业绩达标,并不十分清楚谁是那个不合适的人。这些人总是可以找到自己的"生存法则",在团队待了一年又一年。虽然短期内他们没有给团队和组织带来经济损失,但是长期的负面影响一直存在。在律师事务所这种影响会扩大,因为每一个律师团队规模都不算很大,即使是做非诉业务,20人已经是非常大的团队了,更多的团队在10人,甚至5人以内,团队成员对彼此的表现甚至比管理者还要了解。所以不及时淘汰不合适、不胜任的员工对其他成员的士气将造成一定伤害。虽然不合适的原因有很多,比如能力上无法胜任,能力符合要求但是价值观不符合,因业务调整造成的冗员等,无论哪一种，我们都可以通过人才盘点识别，让后续的优化工作有依据。

人才保留工作有依据

很多组织实际上也在激励人员上投入了大量资金，但是效果不是很好。开篇我们提到律师事务所的一大挑战就是往往没有留下真正想留下的人，究其原因就是没有精准地激励那创造价值的人，或者激励力度不够大，没有让他觉得与绩效一般者有什么区别。就造成了钱也花了，却没有收获更好的结果。

盘点的结果可以应用于定薪、调薪、年终奖分配，以及股权激励对象的选择、股权激励额度的确定、退出依据的确定等环节。除了物质激励，盘点结果还可以应用于评优、晋升、培养计划等非物质激励，让激励资源向价值创造者倾斜，保障激励的公平性。

通过人才盘点可以识别真正该激励的人，我们可以投入更多的资源给予真正创造价值的人，既可以对他过去的绩效表示认可，也投资了他未来创造更多价值的潜力。

形成公平公正的用人机制与文化

人才盘点以其科学、严谨的操作流程，帮助企业建立公平的人才评价机制。全员共同构建了人才标准，保证了全员对人才标准的公平认知；以素质能力和业绩双维度进行的常规人才盘点、针对不同情景的特殊人才盘点，保证了人才标准的公平性；上级、同级、下级、本人共同参与的 360 度测评，保证了评价主体的公平性；人才盘点会议对人才评价结果进行校准，保证了评价结果的公平性。

随着人才盘点机制在企业逐年运行与深化,人才评价的公平性、价值导向而非成本导向的激励方式、资源向价值创造者倾斜的激励理念就会慢慢在员工的脑海中生根发芽,并从价值观、制度规范,再到行为上逐渐深化,最终形成崇尚公平、价值导向的企业文化。

人才盘点实现效率提升

人才盘点的应用不只帮助组织看清人才的状况,如果可以据此作出恰当的调整,会让人才应用的价值事半功倍。没有进行人才盘点的企业,员工的状况只有上级掌握得比较清楚,相关人事决策也只以直接上级的意志为主。这导致人才天然地被限制在一个小部门中,发挥不出更大的价值。律师事务所这种现象尤为明显,律师主要是以支持合伙人的案件项目为主,员工的优劣无法被放在同一个平台上比较,高能力的员工的发展在小团队可能会遭遇天花板。越来越多的企业开始将员工的职业发展通道拓展到全公司的范围,为人才找到合适的位置,这意味着工作效率、人员使用率大幅提升。很多律师事务所的"律师池"制度也发挥了同样的作用。

002
全面了解团队：人才盘点的策略与实践

盘点人才数量

我研读了市面上很多理论书籍,其中德锐咨询对于盘人才数量的方法值得借鉴。他们认为盘点人才数量不是"盘人数"而是从人才创造的价值出发去审视人才在各个层级和职能上配置的合理性。在实施具体的人才数量盘点可分析以下指标：

层级分析:通过对高层、中层和基层人员数量的分布占比进行分析,可以了解组织内部的层级结构是否合理,人员配置是否均衡。表5-1金字塔型、椭圆型、倒梯型人才结构就是按照层级进行的结构分析。企业可以根据所处的行业,对标行业标杆或竞争对手,分析人才结构类型,以此判断分布的合理性。

表 5–1　高中基层的三种人才结构[①]

人才结构	结构特点	适用环境
△（三角形）	• 初级员工人数最多,中层员工人数次之,高层员工人数相对较少 • 中高层员工通常为管理人员	为生产型团队的代表性结构,通常适用于劳动密集型团队或以简单操作为主要价值创造方式的团队,如生产车间、呼叫中心等。与之相反的是,也有部分金融机构、咨询公司、甚至律师事务所等智力密集型组织也是适合此种结构
○（椭圆形）	• 中层员工是员工团队主体,人数最多,基层和高层员工人数相对较少 • 中层员工通常为能独立负责某一专业领域工作的中高级专业技术人员 • 高层员工通常为技术型管理人员和技术规划人员	为大部分知识型团队的代表性结构,通常适用于知识密集型团队或相对复杂劳动力为主要价值创造方式的团队,如研发中心、精密仪器维修团队等
▽（倒梯形）	• 高层次专业人才是员工团队的主体,中低层员工人数相对较少 • 高层人员通常为专业技术领域专家	为某些特殊知识型团队的代表性结构,通常适用于提供独立智力服务的团队,比如部分咨询公司,单打独斗型的律师事务所

前后台人员分析:根据组织架构中的序列或职类,对前台业务人员和后台支持人员的数量进行分析,确保业务运营和内部支持之间的平衡。

[①] 李祖滨、汤鹏、李锐:《人才盘点:盘出人效和利润》,机械工业出版社 2020 年版。

关键岗位分析：重点关注关键岗位的人员配置情况，包括在岗人数和岗位空缺，以防止人才链的断裂，确保关键岗位的稳定和连续性。

年龄分析：考虑员工的实际年龄和在公司的工作年限（司龄），结合行业特点，分析公司整体的年龄和司龄分布。同时，根据不同层级和职类岗位的特点，评估年龄结构和司龄分布的合理性，关注团队活力，避免团队老化。

学历分析：对于管理类和技术类岗位，学历往往反映了员工的基本素质和潜在发展空间。根据企业所处的行业特点，分析员工的学历结构，判断现有人员的学历水平是否满足企业的发展需求。

人员离职率：监测和分析员工的离职情况，了解离职的原因和趋势，以便及时采取措施降低不必要的人才流失。

内部晋升优化比例：分析内部晋升的比例和质量，优化晋升机制，鼓励员工的职业发展和内部流动，提高员工的工作满意度和忠诚度。

对人员数量和结构深入分析是为了确保当前的人力资源配置能够满足企业未来发展的需求。通过对人员数据的变化趋势进行观察，我们可以洞察这些变化对企业运营和战略实施的影响。在人力资源盘点的过程中，关键在于及时发现人才配置的不足或过剩，识别潜在的人才结构风险，并据此制定相应的调整策略。

盘点人才质量

要有效地对人才进行质量盘点，我们需要从两个关键的时间

维度出发:审视当下与预见未来。

首先,让我们"看现在",这涉及对员工当前能力的全面审视。我们通过两个核心维度来实现这一目标:一是"业绩",即员工在当前岗位上的表现和成果;二是"胜任力",即员工所具备的技能和知识是否足以胜任其职责。这两个维度共同勾勒出员工在组织中的价值。

接着,我们"探未来",即评估员工的发展潜力。这同样需要两个维度:一是"业绩",观察员工的业绩表现是否显示出持续增长的趋势;二是"潜力",评估员工的学习能力、适应性和创新能力等,这些都是预测其未来成长的关键因素。此外,我们还通过敬业度来评估员工的离职风险,以及通过价值观的盘点来了解员工的底层动机。

在深入探讨这些概念之前,让我们先了解一下两种人才盘点的实用工具。首先是心理测评技术,这是一种科学的方法,通过标准化的测试来评估员工的心理特质和能力。其次是360度评估反馈法,这是一种多角度的评估方式,涉及员工的上司、同事、下属甚至客户,以获得全面的反馈信息。

结合这些工具,我们可以更准确地对人才进行盘点,从而为组织的发展提供坚实的人才支持。接下来,我们将详细探讨如何利用九宫格模型来具体实施人才盘点(见图 5-1)。

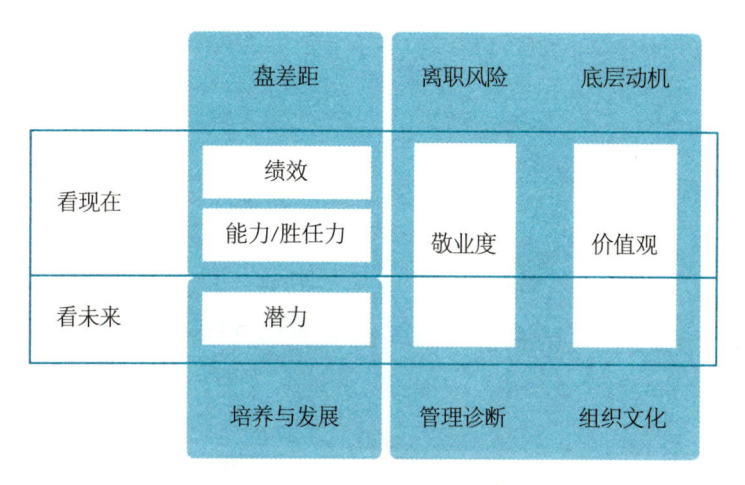

第五章 | 人才盘点：律师事务所的团队优化策略

	盘差距	离职风险	底层动机
看现在	绩效 能力/胜任力	敬业度	价值观
看未来	潜力		
	培养与发展	管理诊断	组织文化

图 5-1 人才盘点的维度

心理测评技术

心理测评工具大多基于经典的人格模型或认知能力模型所开发，理论研究进展缓慢，工具本身也属于非常稳定的状态，它是一种有着百年历史的基于心理学测量的评价技术，通过回答特定的问题，根据预设好的算法和逻辑，将受测者自我报告的结果与常规模型相对比，得到受测者在各维度上的相对位置。在人才盘点中使用的测评工具通常有两种用途：一种用于量化评估受测者的潜力；另一种用于补充信息，丰富对受测者认识。以下为一些测评不同能力，潜力的相关测评工具概况（见图5-2）。后续我们会在测评潜力部分详细介绍。

— 277

▶ 测评工具介绍

个人（Person）

考试
PSA 情境判断测评™
360评估

Talent 5 大五职业性格测评™
DRisk 任职风险因素测评™
Menlth 职业心理健康测评™
iLogic 职业认知能力测评™
BA 商业推理测评™
iDriver 职业驱动力测评™

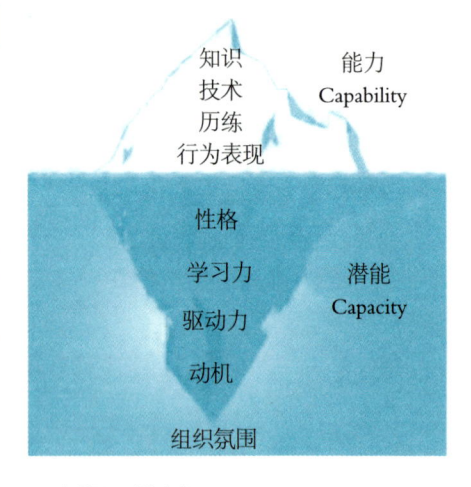

知识
技术
历练
行为表现

能力
Capability

性格
学习力
驱动力
动机

潜能
Capacity

组织氛围

图 5–2　测评工具介绍

360 度评估反馈法

对于绩效、能力/胜任力、价值观的盘点最常用的工具为 360 度测评法。

360 常用角色设定/评价关系

在盘点中采用 360 度评估反馈法。

在人才盘点中，360 度评估反馈常用来收集对员工素质能力的评价，360 度评估反馈是指由被评测者本人、直接上级、间接上级、下级甚至是客户人员，全方位、多角度对被测评人进行评估。

360 度评估反馈相对更为准确，这是因为：

第一,多人评价比单人评价更能接近真实;

第二,多角度评价能提供更为全面的信息;

第三,匿名评估确保结果更可信、可靠。

在人才盘点项目中,360度评估主要用于评价人的那些已经表现出来且可以被人观察到的行为(见表5-2),这也是为什么需要多角色从不同视角提供评价意见的原因。

表5-2　360度评估长远的评价等级示例

选项	分值	选项内涵
非常不符合	1	被评估者完全没有展示出该行为
不符合	2	被评估者不太经常展示出该行为
中等符合	3	被评估者偶尔展示出该行为
符合	4	被评估者经常展示出该行为
非常符合	5	被评估者一贯展示出该行为
无法评价		不确定/不了解

从人才发展角度来看,360度评估反馈法的价值大过于心理测评技术。一方面,360度评估反馈所用的行为描述,本身就是改进的指导;另一方面,本次的评估结果就是下一次评估的起点,在两个时间点直接努力是可以被衡量的。

360度评估反馈法的挑战与解决之道

挑战一:角色关系的确立。

360度评估反馈法的魅力在于它汇聚了来自各方的视角,但这也意味着每个角色的代表者选择变得尤为关键。如何确保这一

过程既公正又全面？

应对策略。

HRBP 的角色：由 HRBP 负责收集和上报评价关系，确保每个声音都被妥善听取。

上级的确认：HRBP 根据汇报和协作关系初步设定评价关系，然后请评价对象的上级进行确认，以确保关系的准确性。

软件系统的辅助：通过智能软件系统，我们可以设置条件随机选取评价者，再由评价者的上级进行最终确认，简化了这一复杂过程。

挑战二：通知的混乱。

在实施 360 度评估时，如何确保通知的清晰和有序？

应对策略。

专用系统：采用专门的 360 度评估反馈系统，一旦评价关系设定完成，便可一键发送通知和催促，让整个过程变得井然有序。

挑战三：完成率与结果的可靠性。

面对匿名评价可能带来的低完成率，我们如何确保评估的效率和结果的可信度？

应对策略。

启动会的重要性：通过精心组织的启动会，帮助参与者理解评估的价值，让他们意识到提供反馈是一种珍贵的礼物。

个性化催促：使用专门的 360 度评估反馈系统，针对未完成的评估者进行单独催促。

团队荣誉感:按照部门进行督促,激发团队成员的集体荣誉感,避免落后于他人。

上级的特别关注:在 360 度评估中,直接上级的评价至关重要。虽然他们的角色在匿名性上有所减弱,但他们的评价对总分的影响不容忽视。

挑战四:分数的集中与区分度。

我们担心大家可能会互相给予高分,导致评估结果缺乏区分度。如何确保评估结果的多样性和有效性?

应对策略。

标准化转换:将 360 度评估的结果转换为标准分,或者根据人群的百分比进行划分,甚至转换成排名或百分位数,以增加结果的区分度。

对标线的应用:添加对标线,为评估结果提供一个参考标准,帮助我们更好地理解每个评分背后的实际意义。

表 5-3 心理测评与 360 度行为评估的对比

关注点	心理测评	360 度行为评估
评价内容	心理特质相对稳定,不太容易在短时间内改变	可被观察到的行为 "不同角色眼中的我"
评估方式	受测者自我报告 可能会受到受测者自我偏差的影响(尽管测验中有识别作答有效性的设计,但仍有可能受到影响)	自评和多角色他人的评价,360 度评估整体结果一般不包含自评

续表

关注点	心理测评	360度行为评估
评价模型来源	使用测验本身的评价的模型较多 例如高潜人才模型,较少企业会自己开发,通常愿意使用有研究基础的第三方模型	大部分企业愿意使用自己的胜任力模型作为评价标准,少部分选用第三方提供的模型并做简单修订
反馈视角	由于心理特质相对稳定,对受测者的反馈侧重于自我悦纳,在工作中发挥优势,有意识地自我约束或激发	行为的改变相对容易,对受测者的反馈偏重于制订具体的发展计划

在人才盘点中,我们通常会用到两种评估方法:360度行为评估和心理测评(见表5-3)。这两种方法结合起来,可以帮助我们更全面地了解员工。

第一种策略是把心理测评和360度行为评估结合起来。心理测评帮助我们了解员工的潜力,而360度行为评估则关注员工在实际工作中的表现。这样,我们就能从不同角度看到员工的优势和需要改进的地方,为人才的分类和定位提供更多信息。

第二种策略是用360度行为评估来替代传统的绩效考核。这通常发生在组织发现现有的绩效考核方法不够准确或者不适合当前情况时。360度行为评估可以提供一个更全面、更可靠的评价,帮助我们在人才盘点中作出更准确的判断。

九宫格的划分

在人才盘点项目中,九宫格模型以其独特的视角,为我们提供了一种系统化的方法来评估和分类人才。这个模型的核心在于三个关键维度,它们共同勾勒出每位员工的全面画像。

维度一:绩效。

绩效是衡量人才过去表现的尺度,它综合了知识、经验、技能和能力等因素,预示着未来高绩效的潜力。在人才盘点中,我们通常会回顾员工过去一年的绩效数据。如果一个员工的绩效等级为"高",这意味着他不仅持续超越目标,而且表现超出预期;若绩效等级为"中",则表示他稳定地达到了预期目标;而"低"等级则暗示着绩效未达预期,需要优先提升。

维度二:能力。

能力是评估人才当前状态的镜子,它反映了员工在知识、技能和经验方面的综合表现。尽管能力不易直接测量,但我们可以通过360度评估等工具来观察和评价。"高"等级的能力意味着员工在挑战性环境中也能持续表现出色,成为组织中的优秀典范;"中"等级则表示员工能够满足部分标准要求;而"低"等级则表示员工的能力有待提高,尽管有时表现出色,但尚未完全达标。

维度三:潜力。

潜力是预测人才未来发展的望远镜,它揭示了员工未来晋升的可能性。研究表明,高潜力员工的生产率往往是普通员工的1.5倍。

在人才盘点中,业务部门负责人可以清楚地通过绩效、能力和潜力这三个维度厘清自己团队人才所处的位置,为下一步的人岗匹配、人事决策、培养发展等打下坚实的基础。

看现在,探未来:谁该被保留,谁该说再见。

	绩效—能力九宫格			绩效—能力九宫格结果应用	
能力	3待提升者——业绩不佳但素质尚可10%~15%	2+核心人才15%	明星人才5%~10%	重新审视绩效,能力培养提升	提拔晋升,加薪,承担更大责任
		2中坚力量35%~50%	2+核心人才15%		重点培养,针对绩效、能力不足之处制定有针对性的培养方案,调整薪酬给予激励
	5待优化者5%	4关注人员——素质不佳但业绩尚可10%		降职降薪,调离核心岗留观淘汰	调整绩效,激发工作动力
		绩效			

图5-3 绩效—能力九宫格

经典九宫格:人才盘点的罗盘

在企业面临业绩挑战或人员胜任力不足的关键时刻,经典九宫格便成为快速盘点人才、制定行动计划的得力工具。它以绩效和能力为坐标轴,将人才的职业生涯绘制成一幅清晰的地图。这幅地图不仅易于操作,而且为各类人才管理方案的制定提供了坚实的基础。

适用场景:企业业绩不理想或人员整体胜任力不足时,用于快速盘点人员,确定下一步行动计划。

优势:可操作性较强,各类人才管理方案容易制定。

劣势:正如任何工具都有其局限性,经典九宫格也可能存在"盲区"。它可能会忽略部分高潜力人才,产生"盲区"。

即便如此,经典的九宫格依然是我们在人才管理中不可或缺的工具。它用它独特的方式,帮助我们在管理人才的过程中更加精确地定位,确保每位员工都能在最适合他们的位置上,发挥出最出色的表现。

姓名	分析能力	学习能力	创新能力	协调能力	团队合作	客户导向	信息收集	规划安排	胜任力得分	年度绩效
张三	8	6	7	9	8	6	5	8	7.0	8
李四	5	6	6	8	6.5	6	6	6	6.2	5
王五	8	9	7	9	9	7	8	8	8.0	7.5
许小	9	7	7	9	8	8	8	9	8.1	9
孙小小	7	5	5	6	9	6	6	7	6.8	7

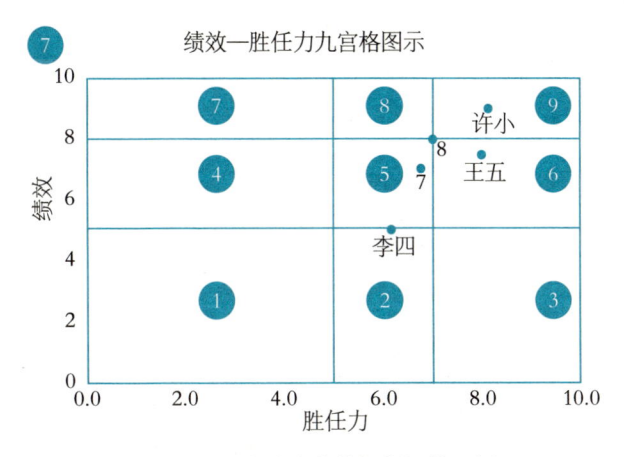

图 5-4 人才盘点简要版评估示例

绩效—潜力九宫格

高潜九宫格——人才发展的望远镜。

场景一:非诉讼团队接到了一个覆盖多个地区的大型项目。这个项目的成功实施对律所来说意义重大,因为它不仅能够为律所带来丰厚的经济收益,还能够显著提升律所的市场地位。然而,项目的复杂性和地域广泛性给团队带来了前所未有的挑战：每个地区都需要有一位合伙人级别的负责人来领导当地的团队，直接与客户和政府机构沟通协调。面对合伙人数量不足的现实问题，团队必须从资深律师中选拔出具有巨大潜力的人选来担任这一重要角色。这不仅是对个人能力的一次考验，更是一次难得的成长和晋升机会。一旦项目成功，这些被选中的律师很可能成为律所未来的关键领导者。然而，如何评估和确定哪位资深律师具备现阶段所需的能力和未来所需的潜力，成了一个难题。HR 小王该如何给业务团队提出建议呢？

在这个快速变化的商业世界中，企业的目光不应仅停留在当前领导者的身上。我们应该将目光投向那些尚未被发掘的潜力股，他们是未来的领导者，是组织持续发展的希望所在。通过提升人才的比例，精心寻找和培养这些未来的领军人物，才能实现人才质量的飞跃，确保组织的长久繁荣。

在这个信息日益透明化的时代，法律人才的流动性不断攀升，员工的忠诚度和任职周期也在不断缩短。关键人才的流失，如同一场突如其来的风暴，会让我们辛辛苦苦培养的未来领导者在还未大展拳脚之前就离我们而去，领导力的培养也因此错失了最佳时机，组织的发展，会面临前所未有的挑战。

因此，管理者不仅要关注眼前的绩效和能力，更要将目光投向那些能够推动企业发展的高潜力人才。这就是"高潜九宫格"的魅力所在，它以绩效为横轴，潜力为纵轴，为我们提供了一个全新的人才评估框架。

针对场景一中的任务,我们可以把价值观认同定为合适的人的门槛性筛选条件,在此基础上构建绩效—潜力九宫格(见图5-5)。

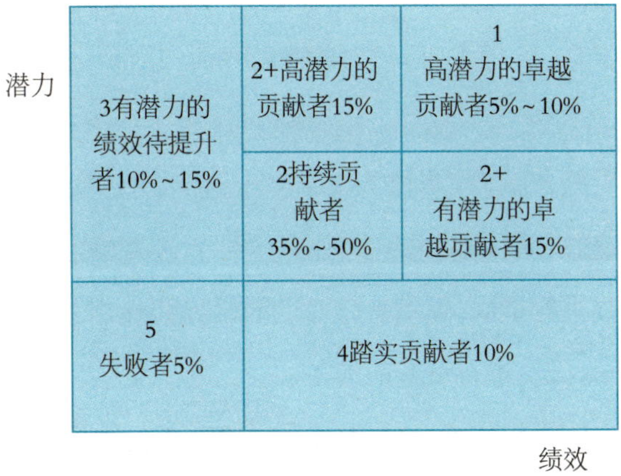

潜力			
	3 有潜力的绩效待提升者 10%~15%	2+ 高潜力的贡献者 15%	1 高潜力的卓越贡献者 5%~10%
		2 持续贡献者 35%~50%	2+ 有潜力的卓越贡献者 15%
	5 失败者 5%	4 踏实贡献者 10%	
			绩效

图 5-5　德锐咨询绩效—潜力九宫格

适用场景:企业业绩比较稳定,人员整体胜任力水平不错,或计划开拓新业务,需要着眼未来,发现高潜人才。

优势:绩效—潜力九宫格以其独到的前瞻性,为企业的战略规划提供了有力的支持。它不仅关注员工的当前表现,更注重他们未来的成长潜力,确保企业在不断变化的市场中保持竞争力。

风险/局限性:潜力这一概念并非一成不变,它需要企业根据自身的实际情况来定义和衡量。这种主观性可能会影响盘点结果的准确性,但正是这种灵活性,也赋予了企业更多的自主权,去发掘和培养真正适合自己文化和发展需求的人才。

高潜力的卓越贡献者(定位为1类)：这类员工潜力大、业绩高。他们不仅是企业现阶段业绩卓越的贡献者，而且是未来企业的杰出贡献者。他们在现有岗位上已有高绩效产出的同时还有高潜力，能快速接受更复杂的工作任务。对于这类员工应给予更好的机会和平台，进行有针对性辅导和培训，甚至一对一辅导和发展等。

高潜力的贡献者(定位为2+类)：这类员工潜力高、业绩中。他们有快速胜任更复杂工作的潜力。对于这类员工，需要帮助其寻找绩效改进的空间，提供有针对性的辅导和任用计划，提升现有业绩，在此基础上进行晋升的准备。

有潜力的卓越贡献者(同样定位为2+类)：这类员工潜力中、业绩高。他们在现有的岗位上是高绩效的，有一定的上升潜力，相比高潜力的卓越贡献者，这类员工的晋升需要进行更早和更充分的准备。

持续贡献者(定位为2类)：这类员工潜力中、业绩中。他们是企业业绩的持续贡献者和中坚力量，是跟随企业稳步发展的员工。针对这类员工，企业同样需要提供培训辅导和改进建议，但是可能不是1类和2+类人员那种一对一辅导，而是成批地进行培养和发展，从而保证这类员工稳步地跟随企业一起发展。

有潜力的绩效待提升者(定位为3类)：这类员工有潜力，但是现阶段的业绩产出还没有满足企业要求。针对这类员工首先要做的就是对其业绩进行分析,找出业绩不佳的原因,然后及时调整,辅导其进行业绩改进。因为如果在较长一段时间其业绩还是提升不了,会影响员工积极性,最终导致这部分员工流失。

踏实贡献者(定位为 4 类):这类员工潜力较低,但是业绩能满足企业现阶段的要求,可以在现有岗位上稳定地发展。但是如果对其提出更高的要求,其胜任难度较大。需要注意的是,如果未来企业持续发展,对人员提出更高的能力和业绩要求,这类员工很有可能业绩达不到要求,成为不合适的人。

失败者(定位为 5 类):潜力较低,当期工作绩效达不到岗位要求。

综合来说,1 类、2 + 类、2 类这 3 类人员不仅是企业当下价值的创造者,而且是企业未来的业绩主要贡献者,他们应该是企业主要的激励对象,尤其是 1 类和 2 + 类,他们在市场上同样具有竞争优势,因此,企业应该委以重任,给予具有竞争力的薪酬予以保留。3 类人员由于有潜力成为企业价值创造者,也是企业应该给机会和激励的对象,但是不能马上委以重任,需要给予辅导、培训和转岗等机会加以培养。4 类人员是企业当下的价值创造者,但是由于潜力有限,他们在未来很有可能跟不上企业发展速度,因此暂时没有办法给他们独立带项目的机会,同时,这类人员在给予奖励时,更多是依据其当下创造的业绩。5 类人员是企业中与企业发展要求不完全匹配的人,他们留在企业中只会制约企业的发展,在任何情况下都需要尽快淘汰。

因此，正如场景一中所说的任务，如何帮助业务团队甄别出1类和2+类人才才可以给予其独立带重要项目机会，员工的绩效我们已经有客观数据了，那么潜力该如何衡量呢？

如何测评潜力

潜力，是个人能力发展的潜在可能性，它在适当的外部环境和培养条件下，能够转化为实际的能力。这种能力，让员工未来能够承担更多的职责，面对更具挑战性的任务。在人才管理的棋局中，管理者不仅需要了解员工的过去和现状，更需要预见他们的未来。

那么，如何评估这种潜力呢？虽然听起来有些抽象，但在《重新定义人才评价》一书中，我们找到了一种实用的方法——"3Do模型"（见图5-6）。这个模型将潜力分解为三个可操作的要素：能做（Able to Do）、愿做（Willing to Do）和适做（Suited to Do）。这三个要素分别对应着能力、动力和适配，它们共同构成了评估员工潜力的框架。通过这个模型，管理者不仅能够评估员工的现有能力，还能洞察他们的内在动力和适应性。

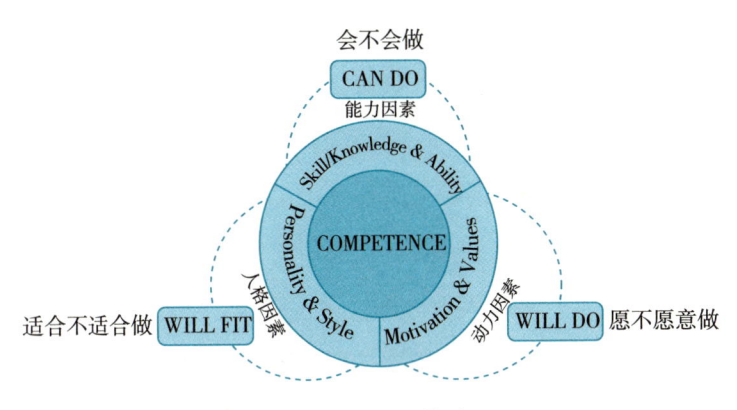

第五章 | 人才盘点：律师事务所的团队优化策略

图 5-6 3Do 模型

会不会做——能力因素

考察个体是否有能力做好工作，更多地与能力和技能有关。在招聘面试的时候，企业招聘人员一定会问候选人既往的工作经历，实际上这是通过候选人既往的工作经验来判断其是否有能力胜任待招岗位的工作。"能做"方面决定了个体的工作效率和效果。能力强的个体工作效率高、效果好。

愿不愿意做——动力因素

考察个体是否有意愿投入工作，更多地与投入度和方向有关、与工作态度和心态有关、与个体的动机和价值观相关。动机是个体的内在动力，即内驱力，价值观是否认同工作的意义。我们在人才甄选过程中，经常考察候选人的态度是否认真，是否主动积极，工作是否投入，是否从内心认同工作本身的意义与价值，这些就是考察候选人愿做的维度。"愿做"方面决定个人的敬业度。愿做程度高,工作就积极、努力且进取。

适合不适合做——人格因素

考察个体的特质是否符合岗位的需要,更多是与特点和风格有关,与工作性质和团队成员适应性相关。不同岗位对人的性格特质要求差异比较大。比如,诉讼律师岗位一般需要喜欢对抗性工作、较易与人接触、容易沟通的性格特质;与之相反,非诉律师岗位一般要求性格沉得下来、善于钻研、细心的性格特质。如果个体的性格特质与岗位的要求相匹配,就可以充分发挥性格的优势,开心又快乐,较易出成绩,反之,就要花心力调整,岗位适应时间长。

理想的员工应当在这三个维度上都表现出色:他们不仅具备完成工作的能力,而且有强烈的意愿去做好工作,同时他们的性格特质也与岗位高度契合。这样的人才在图 5-7 中表现为 3Do 模型的交叉点,这一区域虽小,却代表了最理想的匹配。然而,找到这样的人才并非易事,这也正是人才选拔过程中的挑战所在。

以驾驶汽车为例,良好的驾驶体验需要汽车在动力、操控性和舒适性上都达到理想状态。同样,如果人才在能力、动力和人格特质上不能达到理想的匹配,那么无论他们多么努力,都可能无法实现最佳的工作效果。能力不匹配可能导致工作进展缓慢;动力不匹配可能使人才的潜力无法得到充分发挥;而人格特质不匹配则可能导致长期的工作不适和团队矛盾。

在 3Do 模型的框架下,我们不仅关注个体的核心要素——能力因素、动力因素和人格因素,还深入探讨了时间和空间这两个维度(见图 5-7),它们为人才评估提供了更为丰富的背景。

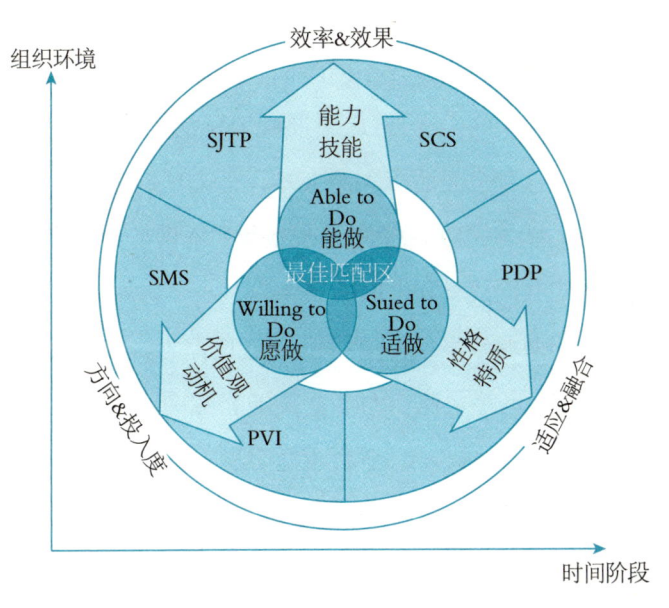

图 5-7　时间、空间维度下 3Do 模型

首先,时间阶段是我们评估人才时不可忽视的纵向轴。人生的每个阶段都对应着不同的成长潜力和适应能力。年轻人如同初升的太阳,拥有无限的潜力和强烈的可塑性;中年人像是正午的阳光,稳定而成熟,但仍有成长的空间;老年人则如同夕阳,经验丰富,但可塑性相对较低。这种随着年龄增长而变化的特性,要求我们在评估人才时,要考虑到他们的年龄和发展阶段。

其次,空间维度,即组织环境,是我们评估人才时的横向轴。不同的工作环境、团队文化和领导风格,都会对个体的能力、动力

和适应性产生影响。心理学研究也证实,环境因素在塑造个体行为和心态方面发挥着重要作用,与遗传因素同样关键。

因此,在制定人才选拔的理想标准时,必须将这两个维度纳入考量。通过综合评估个体在不同时间阶段的成长潜力,以及他们在特定组织环境中的表现,可以更准确地预测他们的长期适应性和成功概率。这种全面而深入的人才评估方法,将大大提高组织选拔和使用人才的成功率,确保组织找到的不仅是合适的人选,更是能够与组织共同成长和发展的伙伴。

对于人力资源专家来说,要测评员工的潜力,不仅要找出员工的"会不会做",也就是他们的专业技能和能力水平,还要深入了解他们的"愿不愿意做"和"适合不适合做"。这需要一套精心设计的评估工具箱能够全面地洞察员工的内在世界。

首先,要衡量员工的"会不会做",管理者可以采用一系列的专业测试,比如标准化的考试、360度评估反馈,以及PSA(Performance Simulation Assessment)情景模拟测评。这些方法就像是一面镜子,能够清晰地反映出员工的专业技能和知识水平。但这只是冰山一角,因为真正的能力还包括了他们的人格特质和内在动力。

为了更全面地了解员工,组织需要借助心理学的力量。心理测评工具,如性格问卷、动机测试和价值观调查,能够帮助企业揭示员工的内在驱动力和人格特质。这些测评不仅能帮助企业理解员工的"愿不愿意做",还能告诉管理者他们是否"适合"在特定的工作环境中发挥作用。

适合不适合做——人格因素

Talent 5 大五职业性格测评

大五人格理论,这个由美国心理学家戈尔德堡(Goldberg)在 1992 年提出的理论,被誉为人格心理学的一场革命。它就像是一张详尽的人格地图,通过词汇学的方法,揭示了五种基本特质,涵盖了人格描述的几乎所有方面。这五大特质构成了我们所说的 OCEAN 模型,具体如下所述。

开放性:你是否对新体验和知识有着无尽的好奇心?

尽责性:你在追求目标时是否有序、坚持且充满动力?

外向性:你与外部世界的互动是否充满热情和活力?

宜人性:你在团队中是否和谐、合作,能够建立良好的人际关系?

神经质:你面对压力和挑战时,是否能够保持冷静和稳定?

倍智大五职业性格测评是在大五人格模型的基础上,通过大规模数据测试,基于常模数据分析开发而成的(见图 5-8)。适用于从个人到团队,从个人职业规划到企业招聘、人才发展各个领域。该测试题目数量 138 题,不限完成时间,一般 15 分钟左右可完成。

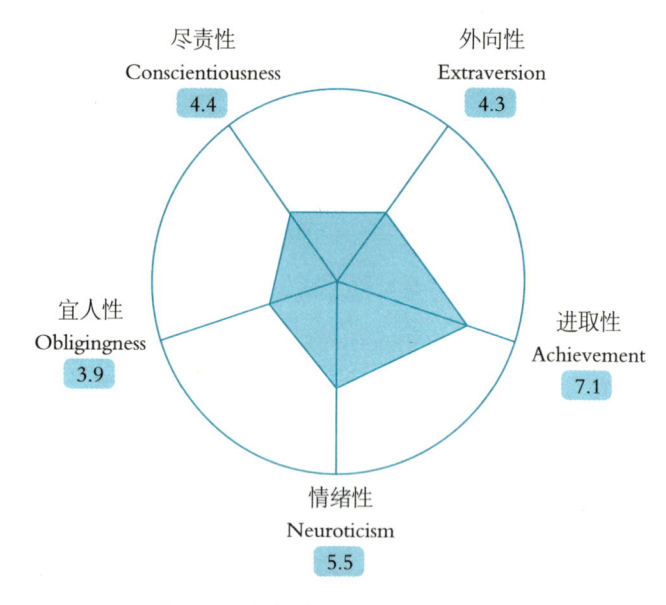

尽责性
Conscientiousness
4.4

外向性
Extraversion
4.3

宜人性
Obligingness
3.9

进取性
Achievement
7.1

情绪性
Neuroticism
5.5

图 5-8 倍智大五职业性格测评维度

表 5-4 倍智大五职业性格测评维度

维度	维度定义	子维度	子维度描述
进取性	反映个体对自我信念的坚定程度	抱负	有抱负,追求成功,有目标感
		对抗性	喜欢竞争,有说服力,喜欢指挥别人
		独立性	对自己的想法有信心,倾向采用自己的方式
外向性	反映个性对人际互动的偏好程度	活力	精力充沛,节奏快,喜欢参与很多事情
		乐群性	喜欢有他人陪伴,享受团队在一起工作
		社交性	外向,健谈,容易结识新朋友

续表

维度	维度定义	子维度	子维度描述
尽责性	反映个体自我控制的程度	条理性	有计划性,遵守固定规则,制度
		责任感	踏实可靠,总能按时履行承诺
		精确性	根据事实及数据作决策,善于发现潜在的问题和风险
宜人性	反映个体对他人感受的关注程度	利他	愿意帮助别人,能从帮助别人中获得满足
		同理心	对他人的情绪感同身受,富有同情心
		信任	相信别人是诚实的,心怀善意的
情绪性	反映个体情绪波动起伏的程度	焦虑	遇到重大事情或压力容易紧张焦虑
		忧虑	对未知的事件感到不安,对未来不够乐观
		敏感	受到负面反馈时,会变得气馁,需要长时间恢复

适合不适合做——人格因素

MBTI 职业性格测评

在探讨 HRBP 如何与业务部门领导有效沟通的议题时,我们提到了一个广受欢迎的心理测评工具——MBTI(迈尔斯-布里格斯类型指标)。这一测评不仅在人力资源专业领域如人才发展、领导力测评中被引入,在社交活动、团队建设中也得到了广泛应用。曾有一位法学院的学生和我开玩笑说,见面说出 MBTI 的类型是打招呼的全新方式。尽管有些人可能将其视为一种娱乐性质的测试,但实际上,MBTI 问卷自诞生至今已有 80 多年的历史。MBTI 通过细致的人格分类,为个体提供了更为精确的心理画像。然而,需要注意的是，MBTI 与大五人格问卷在理论基础上存在差异。MBTI 侧重于类型理论，通过分析个体的思考方式来进行分类；而大五人格测试则基于特质理论，依据不同的人格特质对个体进行评估。西方学者普遍认为，大五人格测试更适合用于人才选拔和评估，而 MBTI 则更倾向于指导人才的发展和成长。

表 5-5　16 种人格类型的简要侧写[①]

ISTJ	ISFJ	INFJ	INTJ
• 深思熟虑、谦恭有礼、责任心强的完美主义者 • 掌控欲很强，追求效率 • 似乎"永远不会下班，一直在工作" • 对系统和过程给予极其细致的关注 • 喜欢合理规则所带来的明确性 • 可能会很固执 • 可能过分依赖细节，倾向于忽视别人的感受	• 亲切、迷人、有耐心 • 强烈的责任感和对传统的热爱使他们乐于助人、行事低调谦逊 • 善于观察别人的感受 • 注重细节，稳重认真 • 言出必行 • 可能需要防范被他人利用和怨恨	• 敏感、耐心、有洞察力、勤奋 • 愿意多花心思去了解人际关系的复杂性 • 希望自己的思想能够对人们产生长期的、决定性的影响 • 有可能耽于梦想，显得神秘莫测 • 可能会发现很难把自己摆在第一位	• 内心能量充沛，非常独立，喜欢统揽全局又不失泰然自若的公众形象 • 对于"改进"非常迫切 • 喜欢管理和设定条理 • 可能会比较具有批判性、比较超然，给人一种无论如何都难以取悦的印象

[①] ［英］珍妮·罗杰斯:《MBTI 教练法》，中国人民大学出版社 2023 年版。

续表

ISTP	ISFP	INFP	INFP
• 在社交上显得内敛 • 冷静的观察者 • 需要看到丰富的多样性 • 当需要快速思考、务实肯干和冷静应对危机时，能充分发挥自己的才干 • 需要"能以匠心妙手应对意外"的自我感受 • 超然的态度、对隐私的需求，以及不情愿与他人交流可能会带来人际关系问题	• 善良、谦逊、关心他人，没有要给人留下深刻印象或控制他人的需要 • 讨厌冲突 • 有服务他人的意愿，但要按照自己的方式 • 非常享受安静的乐趣 • 喜欢不加评判地提供实际支持 • 做事讨巧有成效，也可能会因为不愿与人交流或提供解释而惹怒他人	• 温和、忠诚和表面上顺从的风格可能会隐藏其强烈的理想主义和内驱力 • 想要按照自己的价值观生活，拓展自我和他人的潜能 • 对于世俗的财务或控制他人几乎没有兴趣 • 对完美的无止境追求可能会使其一直举棋不定或产生不必要的内疚	• 善于分析，持怀疑态度，冷静地寻求真理 • 喜欢复杂的、理论性的和新奇的东西 • 抗拒权威，也不喜欢自身成为权威 • 不断地通过实践挑战现状 • 随时准备重新思考 • 需要注意的是，对真相穷追细究的热情可能会使别人疏远自己

续表

ESTP	ESFP	ENFP	ENTP
● 直率、开朗、务实,有创造力 ● 对生活充满热情 ● 只要能立即采取切实行动加以回应,同样也热爱挑战 ● 把自己看作适应性强的、能钻规则漏洞的现实主义者,能够接纳他人(的意见) ● 喜欢处理麻烦事 ● 需要注意的是,一时的权宜之计终归不能有大成就	● 开放、谦逊、慷慨、机智 ● 活泼风趣,追求务实,重视他人,这些特点使他们善于解除防备心理,对人对己都抱有现实主义态度 ● 善于交际,亲切,灵活,喜欢出风头 ● 全身心的享受生活的美好 ● 需要注意的是,不要让他人感觉自己轻浮或不专注	● 热情、多才多艺的创新者 ● 喜欢即兴发挥 ● 喜欢通过创造力,以及对人们日常行为方式的洞察力来帮助他人解决问题 ● 在人际交往中,既需要表达出自己的真诚,也必须感受到他人的真诚 ● 架起沟通的桥梁,崇尚言行一致 ● 可能需要提防"蝴蝶穿花,蜻蜓点水"式做事方法,这种做法会耗尽自己和他人的精力	● 精力充沛,性急,有原创性,总想要亲临行动现场 ● 想成为正确的一方,而且要拔得头筹 ● 讨厌常规和细节 ● 喜欢挑战传统观念,崇尚独立性 ● 需要注意的是,不要因为爱争论强辩到底而无意中伤害到别人
ESTJ	ESFJ	ENFJ	ENTJ
● 爽快、果断、勇敢 ● 总想要马上把事情安排好 ● 需要通过对细节的关注来维持稳定和秩序	● 友好、活泼、健谈、忠诚、务实 ● 与人打交道时,按照常识常理行事,能给别人带来温暖 ● 需要别人的认可	● 圆滑老练,善于与人打交道 ● 天生口才灵巧,立志要投身于将会造福世界的大事业	● 精力充沛、头脑清晰、决策果断、善于分析 ● 渴望把想法转化为行动 ● 讨厌矛盾和逻辑不通的事

续表

| • 与人交往时精力充沛,性格直来直去。甚至有些粗鲁
• 脚踏实地、务实
• 需要注意的是,在关系完成任务的同时,不要忽略方式方法和人际关系的敏感性 | • 喜欢忙碌、组织安排事情和社交活动
• 重视工作的系统性和合作性
• 对别人的冷淡和漠视会很敏感
• 需要学会以一种更超脱的方式来给予和接受批评 | • 能够启发鼓舞其他人,也喜欢鼓励别人
• 坚信众生平等
• 对不和谐之事非常敏感
• 需要防备总是要"拯救"他人的倾向,或者让理想主义蜕变为僵化的教条 | • 需要有权威感
• 充满自信,善于表达
• 坚持从大局出发,热衷于对标准的改进和变革的实施展开积极的讨论
• 直率的行事风格可能会显得生硬,还可能会让别人感到害怕 |

同时,MBTI 在领导力发展和教练方面的作用不容忽视。在组织进行人才盘点的过程中,关键在于不仅要充分挖掘和利用员工的优势,还要通过 MBTI 等测评工具揭示他们的潜在弱点,从而为他们的职业发展指明方向。正如我们在开篇提到的,律师事务所管理面临的一项重大挑战是:律师在晋升为合伙人之前往往缺乏团队管理经验,而一旦成为合伙人,他们不仅要管理团队,还要负责业务拓展。这对他们来说无疑是一项巨大的挑战。因此,如果能够在早期就认识到自己可能存在的不足,将极大地有助于他们进行自我提升和准备。

英国学者珍妮·罗杰斯(Jenny Rogers)通过研究 MBTI 指出,每种性格类型的领导者在领导过程中都可能面临特定的潜在缺陷,具体见表 5-6。这些缺陷可能源于他们的性格特点,如决策风格、沟通方式或对变化的适应能力。了解这些潜在的短板,领导者就能更有意识地在工作中进行自我调整,采取必要的发展措施,以提升自己的领导能力和团队管理效率。

表5-6 16种类型各自可能面对的领导力挑战①

ISTJ 可能会	ISFJ 可能会	INFJ 可能会	INTJ 可能会
管得太多太细:似乎"痴迷于"数据,忽略了情感的维度;自动地拒绝新想法和改变;表情严肃,不易接近;杞人忧天;讲话沉闷乏味;不能打动人;缺乏愿景;发现自己很难从系统的角度看问题;过分依赖正式流程,忽视人际因素;对老板过于恭敬	过于看重达成共识并将其作为自己的决策风格,因此显得决策缓慢或举棋不定;对组织的运作系统和流程期望过高;对制定策略和计划这一类大事同意得太轻易,扼杀自己的观点,事后又怀恨在心;可能过于谦逊;期望得到老板的赏识,如果老板不这样做,又会变得顾影自怜和强硬固执;期望在管理团队内得到足够的赞赏,不会轻易给予他人批评性的反馈或拒绝他人	看起来恍惚而神秘;在每件事物中都努力寻找其潜在的心理意义;对于未来的愿景,觉得自己私下的思考就已经足够了,无须和他人商讨;身为老板的时候,会觉得要做到客观和超然相当困难,尤其在给予他人挑战性反馈的时候;当团队成员需要"方向/思路"的时候,却要向他们提供"帮助";做出不必要的道歉;避开会议,不参与公司事务,社交活动参与得太少	把每件事都看作一个待改进的项目,即使情况本来就已经很好了;看上去拒人于千里之外,提出过高的要求;对实际的实施环节没有兴趣;缺乏领导的"做派";没有建立足够的关系网络;有可能忽略老板;低估数据的重要性;不关注别人的感受,尤其是当这些感受看起来"不合理"的时候;对常规和规则表现出不安和不耐烦;对自己和他人的能力过分关注

① [英]珍妮·罗杰斯:《MBTI教练法》,中国人民大学出版社2023年版。

续表

ISTP 可能会	ISFP 可能会	INFP 可能会	INTP 可能会
过度即兴发挥；看不到长远的未来；所制定的计划不断变化，使追随者困惑不已；除非有紧急事态发生，否则会变现得心不在焉、冷漠疏离；和老板耍心机；对完成任务失去兴趣；不太会对此表示感恩/欣赏；没有为团队建设付出足够的精力；过于注重实用主义和权宜之计，使得别人对他们的个人价值观心存疑虑	貌似根本不愿意当领导；似乎会被别人的观点过度影响；不愿意去正视问题的根本原因；过分关注于实用的方面，以致忽略了理论，尤其是关于未来的理论；过于谦虚，缺乏存在感；当危机爆发时，容易从公众视野消失；厌恶和避免冲突；容易偏离目标；可能会逃避责任，或免除他人的责任	极度不喜欢必要的组织联盟和谈判协商；过分强调团队领导力中人际关系方面的因素；缺乏社会临场感；把最轻微的批评看作针对自己的人身攻击；逃避最后期限；对不负责的人太宽容，对自己太苛刻；看到太多关于未来的可能性而犹豫不决；在涉及自己的价值观的事情上陷入完美主义	拒绝领导和给予指导，认为自己只是在管理一个彼此平等的团队；对能力较弱的人缺乏耐心；过分关注思想、逻辑和分析，视情绪为多愁善感；过多地谈论自己感兴趣的特定领域，而在其他领域都没有充分发言；站在场边，不承担个人责任；无休止地拖延计划的实施；与老板发生争吵
ESTP 可能会	ESFP 可能会	ENFP 可能会	ENTP 可能会
过分关注现在，没有充分重视长远的愿景和目的；对分析和理论缺乏耐心；过度追求离奇和幽默，也包括对上司的幽默；缺乏管理那些敢于提出挑战的人的技巧，只是把他们视为"牢骚者"；	对"享受快乐时光""打气加油"给予了太多关注；避免制定战略规划；把挑战者看作令人讨厌的"末世论者"；看上去油嘴滑舌、肤浅庸俗；对安静不语的同事生气；会受到新潮和外表光鲜事	很容易被不同的想法分散注意力，然后又因试图完成太多事情而筋疲力尽；因为对什么事情都关注，可能会眼花缭乱；将私人关系与工作关系混淆，对给予必要的反馈感到犹豫不决；对包括	容易冲动，注意力不集中，被自己过多的想法所分散；工作没有调理；未能完成制定愿景和使命的头脑风暴阶段；喧闹的辩论风格会使别人与自己疏远；批评太随意；对培养较差员工的职责

— 303

续表

过于匆忙的作出决定,给出直率和不加考虑的反馈;即兴发挥太多,忽略了要建立一个支持你的同伴群体的需要	物的诱惑;有可能看起来比较拜金、比较物质;对必要的流程缺乏耐心,喜欢投机取巧;认为最后期限并不重要而不予理会;偏袒(某些人),不公允;逃避自我反省;渴望被人喜欢的需求过于强烈	上司在内的其他人作出草率或极端的判断;太执迷于要达成共识;忽视自己计划的可行性,或过分纠缠于一些细节	感到厌烦;在自己的团队成员、老板和同行看来,竞争性过强,咄咄逼人;精力和幽默感都有些过剩;不够重视细节、等级层次和责任担当
ESTJ 可能会态度僵硬,对不同意或有异议的人的观点缺乏兴趣;以牺牲人们的感受为代价,执着于对效率的追求;过度关注数据和系统,以此作为人际关系问题的解决方案;难以向他人传达自己的长期愿景;授权委派有困难;可能会虚张声势,对绩效要求过高;将"告知"而不是"教训"的方式作为自己默认的行事风格;过于关注不重要的细节、常规和层级	**ESFJ 可能会**说得太多;在工作中投入过多热情在社会交往上;过分紧张;模糊了私人关系和工作之间的界限;对于设定轻重缓急感到棘手;承诺过多,投入也过多;弄得自己精疲力竭,然后又顾影自怜;逃避寻求别人对于自己的反馈,如果得到批评性的反馈,又会过度不安;避免给予别人严厉反馈,逼急了又会鲁莽笨拙地脱口而出、一吐为	**ENFJ 可能会**过分执着于狭隘的理想主义视野,无法听进去合理的批评,也不去考虑实际情况和事实;容易过于乐观;话太多,没注意到别人对自己谈论的事情感到无聊;将不赞同自己愿景的分歧解读为背叛;太轻易地对一个人下"是好还是坏"的判断;就谁的价值观才是"正确的"这一类话题,与他人陷入争论;试着去"拯救"失败的团队	**ENTJ 可能会**外表流露出不可动摇的信心,从而使人们与自己疏远;没有意识到自己较高的资历可能会让他人对自己敬而远之;被视为信奉"权力至上"的人,不关心他人的感受;用大声说话的方式让人闭嘴;对团队成员不感兴趣;在授权委派和教导他人上有困难;对那些似乎不符合自己标准的人缺乏耐心;作决定太快,忽略了实际情况和别人的情绪

续表

	快;不喜欢改变,太固守传统;过分看重实用性;忽视逻辑分析技能	成员,而不是去教训或面质他们	

愿不愿意做——动力因素

愿不愿意做之职业锚(见图 5 – 9)

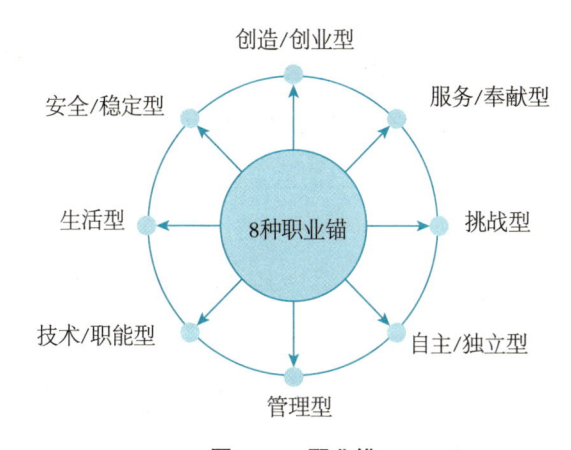

图 5 – 9　职业锚

职业锚(Career Anchors)是由美国麻省理工学院斯隆管理学院的埃德加·沙因(Edgar Schein)教授提出的一个概念。它是个人在职业生涯中,根据自己的价值观、动机、能力和经验所形成的稳定职业定位。职业锚是个人在面临职业选择时,无论如何都不会放弃的核心价值或要素,它反映了个人对职业的长期承诺和满

足感。

职业锚的形成基于以下 4 个方面。

(1) 工作经验:职业锚通常在个人职业生涯的早期阶段形成,随着工作经验的积累,个人对自己的能力、动机和价值观有了更深的理解。

(2) 自我认知:职业锚的形成是一个自我认知的过程,个人通过实际工作体验,逐渐了解自己在职业中追求的目标和价值观。

(3) 职业选择:职业锚帮助个人在众多职业路径中做出选择,确定自己最愿意投入和长期发展的领域。

(4) 职业发展:职业锚为个人的职业发展提供了方向,帮助他们在职业生涯中作出符合自己价值观和动机的决策。

职业锚的类型包括以下 8 个方面。

(1) 技术/职能型:追求在特定技术或职能领域内的专业成长和技能提升。

(2) 管理型:渴望在组织中担任管理角色,负责团队和项目。

(3) 自主/独立型:希望在工作中拥有自主权,能够自由地安排工作方式和内容。

(4) 安全/稳定型:追求工作中的稳定性和安全感,重视长期的职业保障。

(5) 创业型:有创造自己的事业或产品的愿望,愿意承担风险。

(6) 服务型:致力于追求某种社会或职业价值,如帮助他人或改善社会。

(7) 挑战型:喜欢面对挑战,解决复杂问题,追求成就感。

(8) 生活型:寻求工作与个人生活(如家庭、兴趣)之间的平衡。

通过分析职业锚的类型,我们可以洞察到候选人的激励因素和他们的满足感来源。以律师为例,如果候选人属于"生活型"或"安全/稳定型",他们可能会觉得职业要求与个人生活之间的平衡难以达成,因为对他们而言,非工作时间的任务往往被视为对私人生活的侵犯。这种情况在每个行业中都有所不同,但每个职业都有其必须承担的责任和付出。

例如,在医疗行业,医生常常需要在节假日和夜晚工作,面对的是焦虑的患者和家属。尽管这样的工作模式可能对医生个人的生活造成影响,但对于许多医生来说,成功完成手术和治愈患者的成就感,往往能够弥补他们在工作和生活平衡上所作的牺牲。同样,对于律师而言,虽然职业要求可能会影响到他们的个人时间,但成功解决案件或为客户提供有效法律服务的满足感,也是他们职业动力的重要来源。因此,理解候选人的职业锚类型对于匹配他们的职业期望和工作满意度至关重要。

愿不愿意做之驱动力测评

iDriver 职业驱动力测评。

倍智基于麦克利兰成就动机理论,结合企业多年研究和实践而开发,从 14 项驱动因素探讨哪些方面对个体具有强激励作用。驱动力测评是一个关注个人在工作情景下的价值观和工作取得因素的在线问卷(见表 5-7),题目数量 112 题,不限完成时间,一般 15 分钟左右可完成。目的是了解激励人民日常工作生活的因素。只有明白是什么在激励员工,企业才能知道如何保持他们的热情和动力。

表 5-7 iDriver 职业驱动力测评

维度	指标	指标定义
成就	积极性	喜欢在压力下工作,愿意
	成就	喜欢需要克服挑战,通过努力实现目标,并能充分发挥自身才智的工作
	成长机会	喜欢有深造、个人发展和学习新技能机会的工作
	多样性	喜欢具有多样性、趣味性和刺激性特点的工作
影响	权力导向	喜欢在工作中能够行使权力,承担责任,所在职位能对别人有影响力
	竞争	喜欢在工作中表现得比其他人更出色
	面对客户	喜欢需要和客户打交道,解决客户面临问题的工作
	商业	喜欢工作中能够创造商业利润
亲和	获得认同	喜欢自己获得的成就得到外部认可和赞扬
	人际互动	喜欢工作中能够与他人互动交流,与团队一起工作
奖励	灵活性	希望工作环境是灵活、不用受规则约束的
	独立自主	希望工作能够以适合自己的方式来安排
	工作氛围	希望工作环境是愉快且具有安全保障的
	薪酬福利	希望工作提供匹配的物质报酬水平,薪资、奖金与业绩明确挂钩

在律师界,高潜人才的形象是多维而立体的。他们的职业道路并非一条直线,而是一条充满曲折和挑战的曲线。即便有些律

师希望仅凭专业技能在法律领域长期立足，不愿涉足市场的纷扰和团队管理的复杂，但现实往往要求他们不得不面对这个转型。因为在律师职业生涯中，他们终将面临成为"独立"的考验，从执行者的角色转变为团队的领导者。

合伙人在律师事务所中扮演着至关重要的角色。他们不仅是与客户沟通的关键纽带，也是内部团队管理的核心领导者，同时还肩负着与事务所高层保持沟通、引导团队实现业务目标的重任。为了胜任这一角色，律师不仅需要具备深厚的法律专业知识，还应具备敏锐的市场洞察力、出色的团队协作能力以及能够跨界整合资源的创新思维。

为了发掘和培养这样的高潜人才，市场上提供了多种潜能评估模型。这些模型如同多面的棱镜，能够从不同角度折射出律师的潜力。以下是3种备受推崇的评估工具，它们能够帮助我们更准确地识别高潜律师。通过这些工具，我们不仅能够发现他们的专业能力，还能洞察他们作为团队管理者和市场开拓者的潜力。

模型一：北森 A-FAST 高潜人才模型。

北森在 2016 年依托十多年专业心理测评的积累和对 3 万中国企业中高层管理者的测评数据，研发了 A-FAST 高潜人才模型，可直接用心理测评工具进行评估。

通过对大量优秀领导人的共同特质进行分析归纳，北森认为未来领导人是具备担任企业高级别领导者潜质且对组织有同盟感的人才。其中潜质主要包含 4 个方面：践行抱负、敏锐学习、人际通达、跨界思考。除此之外,即便是最优秀的人才,能在组织内成功的基础和关键也在于认同组织的发展方向,愿意和组织共同发展,从心理和行动方面达成同盟。对于同盟感的测量评估可以帮助企业回答"是不是你的人"的问题。

以下为北森 A-FAST 模型(见图 5-10 和表 5-8)。

F 践行抱负:寻求挑战/追求曝光/主动承担/扮演领导角色/持续高产出。

A 敏锐学习:好奇/有策略/主动寻求反馈/从错误中学习/学以致用。

S 人际通达:令人信赖/人际敏锐/施展影响力/建立人际网络/激发他人。

T 跨界思考:多角度/前瞻/关联/洞察/策略性。

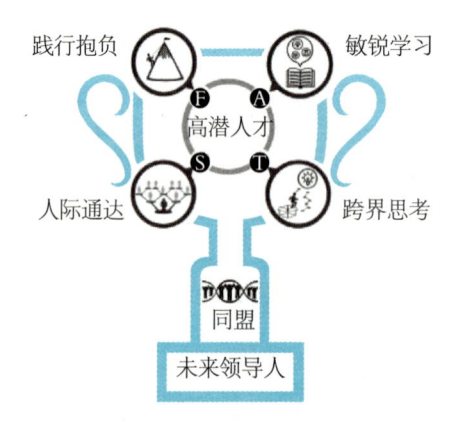

图 5-10 北森未来领导人 A-FAST 模型

表 5-8　北森 A-FAST 高潜人才模型维度

维度名称	维度定义	适合律师事务所的原因
践行抱负	渴望承担更大的责任、追求更多的职业发展空间，并愿意投入时间和精力去实现	律师是极具挑战性的工作，需要占用大量的时间和精力，甚至会放弃部分个人生活时间。如果没有坚定的抱负和强烈承担责任的意愿，会觉得难以坚持，更别说追求卓越了
敏锐学习	有好奇心，愿意学习新知识，持续应用和总结	中国企业正在经历产业发展、经济结构调整，互联网和新技术的快速渗透，甚至商业模式的改造，与之相对应的是国家立法不断更新，客户行业知识的更新，如果不保持学习很难提供最专业的服务
人际通达	洞察他人的需求，用令人信服的方式施加影响，激发他人潜能	律师是"问题解决者"。如果不能洞察客户的需求，就难以和客户建立信任，帮助客户解决问题。在问题解决的过程中，由于法律对于客户来说有一定的"盲区"，因此需要律师用自己的专业和情商去影响、说服客户作出最有利的决定
跨界思考	多角度、跨领域思考并解决问题	律师事务所的法律服务涉猎各个行业，如果律师只是局限于某一个领域，对客户所在的行业没有概念，那么一定是落后的
同盟感	愿景认同：认同组织发展战略，看好发展前景 价值关联：相信能在组织中实现自己的价值，认可组织提供的个人发展机会 乐于宣传：乐于宣传组织的利好消息，愿意推荐优秀的人才 组织为先：站在组织利益角度投入工作，不只考虑个人得失	一个律师如果在一个组织工作，不能与组织齐头并进，不相信组织的愿景，而是处处考虑个人得失，那无疑无法作为合作伙伴与组织长久地走下去

模型二：倍智人才盘点测评模型(见图5-11)。

潜能（Capacity）指的是个体先天的潜能，包含性格、驱动力和学习力三个方面，潜能是难以发展和培养的，但它对个体行为的表现有很强的影响

Talent 5大五职业性格测评
职业能力倾向测评
iDriver职业驱动力测评
iLogic职业认知能力测评
BA商业推理测评

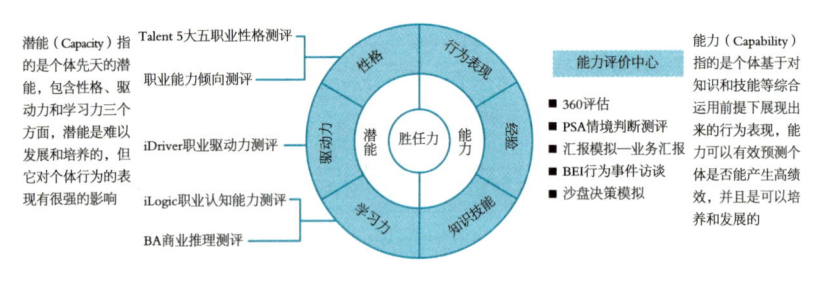

性格　行为表现
驱动力　潜能　胜任力　能力　内容
学习力　知识技能

能力评价中心
- 360评估
- PSA情境判断测评
- 汇报模拟——业务汇报
- BEI行为事件访谈
- 沙盘决策模拟

能力（Capability）指的是个体基于对知识和技能等综合运用前提下展现出来的行为表现，能力可以有效预测个体是否能产生高绩效，并且是可以培养和发展的

图5-11　倍智人才盘点测评解决方案框架

倍智人才模型的潜能部分包含性格、驱动力和学习力。性格部分可以采用Talent 5大五职业性格测评和职业能力倾向测评。驱动力可以采用iDriver职业驱动力测评，学习力可以采用iLogic职业认知能力测评和BA商业推理测评。

倍智人才模型之所以适合律师岗位，是因为它综合考虑了律师职业所需的关键心理特质和能力。以下是该模型各部分与律师岗位需求的契合点。

性格(Talent 5大五职业性格测评)：律师需要具备特定的性格特质，如责任心、开放性、情绪稳定性、外向性和宜人性。这些特质有助于律师在处理案件时保持专业、客观和冷静，同时也能够与客户和同事建立良好的关系。Talent 5测评能够全面评估这些性格维度，帮助识别适合律师职业的候选人。

驱动力(iDriver职业驱动力测评)：律师工作往往需要高度的自我激励和内在动力，以便在面对挑战和压力时保持积极和专注。iDriver测评能够识别个体的职业驱动力，包括成就动机、权力动

机、亲和动机等,这些都是律师成功的关键因素。

学习力(iLogic 职业认知能力测评和 BA 商业推理测评):法律领域不断变化,律师需要不断学习新的法律知识和技能。iLogic 测评评估个体的逻辑推理、抽象思维和问题解决能力,而 BA 商业推理测评则关注商业环境中的决策和分析能力。这些能力对于律师理解和应用法律、为客户提供策略建议至关重要。

倍智人才模型通过这些测评工具,能够全面评估候选人是否具备成为优秀律师的潜力。它不仅关注候选人的当前能力,还重视其潜在的成长和发展能力。这对律师事务所在选拔和培养法律人才上提供了科学、系统的评估方法,有助于构建一个高效、专业的法律服务团队。

模型三:智鼎 MAP 模型(见图 5-12)。

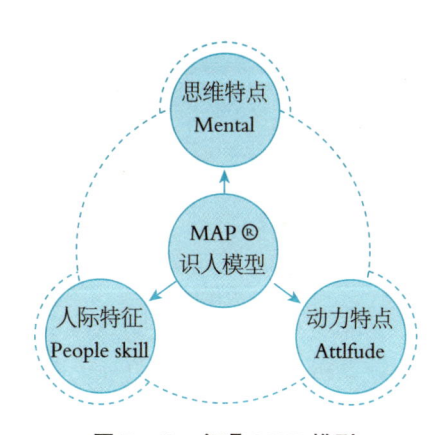

图 5-12 智鼎 MAP 模型

使用 MAP® 职业性格测验

招聘与选拔

赢在起点，精确定位最适合人选

个性轮廓和胜任潜质报告帮助您全面深入了解候选人，职业心理健康报告提示职业心理健康隐患

图 5-13　MAP 职业性格测验示例

智鼎公司经典的胜任力 MAP 模型借鉴大五人格分类维度（见图 5-14），从 M（思维）、A（态度）、P（人际）3 个方面对人的 24 种（8+9+7）性格特点及相关特性进行全面的、多视角的综合测评，从而得出不同内容、不同用途的测试结果。

M：思维倾向和思维方式。这能影响不同类型工作的适应程度。具有 8 个特点：数据导向、理论思考、质疑、前瞻性、创新、实践性、关注细节、果断性。

A：做事态度和动力水平。这能影响不同工作环境的投入程度和持久程度。具有 9 个特点：尽责、守规性、内省性、情绪稳定、坚韧性、乐观性、成就动机、好胜心、主动性。

P：人际交往方式。这能影响人际互动中的行为方式和处事特点。具有 7 个特点：社交自信、乐群性、助人倾向、自主性、人际敏锐、支配性、说服他人。这 3 个维度、24 种不同特点相互作用、相互影响,就形成了一个人的性格及职业倾向、能力潜质、情商水平。该理论根据其相关性和影响程度开发了应用系统。根据严格规范的程序进行开发和修订,经大量实测和应用,目前已经具备良好的信度和效度指标。

智鼎公司的胜任力 MAP 模型之所以适合律师岗位,原因在于律师工作的特殊性和对个人能力的高要求。律师职业要求从业者不仅要有扎实的法律知识,还要具备出色的逻辑思维能力、沟通技巧和人际交往能力。MAP 模型从思维、态度和人际 3 个维度对个人进行全面评估,这与律师职业的核心能力紧密相关。

思维(M):律师需要具备出色的逻辑思维和分析能力,以便在复杂的法律案件中找到解决问题的策略。MAP 模型中的数据导向、理论思考、质疑、前瞻性和创新等特点,都是律师在处理案件时必不可少的思维倾向。此外,关注细节和果断性也是律师在准备案件和作出法律判断时的重要特质。

态度(A):律师的工作往往充满挑战,需要高度的责任感和坚韧性。MAP 模型中的尽责、守规性、情绪稳定和坚韧性等特点,有助于律师在面对压力时保持专业和冷静。乐观性和成就动机可以激励律师追求卓越,而好胜心和主动性则有助于他们在竞争激烈的法律市场中保持领先地位。

人际交往(P):律师需要与客户、同事、法官和对手律师等多方进行有效沟通。MAP 模型中的社交自信、乐群性、助人倾向、人际敏锐和说服他人等特点,对于建立良好的职业关系和在法庭上进行有效辩护至关重要。自主性和支配性则有助于律师在团队中发挥领导作用。

综上所述,MAP 模型通过综合评估个人的思维倾向、做事态度和人际交往方式,能够为律师岗位提供全面的能力画像。这种多维度的评估有助于识别和培养适合律师职业的人才,同时也为律师事务所在招聘和人才发展方面提供了科学的参考依据。

通过以上测评我们可以综合得出一个人的潜力。通常,在具体应用中,心理测评结果在高潜人才盘点的九宫格中被作为其中一个坐标轴——潜力的主要数据来源。

九宫格分数线

当我们通过绩效和能力/潜力的测评工具,将结果填写在九宫格中,该如何分配盘点结果呢?在律师事务所的管理中,比较常采用的有正态分布法和实际分布法。

正态分布法:将横轴绩效得分和纵轴 360 度能力评估评分分别按照分数从高到低,人数按 2∶6∶2 的比例划分,形成九宫格。根据活力曲线(末位淘汰法则)形成的常用比例 2∶7∶1 强制分布,也可以归为这一类。其中,"高"指的是前 20%,"中"指的是中间的 70%,"低"指的是后 10%。

实际分布法:根据实际分布情况进行划分,先看数据的分布趋势再做划分,见表 5-9。

表 5-9　实际分布法

九宫格维度	得分后 30%	得分前 30%
测评划分线	59%	80%
360 度划分线	3.59	3.96

这个九宫格的划分方法是团队内部相比较的结果,而非强制分布。此九宫格的横坐标(潜力)的测评结果来自北森管理胜任力匹配度的得分,分界线的前后 30% 分别是基于本次测评的所有人的计算结果计算得来,而纵坐标(绩效)的结果是基于 360 度评估的得分,分界线的前后 30% 也是基于本次 360 度评估的所有人的结果计算来的。如果企业有人力资源战略规划数据,即从战略和业务规划视角来考虑人才配置策略时,针对不同岗位、不同层级人员的供应数量和节奏反推人才比例,来分布人才数据,也是一种很好的思路。

因此,只要将潜力分数和绩效分数结合,放在九宫格中,便可一目了然谁才是企业应该给予持续机会的人。

场景一:老李律师是这家律师的高层管理者,某天步入茶水间,被眼前的一幕所吸引——房间里聚集了许多员工,热闹非凡。然而,这与他近期听到的办事效率低下、制度越来越死板的反馈形成了鲜明对比。随着事务所规模的不断扩大,老李不禁开始思考:是不是机构变得过于庞大而效率低下？在这些忙碌的身影中,哪些人是真正为事务所创造核心价值的？后台人员的比例是否真的合理？这些人中价值观符合我们的文化吗？这些问题萦绕在老李的心头,他意识到需要对律所的人才结构进行一次深入的审视。

"素质能力—绩效"最优九宫格

九宫格并非固定不变,它可以根据企业的特定需求进行调整。例如,可以将纵轴设定为价值观,或者是潜力、综合能力和价值观的综合得分。这样,每个企业都可以根据自己的实际情况,设计出最适合自己的"最优九宫格",确保人才盘点的精准度和实用性,从而为企业的未来发展提供坚实的支撑。由于个性化的设置,最优九宫格使用频率最高,结果应用范围最广。素质能力—绩效九宫格从"素质能力""绩效"两个维度评价企业内部员工(见图5-14),并且将员工区分为六大类:超级明星、核心骨干、中坚力量、待提升者——业绩不佳但素质尚可、关注人员——素质不佳但业绩尚可和待优化者。

素质能力

3 待提升者——业绩不佳但素质尚可 10%~15%	2+核心骨干15%	1 超级明星 5%~10%
	2 中坚力量 35%~50%	2+ 核心骨干 15%
5 待优化者 5%	4 关注人员——素质不佳但业绩尚可 10%	

绩效

图5-14 德锐咨询素质能力—绩效模型

人才盘点结果的含义说明见表5-10,分为以下类型：

超级明星(定位为1类)：企业内部明星，是真正引领企业发展的人员。他们的能力出色创造出高于岗位的利润，引领企业超越行业发展速度。

核心骨干(定位为2+类)：企业内部的坚实贡献者，胜任当前级别的工作，且有持续创造价值的可能性。

中坚力量(定位为2类)：企业内部的稳定贡献者，这部分员工所占比例通常较高，能够胜任当前岗位，并且稳定贡献岗位价值。

待提升者——业绩不佳但素质尚可(定位为3类)：具备一定的能力，但当期工作业绩不佳，达不到岗位要求。若长期在该岗位的老员工始终不创造业绩，则被称为"老白兔"，影响整个团队的士气，无法带来真正的业绩创造。但是对于刚到岗位不久的"小白兔"，需要给予一定的考察时间，如果在规定的时间内没有创造业绩，则被认为是不合格的人。

关注人才——素质不佳但业绩尚可(定位为4类)：工作业绩表现不错，但能力较差，有些人对于企业的价值观认同较低，甚至对组织氛围有破坏作用。这类员工所占比例过高会给企业稳定性带来隐患。

待优化者(定位为5类)：没有能力，而且当期业绩达不到岗位要求。

很明显，1类、2+类、2类员工就是企业需要的人才，3类、4类、5类员工则属于与企业要求不完全合适的人才。

人才质量结构

在场景一中,老李律师面临的挑战,即律所规模扩大伴随的效率下降、人浮于事的问题,可以通过人才质量结构盘点得到有效解决。这样的盘点不仅能够揭示人才配置的现状,还能够识别出真正为律所带来核心价值的员工,从而为管理层提供决策支持。

表 5-10 人才盘点结果含义说明[1]

人才盘点结果	人才定位	含义	参考比例
1	超级明星	公司内部的"佼佼者",胜任此级别工作并有非常大的发展潜力,是真正引领公司发展的人员	5%~10%
2+	核心骨干	公司内部的"坚实贡献者",胜任当前级别的工作,具有较高的发展潜力	15%
2	中坚力量	公司内部的"稳定贡献者",这部分员工占比通常较大,能够胜任当前的岗位,并稳定贡献岗位价值	35%~50%
3	待提升者——业绩不佳但素质尚可	当前工作业绩不佳,达不到岗位要求,但未来有可能胜任本职工作	10%~15%
4	关注人员——素质不佳但业绩尚可	目前胜任本岗位工作,但未来发展潜力较低,跟不上未来发展;或胜任岗位工作,但价值观不符	10%

---

[1] 李祖滨、汤鹏、李锐:《人才盘点:盘出人效和利润》,机械工业出版社 2020 年版。

续表

人才盘点结果	人才定位	含义	参考比例
5	待优化者	当期工作业绩达不到岗位要求,也不具备发展提高的潜力,需要尽快淘汰	5%

经过盘点后,事务所要对各类人才的比例进行分析,以分析人才质量结构,比如关键岗位理想比例、部门管理层理想比例或后台人员理想比例,以检查后台人员数量是否臃肿。通常,在律师事务所中,三年级律师级别以上的律师,承担业务开发和管理职责的合伙人以及后台人员的比例,需要事务所定期监测,以增加人效。以盘点一个业务部门为例,可以检查如表5-11所示的占比。

表5-11 不同类别理想的九宫格定位占比[①]

九宫格	定位	整体理想占比	关键岗位——三年级律师以上级别理想比例	部门合伙人理想比例	后台人员理想比例
1	超级明星	5%~10%	↑	↑	≈
2+	核心骨干	15%	↑	↑	≈
2	中坚力量	35%~50%	↑	↑	≈
3	待提升者——业绩不佳但素质尚可	10%~15%	↓	↓	≈

[①] 李祖滨、汤鹏、李锐:《人才盘点:盘出人效和利润》,机械工业出版社2020年版。

续表

九宫格	定位	整体理想占比	关键岗位——三年级律师以上级别理想比例	部门合伙人理想比例	后台人员理想比例
4	关注人员——素质不佳但业绩尚可	10%	↓	↓	≈
5	待优化者	5%	↓	↓	≈

从表 5-11 中可以得出,关键岗位中的 1 类、2 类、2+类的比例高于理想比例,这对于事务所来说就是非常理想的,合伙人作为管理者的比例高于理想比例,说明管理团队是强大的。后台是辅助战略目标实现的岗位,其人才分布与事务所整体的人才定位分布占比相当。

总之,决定公司干多少事情的不是人才的数量,而是人才的质量,且关键岗位人才和管理层的质量水平也直接影响关键业务是否可以完成,因此,人才质量不仅影响公司人才需求规划,也决定公司战略目标能否实现和公司的人效水平。企业需持续从业绩和素质能力等维度对现有人员进行动态人才盘点。

003
激励与优化：人才盘点后的行动计划

3.1 薪酬激励：激发员工动力

人才盘点的核心作用在于辅助管理层或组织发掘那些能够为企业带来显著价值的高潜力员工，并识别出可能对企业造成负面影响的低绩效员工。一旦盘点结果出炉，企业要想确保项目不"烂尾"，关键在于精准并持续地激励那些表现卓越的明星人才和核心骨干。

根据马斯洛的需求层次理论，安全感作为基本需求之一，往往通过薪酬来实现满足，这也与赫茨伯格的双因素理论中的保健因素相呼应。虽然有潜力的员工可能不会仅因为薪酬的增长而留下，但他们可能会因为薪酬未达到预期而选择离开。

在知识型人才密集的组织中，员工对公平性的重视尤为突出。公平并不意味着平均，而是根据每个人的贡献来分配奖励。中国传统观念中的"不患寡而患不均"反映了对平等分配的偏好，这在许多企业的"普调"薪酬策略中得到了体现。然而，这种做法虽然减少了薪酬成本,却未能真正激励那些高价值人才,同时纵容了低绩效的员工继续"混日子"。长期的不合理分配不仅挫败了优秀人才的积极性,也造成了真正的不公平。

任正非曾说:"我们的奖金激励机制要更多地向那些创造绩效的员工倾斜。差距是动力,没有温差就没有风,没有水位差就没有流水。什么是公平?如果用铲子把青藏高原、喜马拉雅山铲成与华北平原一样平平的,一毫米高度差都没有,那我告诉你,就全是臭水沟,水都不流了。"因此,激励资源不应平均分配,而应根据员工对企业的贡献大小来进行合理分配,确保多劳者多得,从而激发他们创造更大的价值,实现真正的公平。

通过人才盘点识别出的价值创造者、关键岗位的员工和明星人才,应当成为薪酬资源重点倾斜的对象。在确定薪酬时采取更为积极的策略,在调薪时给予更高的比例,以吸引和留住这些关键人才,激励他们为企业创造更多价值,同时在企业内部营造一个良性的竞争环境。

接下来,我们可以对人才盘点后的定薪和年终奖进行详细说明,确保薪酬策略与人才盘点的结果相匹配,进一步提升组织的人才管理效能。

定薪

遵循20/80原则,即公司中大约20%的员工贡献了80%的总体价值,事务所在设计薪酬策略时,应当综合考虑多个因素。除了对标行业内的薪酬标准和现有员工的薪资水平,还应深入分析人才结构,利用人才九宫格模型对关键岗位和关键人才进行精准定位。通过为这些关键角色和人才提供富有竞争力的薪酬,企业不仅能够吸引顶尖人才,还能有效激发他们的工作热情和创造潜力,从而带来丰厚的业绩回报。

在律师事务所这一特定领域,针对中国律师事务所的薪酬策略研究较少,律师作为专业服务人员,其价值和作用类似于技术领域的研发人员。因此,针对不同岗位和人才的薪酬策略需要特别定制。不同岗位及人员定薪策略如表 5-12 所示。

表 5-12 定薪建议[①]

岗位 \ 薪酬分位 \ 人才	一般人才	关键人才
职能	50 分位	75 分位
专业人员(如研发岗位/律师岗位)	75 分位	90 分位
流程岗位	50 分位	大于 50 分位

年终奖

年终奖金的发放不仅是对员工过去一年努力和贡献的认可,更是激励他们继续创造更大价值的重要手段。对于员工而言,年终奖不仅是对其个人价值和努力的肯定,也是对其在组织中地位和重要性的体现。

---

① 李祖滨、汤鹏、李锐:《人才盘点:盘出人效和利润》,机械工业出版社 2020 年版。

在设计年终奖发放方案时，需要综合考虑两大关键因素：一是公司的整体业绩完成情况，二是员工的个人价值贡献。在律师事务所等以业务团队为基本单位的组织中，年终奖的发放通常与团队业绩紧密相关。在《345 薪酬：提升人效跑赢大势》中曾建议考虑团队绩效的多种年终奖计算方法，我认为，以下是一种可行的年终奖计算方法：

年终奖 = 团队业绩奖励基数 × 团队业绩系数 + 个人年终奖基数 × 个人价值贡献奖励系数

这个公式将年终奖分为两部分：一部分基于团队业绩奖励，以团队业绩奖励基数乘以团队业绩系数得出；另一部分基于个人价值贡献，以个人年终奖基数乘以个人价值贡献奖励系数计算。

在此公式中，团队业绩奖励基数和个人价值贡献奖励基数可以根据事务所的具体情况和政策来设定。团队业绩奖励基数通常依据团队的创收、利润或回款情况来确定（见表 5–13），例如，可以设定为员工一个月的薪资。个人年终奖基数则通常以个人月薪的一定倍数作为基数。至于团队业绩系数和个人价值贡献奖励系数的设定，应当力求简洁明了，易于理解和执行。

通过这种综合考虑团队和个人贡献的年终奖发放机制，律师事务所不仅能够公平地回报员工的努力，还能够有效地激发团队协作和个人创新，推动组织向更高的目标迈进。

表5-13 团队业绩系数

××年全年业绩目标	团队业绩系数
创收××万元 回款额××万元	两项目标全部达成,奖励系数为1 仅完成1项目标,奖励系数为0.5 两项目标都没有完成50%以上,奖励系数为0

个人价值贡献系数应该与九宫格定位结合起来,从表5-14可以看出,人才盘点结果越好,代表员工在过往一年的工作表现越好,价值贡献越大,所以对应的奖励系数越高。对于3类业绩不佳但素质尚可及4类素质不佳但业绩尚可者,考虑给予部分奖励,但5类价值观和业绩都不达标者,建议取消年度奖励,并及时进行淘汰优化。

表5-14 个人价值贡献系数

九宫格定位	个人价值贡献系数	九宫格定位	个人价值贡献系数
1	2	3	0.5
2+	1.5	4	0.5
2	1	5	0.5

以小张为例,他所在的律师团队在当年的业绩目标和回款任务上均达到了预期,团队的业绩奖励基数设定为其月薪的一倍,即3万元。根据年终人才盘点的结果,小张被评定为2+级别,并且作为主办律师,他的个人年终奖基数是两个月的薪资。依据公司的规定,小张的价值贡献系数为1.5。

根据年终奖的计算公式,我们可以这样计算小张的年终奖:

— 327

团队业绩奖励 = 团队业绩奖励基数 × 团队业绩系数 = 3 万元 × 1 = 3 万元

个人价值贡献奖励 = 个人年终奖基数 × 个人价值贡献奖励系数 =（2 个月薪资 × 3 万元/月）× 1.5 = 9 万元

综合团队业绩奖励和个人价值贡献奖励，小张的年终奖总计为

3 万元（团队业绩奖励）+ 9 万元（个人价值贡献奖励）= 12 万元

因此，作为团队中的核心骨干，小张律师能够获得 12 万元的年终奖金。

人才盘点的结果在薪酬管理中的应用，不仅确保了薪酬体系的公正性，还增强了薪酬结构的差异化，从而有效提升了员工的整体满意度。在全面薪酬理念的指导下，激励员工不仅仅局限于提供有竞争力的薪资水平，还包括提供安全感的福利待遇、提供归属感的企业文化以及提供成长感的职业发展规划。

人才盘点的过程本身就是对员工的一种全面激励。企业为了确保盘点结果的准确性，投入大量资源进行详尽的人才盘点会议，并结合 360 度评估报告，为每位员工提供个性化的反馈和沟通。这种做法不仅帮助员工明确个人发展的方向和建议，也让员工感受到企业的公平对待和对其成长的重视。经过合议的人才盘点九宫格定位和其他盘点结果，可以作为评优、晋升和人才培养等非物质激励的重要依据，确保非物质激励的公正性。例如，在评优活动中运用人才盘点结果,可以有效避免"奖励一人,打击一片"或"轮流坐庄"的现象。此外,企业可以根据人才盘点的结果,有针对性地加强对优秀人才的培养,将培养资源向那些表现突出的高质量人才倾斜。

3.2　IDP 实施:个性化发展路径

个人发展计划(Individual Development Plan,IDP)是一种系统化的方法,旨在帮助员工识别自身的职业发展需求,并制定相应的发展策略。以下是 IDP 制定的四步法,以确保每位员工都能有效地规划和实现自己的职业发展目标。

第一步:自我评估。

在这一阶段,员工需要进行深入的自我分析,以识别自己在职业发展过程中可能遇到的问题和挑战。具体步骤如下。

识别职业发展问题:从提供的问题列表中选择最符合自身情况的三项,这些问题可能涉及新岗位适应、技能提升、职责变化等多个方面。

SWOT 分析:对自身的优势(Strengths)、劣势(Weaknesses)、机会(Opportunities)和威胁(Threats)进行全面评估,以便更好地了解自己在职业发展中的位置和潜力。

第二步:制定发展计划。

基于自我评估的结果,员工需要明确自己的职业发展目标,并据此制定具体的行动计划。具体步骤如下。

明确职业目标:设定短期(1年内)和长期(3~5年)的职业发展目标,考虑是否需要更换岗位、部门或职业发展通道。

发展行动计划:根据目标职位的任职资格要求,制定包括工作辅导、进修深造、培训学习、轮岗实践等在内的具体发展行动。

效果评估:设定期望达到的效果和实际达到的效果,以便在实施过程中进行对照和评估。

第三步:执行与辅导。

在这个阶段,员工、上级和人力资源部门需要协同合作,确保发展计划的有效执行。具体步骤如下。

员工行动:根据发展计划,提交相关的发展行动申请,并积极参与各项活动。

上级辅导:上级需与人力资源部门沟通,支持员工的发展活动,并提供必要的工作指导和监督。

人力资源部门支持:根据员工的发展计划,组织相应的培训项目,并监督骨干员工的 IDP 执行情况。

第四步:回顾与调整。

定期回顾和调整 IDP 是确保其持续有效性的关键。具体步骤如下。

回顾频次:每季度末或半年绩效面谈时进行。

效果评估:双方共同评估已实施行动的效果,并分析未执行计划的原因。

计划调整:根据当前的能力提升情况,调整或更新个人发展计划,并由双方签字确认。比如帮助初年级(1年左右)律师制定一个个人发展计划(IDP),我们可以将上述方案细化为更具体的行动步骤。

个人发展计划(IDP)表格

员工姓名:张三

职位:初级律师

部门:诉讼业务部

直接上级:李四(合伙人)

人力资源联系人:王五(人力资源经理)

制定日期:2024年3月28日

第一步:自我评估。

——识别职业发展问题:

——刚进入律师行业,对案件处理流程不熟悉

——需要提升法律研究和分析能力

——缺乏公共演讲和法庭辩论经验

——SWOT分析:

——优势:

——知名法学院毕业,扎实的法律理论基础

——良好的沟通能力和客户服务意识

——劣势:

——缺乏实际案件处理经验

——公共演讲和辩论技巧不足

——性格比较内向,不敢当众发言

——机会:

——律所提供多样化的案件类型,有利于经验积累

——律所的导师制可以有专业人员提供专业指导

——威胁:

——经济形势不好,就业难,人才市场竞争激烈,初级律师易被替代

——法律服务市场竞争激烈,客户要求水涨船高,需要律师提供更好的专业服务

——法律更新速度快,需要不断学习新法规

第二步:制定发展计划。

——明确职业目标:

——短期目标(1年内):

——协助处理至少5起案件,包括起草法律文件、与客户沟通、法庭辩护等

——参加至少每季度一次的专业研讨会,专注于提升合同法和公司法方面的知识

——长期目标(3~5年):

——成为商事诉讼领域的职业律师,能够独立承办案件

——发展行动计划:

——每周与资深律师进行一次案件讨论,学习案件策略和技巧

——每月参加一次法律实务研讨会,专注于提升合同法和公司法方面的知识

——每季度参加一次公共演讲和辩论技巧的培训课程,提高自信心和表达能力

——每天利用30分钟学习最新的法律资讯和案例分析,保持知识的更新

——期望达到的效果:

——能够独立完成案件的全流程处理,包括法律文件起草、客户沟通、法庭辩护等

——在特定法律领域内积累足够的专业知识和实践经验,可以指导实习生和初级律师工作

第三步:执行与辅导。

——员工行动:

——每周撰写一份案件处理报告,总结学到的经验和技巧

——每月整理一份学习笔记,记录关键知识点和应用场景

——每月至少进行一次模拟法庭辩论,以实践所学技巧

——每天记录下重要的法律资讯和案例,建立个人的法律知识库

——上级辅导:

——资深律师在每次案件讨论后,提供具体的反馈和建议,帮助初级律师改进工作方法

——定期与初级律师进行职业发展对话,了解其进展和遇到的

困难,并提供解决方案

　　——人力资源部门支持:

　　——根据初级律师的发展需求,安排相应的培训和学习资源

　　——每季度进行一次个人发展计划的跟进和评估,确保计划的实施效果

　　第四步:回顾与调整。

　　——回顾频次:

　　——每季度进行一次个人发展计划的详细回顾和评估

　　——回顾与调整:

　　——与资深律师和人力资源部门共同评估已实施行动的效果,包括案件处理能力、法律知识掌握程度、公共演讲和辩论技巧的提升情况

　　——根据评估结果,调整个人发展计划中的具体行动和目标,确保其与实际工作需求和个人职业发展目标保持一致

　　——更新个人发展计划后,由初级律师、资深律师和人力资源部门签字确认,确保计划的可执行性和有效性

3.3　制定 PIP:绩效提升的蓝图

　　狭义的员工绩效改进计划(PIP)确实针对的是绩效结果不好的员工,但是广义的 PIP 是在公司层面上对绩效计划的补充,在人才盘点后,针对绩效不太好的员工,重新检视公司整体绩效计划的

过程。因此对于企业来说，PIP 的关注点应该落到如何让员工改进绩效结果，提升本岗位的产出。制订计划时，要让员工认同并自发采取行动，最终提升组织绩效，这是最重要的内容。

> 初级律师 PIP 的改进计划示例。
>
> 员工绩效改进计划(PIP)
>
> 员工信息：
>
> 姓名：[填写姓名]
>
> OA 号：[填写 OA 号]
>
> 岗位：[填写岗位]
>
> 本次绩效评估周期：2020 年 1 月 1 日至 2020 年 2 月 29 日
>
> 本次绩效评估结果：D 级 – 待改进
>
> 绩效改进计划周期：
>
> 2020 年 7 月 1 日至 2020 年 7 月 30 日
>
> 一、绩效改进目标
>
> 法律功底提升：
>
> 目标设定：在接下来的一个月内，通过与资深律师的合作，提升对案件核心争议焦点的把握能力。
>
> 衡量标准：能够独立梳理至少 3 起案件的思路，并得到主管合伙人的认可。
>
> 文件专业能力提升：
>
> 目标设定：提高文件撰写质量，减少资深律师的修改时间。
>
> 衡量标准：在接下来的一个月内，确保至少 80% 的文件无须

资深律师返工。

团队协作能力提升：

目标设定：加强与团队成员的沟通，确保工作进度的及时掌握。

衡量标准：在接下来的一个月内，团队成员对工作进度的投诉次数不超过2次，且无客户投诉。

二、培训及辅导计划

案件处理能力提升：

培训内容：与资深律师共同探讨案件，学习案件分析方法。

成果要求：将案件思路整理成文档，并通过邮件或微信发送给主管合伙人和资深律师。

沟通与项目管理能力提升：

培训内容：参加事务所的线上沟通课程和项目管理课程。

成果要求：使用PPT或Word形式提交至少500字的培训心得和改进思路报告。

三、绩效改进承诺

本人已充分理解上述绩效改进计划，并承诺在指定的改进周期内努力达成各项目标。如未能达到绩效改进计划的要求，本人理解公司有权根据相关政策采取相应措施，包括但不限于解除劳动合同。

员工确认：[员工签字]　　　　日期：[填写日期]

请注意，这份 PIP 的修改版更加注重目标的明确性和可衡量性，同时也为员工提供了具体的培训和辅导计划。此外，员工的承诺部分也更加正式，强调了员工对改进计划的认同和责任。在实际应用中，应确保所有信息（如姓名、OA 号、岗位等）都填写完整，并且员工在签字前充分理解并同意计划内容。

在 PIP 实施过程中，直接上级与下级充分沟通，帮助其分析绩效未达标的原因，并提出改进方法和具体建议，在双方同意的情况下签订 PIP。通常来说，PIP 执行周期为 60 天，每月上级和下属要针对 PIP 的完成情况进行回顾。如果 PIP 的绩效目标完成了，就可以顺利关闭。否则根据具体情况对 PIP 的执行周期进行延长，最长延长至 90 天。如果届时绩效仍达不到预期，则终止 PIP，并协商解除劳动关系。

3.4 持续反馈：促进团队进步

企业最容易忽视的培养动作是对员工本人反馈人才盘点结果。"不反馈"这个现象甚至发生在很多大规模的组织中。很多 HR 担心员工知道反馈结果之后，会对结果产生异议、不满或者争执，为了避免给自己找麻烦，他们会对结果保密。这种做法其实是与人才盘点的初衷背道而驰的，不可否认，人才盘点之后九宫格的位置、离职风险分析等需要进行保密，但是 360 度评估反馈结果、性格测评报告、发展优劣势需要向员工进行反馈。如果不进行反

馈,员工依然对自己没有多维度的认识,没有办法更新自己的认知地图,正如乔哈里视窗理论提到的,一个人的盲区越大,他对自己的评估越不准确,深陷自己的思维中,无法看到未来的发展方向。如果一个人对自己的认知都是存在问题的,何谈未来发展,人才盘点的效果也会大打折扣。那么什么是有效的反馈呢?

(1)沟通前做好充分准备。这里包含对于材料的准备和心理准备。材料包含360度测评报告,性格测评报告,IDP 或者 PIP 表格等。同时,面谈官要对员工过去一年的表现有充分的了解,比如他过去一年的工作表现、业绩和发展愿望清单等。这样会明确面谈的重点信息,能让对话有的放矢,紧紧围绕下属的个人特点和发展期望,避免面谈过程中发现并不了解对方的尴尬局面,最重要的是不让面谈失去效果。

(2)优点和不足一起分享。

关于优点的反馈原则。

①优点要放在前面说,并且尽可能多说。

②在说优点的时候,一定要补充具体的事实,越具体越好,员工会感激你对他的关注。

③可以多多重复员工的优点,让整个氛围变得正向积极。

关于不足的反馈原则。

一次不要说出过多缺点(不能超过3条)。

让下属主动谈谈对于自己缺点的认识。

坦诚分享,360度测评结果中其他人对他的不足叙述,对于他本人不愿意接受的点可以反问"你认为是这样吗?"引导他思考"为什么大家会这样认为?"与他一起分析,为什么会有这样的问题。鼓励下属培养认识与接受自己不足的胸怀和积极心态。

(3)针对具体行为,坦诚披露结果。不管是分享优点还是指出不足,直接上级在反馈的过程中都要针对比较具体的行为,避免说的话不具体,让员工猜来猜去,直到对话结束还是一头雾水,似乎说了很多,后来发现没有实质内容。反馈不具体的原因和反馈者的沟通能力有关,更常见的情况可能是反馈者不敢对于信息进行真实披露,这对于员工发展完全没有好处,只要掌握好优缺点的分享原则,会减少员工在谈论自身不足的时候的抵触情绪,对话氛围也会是正向积极的。

(4)分享成功经验,给出明确建议。很多直接上级说完不足之后,只是给员工一个结果,具体怎么办没有指出,直接上级可以在这个环节给员工讲一讲自己或他人克服这种不足的故事,让员工放平心态,先认为这个事情可以解决,他才不会被负面情绪淹没,虚心接受。同时,要设定一个明确的目标,引导员工自己思考如何实现目标的方法,让下属尽可能靠自己,按照"GROW"模型探索出方法,并适时给予鼓励和肯定。最后,直接上级结合下属自己提出的改进方法,给出补充建议,方法一定要具体可行,并和下属达成一致。

(5)后续要进行持续的反馈。反馈最忌讳"一锤子买卖",如果只是针对某次盘点反馈,后续就与下属断了反馈机制,那么永远

无法建立良性关系,特别是针对明星人才,他们是需要被持续认可和获得成就感。管理大师斯蒂芬·P.罗宾斯在《管人的真理》中提到,在绩效评估方面"最好的惊奇是没有惊奇",不要年终算总账。管理者要在日常的工作中就时常反馈对员工的认知和评价,让员工时时了解自身优缺点和业绩情况,不断修正自我认知。

3.5 盘点实践分享:高管视角的偏差

事务所最近在进行高潜人才盘点的计划,合伙人老李律师也深入参与了这个项目。在盘点之前,老李律师对诉讼部的资深律师小张一直非常看好,小张不仅在专业领域表现出色,老李甚至目睹过他在法庭上的风采,确信他是诉讼领域的好苗子。在与客户的交流中,小张展现出的高情商也让人印象深刻,他总能妥善处理案件,让客户和合伙人都感到满意。在老李的心中,小张无疑是未来合伙人的人选之一。然而,在这次全面的人才盘点中,事务所采用了360度评估和领导力测评,却揭示了一个意想不到的结果。小张的领导力测评结果仅处于中等水平,更令人意外的是,与他合作过的同事们给出的评价也不尽如人意。这一发现让一贯公正严谨的老李不禁陷入了沉思:是不是自己的判断出现了偏差?小张在不同的场合是否展现出了不同的一面?还是这次的评估结果存在误差?

随着事务所的不断发展,高层管理者越来越难以亲自观察每位团队成员的日常表现,因此,人才盘点或许能够成为他们获取团队状况的关键途径。但有时,盘点结果与高层管理者的预期并不一致,这是否意味着盘点结果的不准确,或者是高层管理者在人才评估上的失误?

以本故事为例,高层管理者可能对某位员工评价极高,认为其聪明且沟通能力强,是高潜人才的典范。但领导力测评却显示该员工的领导能力仅处于中等水平,而 360 度评估的结果也印证了这一点,许多同事和下属对他的评价并不高。究竟是谁的判断出现了偏差?

换个视角来看,问题就变得清晰起来。不同的角色自然会看到员工不同的一面。这名员工可能在向上管理方面表现出色,但在与同事的沟通协作以及对下属的培养管理上显得不够成熟。通过这一过程的校准和讨论,高管对这名员工的认识变得更加深入和全面,也更加信服于领导力测评和 360 度评估的价值。

重要的不是这个结果是否印证了"我"的判断,或者哪一方的判断更为准确,而是进一步了解为什么会出现这样的偏差。偏差往往意味着关于某人有更多的视角和信息,为高管提供了更全面地了解员工的机会,促进团队以更立体多元的视角识人。

在实际工作中,争议性的盘点结果并不罕见,但这并不意味着人才盘点的工具或方法不科学,而是证明,这正是人才盘点的价值所在。即使最终留下一个开放性的结果,也为未来的持续观察和讨论提供了一个良好的起点,是更好地认识和评价人才的重要一步。

004
体面离开：如何优雅地处理离职

在完成人才盘点后，我们会对员工进行分类，确定哪些员工是关键人才，我们希望他们留下，哪些可能需要优化调整。不可避免地，这将涉及如何协助员工离职的问题。本节将重点讨论离职面谈中的三种常见情况。

第一种，事务所可以附加条件挽留员工的情形。这种情况下如果侧重挽留员工就应该在第一时间了解离职的真正原因，是否已经找到了工作、是否还有其他 offer、是否想要新的职位和待遇，同时试探其留下来的可能性及期待条件，在这种情况下如果员工离职是因为待遇或者职位，那么给予相应满足，留下来的可能性很大。如果对公司文化、公司制度、工作环境、领导风格等不满意的，则留下来的可能性很小。接下来就是需要与其所在部门的领导沟通，给出具体的挽留方案，报管理层审批同意，反应和回馈需要快速。但是切记在面谈过程中就将条件一股脑地抛出或许诺可能事后达无法兑现的条件，可以先分析员工拿到 offer 的条件和情况，然后客观地给出建议。当然这个环节最重要的依然是员工的直接主管,直接领导的真诚态度才是能够直接打动员工的唯一要素,在其产生犹豫情绪后抛出条件效果会更好。

第二种,事务所不想附加条件挽留,这种情况 HR 只需要通过一些询问来看看对方对公司不满意和满意的部分,以及将来是否考虑回来的意愿。我们可以通过与这类员工的沟通了解组织有哪些可以改善和继续保持的地方,这是一个绝佳的自我反思的好机会。

第三种,员工不能胜任的情况,企业提出劝退,这种情况需要 HR 具备把控能力和谈判能力,谈判的重点在于防止员工情绪出现偏激的行为,因此在谈话前要做好充分的准备和信息收集,综合考虑该员工的个性、过往的表现,与同事和领导的关系,家庭情况等因素,按照《劳动法》规定给予补偿。同时,对于个别员工的无理要求或过激行为要耐心劝导,做好相应措施。

最后就是要热心回答员工问题,为他们办好离职手续。这一个环节 HR 要做到懂人性,懂劳动法,善于沟通、善于观察细节和把握时机。

4.1 离职面谈:最后的挽留与自我反思

作为 HR 我们应该在离职面谈中尽量地使用开放性问题,可以鼓励员工更多地表达他们的想法。以下是在离职面谈中针对不同员工提出的不同问题,供大家参考。

面对想挽留的员工

你觉得我们可以坐下来谈谈你留下来继续工作的可能性吗？你的那份新工作哪一方面是最吸引你，让你决定接受他们的 offer？

如果可以的话，能否告诉我接下来要去哪家公司就职？

你觉得我们公司在哪些方面如果做得更好，就不会失去像你这么优秀的人？

你认为我们如何做，可以令你更好地安排你的工作和生活？

以往哪些培训或发展项目对你来说是有帮助的？哪些是你喜欢的培训课程？

你认为你现在的工作内容足以发挥你的潜力了吗？如果你愿意接受更多的职责，会是在哪些方面？

你工作中的哪些内容令你非常有成就感？

在过去一年的工作中你尝试做得最多的努力是哪些方面？效果如何？

你认为现行的绩效考核制度和流程是否合理？哪些方面可以做得更好？

在离职这件事情上我们可以在哪些方面给予你帮助？

员工在不到一年的时间内选择离职，通常意味着他们尚未完全融入组织的文化和环境。这种情况可能表明员工感到自己与团队或组织存在不匹配或不适应的问题。对于组织而言，这提供了一个重要的机遇，从另一个角度反思和审视自身的人力资源管理和组织文化建设。与这类即将离职的员工进行深入沟通，可以帮助组织发现潜在的问题和改进空间。通过这些对话,组织可以了解到员工离职的真实原因,包括工作环境、管理风格、团队氛围、职业发展机会等方面的问题。这些宝贵的反馈信息对于优化招聘流程、改善员工培训和发展规划、提升工作环境和调整管理策略等方面都具有重要意义。

面对入职不到一年的员工

你怎么看待我们录用你的整个过程?

进入公司后,实际情况和你预想的有哪些不同和相同?

你觉得你的入职培训和在部门的培训对你的意义如何?能帮助你更好地工作吗?

你是如何看待各个部门之间的合作?

你怎么来形容或感受到我们的公司文化?

是哪些因素让你作出最后的离职决定?其中哪一个因素是主导?

在过去半年里,有没有提出过一些改进工作环境、时间、流程等让你工作变得更愉快的建议?是怎么样的建议?有没有被采纳,如果没有,你认为是什么原因?

将来自己的职业规划是什么样的?有哪些方面我们可以帮助到你?

将来在怎样的情况下,你会考虑重新回到我们的公司工作?

4.2 劝退策略：处理不胜任的员工

无论是在人才盘点之后还是在企业运营过程中，我们不可避免地会遇到一些不再与企业文化和发展方向相匹配的员工。这种现象在商界中是司空见惯的。有些人可能会认为，企业主动进行人员调整显得无情，但实际上，并非员工不合格，而是可能不适合当前的岗位。每个人都有追求卓越和获得认可的愿望，都希望在职场上实现自我价值。将员工安置在一个无法促进其成长或无法带来成就感的环境中，实际上是对他们潜力的浪费。这样的环境不仅限制了员工的个人发展，还可能缩小他们未来的职业选择。

正如吉姆·柯林斯在《从优秀到卓越》一书中所指出的，让员工长期处于不确定性中，不仅浪费了他们宝贵的时间，还可能导致他们最终一事无成，这才是真正的无情。杰克·韦尔奇也强调，模糊不清的管理风格最终会损害员工的利益，这种做法对员工来说是不负责任的。因此，适时地让不适合的员工离开，不仅是企业发展的需要，也是对员工个人职业发展的一种负责。员工得以从不适合的岗位中解脱，有机会重新定位自己，寻找更适合自己的发展道路。虽然这个过程可能充满挑战，但最终他们将能够在合适的环境中找到自己的位置，实现真正的价值。

在辞退员工这一敏感而复杂的任务中，即使是管理完善的企业也需格外谨慎。辞退员工如同一把"双刃剑"，处理得当可以优化团队结构,减轻企业负担;处理不当则可能带来负面影响。因此,企业在处理离职员工时必须深思熟虑,确保过程尊重员工,减轻其心理负担,并保持其尊严。人力资源部门在这一过程中扮演着关键角色,应协助管理层以尊重和坚定的态度进行离职面谈,同时确保员工在离开时能够保持尊严。这不仅体现了对员工的关怀,也是对企业声誉的维护。

4.2.1 劝退原则:坚定与尊重

原则一:淘汰要态度坚定。

优胜劣汰是每位管理者都必须面对的现实议题。首要任务是坚定态度,避免优柔寡断。要做到这一点,管理者必须首先认识到淘汰员工是组织发展中的一个正常环节。正如任正非所指出的,任何一个民族、任何一个组织,只要没有新陈代谢,生命就会停止。如果我们顾全每位功臣的历史,那么就会葬送公司的前途。

马云也曾提到,企业在面对表现不佳的员工时,常常因为不愿放弃已投入的资源而继续给予机会,这种现象被称为"沉没成本谬误"。沉没成本,这个经济学术语,描述了那些已经发生且无法回收的投入,包括时间、金钱和精力。在员工管理中,这些成本可能涵盖薪酬、培训等方面。企业在考虑解雇员工时,往往会担心之前的投入将化为乌有,以及可能需要支付的离职补偿,从而犹豫不决。这种心理现象在心理学上被称为"损失憎恶",即人们对损失的厌恶感超过了对同等收益的满足感。

然而,拖延决策往往会导致更大的损失。管理者在作出决策时,不应受到沉没成本的影响,陷入非理性的思维模式。为了打破这种模式,管理者需要学会放下对过去投入的坚持,以全新的视角审视问题。一旦发现员工确实不适合岗位,就应迅速作出决策,确保企业的长远利益。这种理性的决策方式,尽管可能带来短期的不适,但最终将为企业带来更持久和深远的利益。

在中国这样一个重视人际关系的社会中,管理者在处理人事问题时往往会遇到情感与理智的冲突。面对解雇员工这一敏感议题,许多管理者会感到难以启齿,担心损害面子。正如杰克·韦尔奇在《赢(纪念版)》一书中所言,解雇员工绝非易事,这要求管理者具备坚定的情感力量。情感强度意味着管理者需要具备清晰的判断力和果断的执行力,能够在情感与企业利益之间作出明智的选择。管理者若缺乏这种情感强度,可能无法客观评价员工,也无法作出对企业有益的决策。在管理实践中,一个常见的错误是将个人情感与企业目标混为一谈。企业是一个以目标、责任和权利为基础的正式组织,而非基于情感、爱好和兴趣的非正式团体。因此,管理者应当专注于组织的目标和责任,而非过分沉溺于个人情感。

在评估管理者的能力时,除了团队建设和人才培养,另一个关键指标是他们是否能够果断地淘汰不适合的员工。《345薪酬:提升人效跑赢大势》一书中提出了两个关键问题,以帮助管理者作出明智的人事决策:

如果有机会重新选择，你还会聘用这位员工吗？

如果这位员工提出辞职，你会努力挽留他吗？

如果两个问题的答案都是肯定的，那么这位员工值得重用；如果都是否定的，那么应该果断放手。在实际情况中，如果对这两个问题的答案不一致，管理者需要进一步自问：是真心想要挽留这位员工，还是仅仅因为不想浪费在他身上的投入？

如果挽留员工的动机仅是基于对已投入资源的不舍，那么管理者就可能陷入了沉没成本的误区。在这种情况下，迅速作出决策显得尤为关键，以防止资源的进一步浪费。持续对那些低绩效员工的投入，往往只会带来更加严重的损失。一个明智的管理者会及时识别并切断这种损失，转而将有限的资源和关注投向那些展现出更高潜力和价值的员工。

原则二：给予员工尊严。

虽然员工可能是不适合目前的岗位，但是他与企业并非对立面。企业在处理时，必须充分尊重员工，站在对方的角度考虑问题。硅谷著名创业孵化企业掌门人山姆·奥特曼说过："这个问题最重要的一点是，你要设身处地为对方着想，把对方当普通人，尽最大努力，让这件事情看起来像他们赢了。"在这一时期，作为沟通者，无论是直接上级还是HR，我们首先要做到的就是坦诚，坦诚传递公司作出这一决定的原因，坦诚的传递公司能够为他们做的事情。虽然这时候的员工心理很脆弱，但是隐瞒或编造事实对于他们来说更加残忍。很多年前我曾看过一部电影《在云端》（Up in the Air),这部电影讲述了瑞恩·宾厄姆(乔治·克鲁尼饰)的故事,他是一名公司裁员专家,专门为其他公司处理裁员事宜。里面他有一句台词是"我们的工作很残酷,让别人陷于绝望,但我的方式为他们保留了尊严,正面给他们一刀,而不是背后袭击"。

4.2.2 劝退痛点:面对挑战的策略

企业不愿意支付离职补偿金。企业在面对淘汰不合适员工的决策时,常常担心已经投入的薪酬和培训资源的损失,以及额外的离职补偿费用。尤其在员工绩效未达标的情况下,管理者可能会感到不甘心。一些企业为了节省离职补偿金,可能会选择与员工进行长期的协商,这种做法不仅会导致不必要的管理资源消耗,还可能对企业的品牌形象和声誉造成潜在的负面影响。如果企业因为不愿意支付离职补偿金而与员工陷入持久的纠纷,这将对企业的运营效率和财务状况产生不利影响。从长远的角度来看,让不合适的员工离开实际上有助于减轻企业的发展负担,为企业带来更多的潜在利益。虽然短期内支付离职补偿金看似是一种成本支出,但与长期保持低效团队相比,这种金钱成本可能是所有损失中影响相对较小的部分。

辞退过程缺乏有信服力的证据。企业在请不合适的员工离开前,都会进行正式沟通,第一轮沟通往往是与直属领导的沟通,但是在这个过程中,很多直属经理只是口头谈话,缺乏有效的书面沟通证明,对沟通记录没有留痕,这往往会给企业的裁人造成法律风险,处理不好还会因为淘汰员工给企业雇主品牌造成负面影响。为了解决这一问题,企业应该完善自身的管理系统、规章制度和绩效管理体系,HR应在日常工作中,推广和加强管理者对于管理体系和工具的应用,降低企业用人和裁人风险,不要让自己陷入"救火"的角色中。此外,HR应该提醒管理者确保在沟通过程中留下明确的书面记录,包括但不限于电子邮件、会议记录、绩效评估报告等,以便在必要时提供法律依据。

管理者害怕无人顶岗,担心无法及时增补更好的人。如果管理者缺乏关注团队的人才架构和人才供应链,就会造成对于团队的人员突然离开,团队没有准备时间。很多管理者也会有一些思维误区,就是如果这个人走了,是不是短时间内招聘一个新人也没办法承担这个工作,或者有些企业对于编制管控比较严格,管理者担心裁员之后,反而没有了人员的替补,因此,就秉承着有人总比没人好的想法迟迟不与员工解聘,等到造成更大的负面后果,局面已无法挽回。那么我们要提示管理者,不要用一个新的错误去解决之前的错误,这样只会让局面变得很复杂,解决这一问题的关键就是日常对团队人员从数量和质量上进行盘点,防止内部人才供应链断裂。

涉密岗位辞退风险大。在企业运营中,确实存在一些岗位因其特殊性而涉及敏感信息或关键资源。这些岗位的员工可能曾经为企业的发展立下汗马功劳,但随着时间的推移,他们可能不能再为企业创造新的价值。然而,他们所掌握的信息可能对企业构成潜在风险,一旦这些信息泄露,后果不堪设想。面对这样的员工,企业往往处于一个两难的境地:一方面,他们不希望失去这些员工的经验和知识;另一方面,又必须防范信息泄露的风险。为了规避这类风险,企业应当在日常管理中采取一系列预防措施。这包括与员工签订保密协议和竞业禁止协议,确保员工在离职后不会泄露或利用企业的敏感信息。此外,企业应当建立健全的管理机制和组织能力,减少对个别员工的依赖,确保即使关键员工离职,企业也能维持正常运营。如果风险已经显现,企业需要采取更为细致和策略性的方法来处理。这可能包括对员工进行再培训,调整其职责范围,或者在必要时,通过法律途径保护企业利益。在这个过程中,企业应当寻求平衡,既要保护自身的商业秘密,又要尊重员工的合法权益,确保处理过程合法、合理、合情。最终,如果员工确实对企业构成了不可接受的风险,企业可能不得不作出艰难的决定,即解除与这些员工的劳动关系。这不仅是为了保护企业的长远利益,也是为了维护整个组织的安全和稳定。在这个过程中,企业应当展现出高度的专业性和责任感,确保每一步决策都经过深思熟虑,并在可能的情况下,为员工提供适当的支持和过渡安排。

管理者碍于情面,无法张口。 不能否认,在企业的日常管理中,人际关系总是不得不考虑的一个重要因素。管理者在面对那些因关系而进入企业,却无法胜任当前岗位的员工时,往往面临着情感与职责的双重考验。在这种情况下,管理者的决策不仅关乎个人的情感纠葛,更关乎企业的整体利益和长远发展。当关系户员工的表现不符合岗位要求时,管理者可以探讨调岗的可能性,给予员工新的挑战和成长的机会。然而,如果调岗后员工的表现仍然不尽如人意,管理者必须面对现实,建议员工离开。这并非出于无情,而是出于对企业和员工双方利益的深思熟虑。企业需要一个能够高效运作的团队,而员工也需要一个能够充分发挥其能力的工作环境。总之,管理者在处理这类敏感问题时,应当坚持原则,同时不失人情味。通过合理的沟通和妥善的处理,可以确保企业的利益和员工的尊严都得到尊重,从而实现双赢的局面。

<u>员工有情绪</u>。员工的情绪波动往往是多方面因素累积的结果。有时,这种情绪可能源于与直属上级沟通不畅,或是在工作准备阶段缺乏充分的指导和支持。例如,员工在绩效改进的过程中,如果没有得到清晰、具体的建议和反馈,可能会感到迷茫和挫败。作为管理者,在察觉到员工绩效不佳时,应当避免仓促作出解雇的决定。管理者应该在问题初期就与员工进行深入的沟通,共同制定一个 PIP。这个过程不仅包括明确的目标和期望,还应提供必要的资源和支持,帮助员工理解自己的不足,并鼓励他们在一定时间内进行改进。通过这样的前期沟通和支持,员工能够感受到管理层的关心和信任,从而更积极地面对挑战。当改进计划结束时,如果员工的表现仍然未能达到预期,那么在讨论后续行动时,员工也会更加理解和接受。这样的处理方式不仅有助于维护员工的尊严,还能减少不必要的冲突和对立,促进一个更加和谐的工作

环境。

无论哪种情况,预防问题的发生往往比解决问题更为关键。我们不难发现,许多挑战和困境实际上是日常管理疏忽的直接后果。为了确保企业的稳健发展,我们必须持续地审视和关注人才队伍的状况,不断优化我们的管理体系。这包括但不限于加强管理工具的应用,以及提升人力资源部门与管理层之间的协作。人力资源部门在这一过程中扮演着至关重要的角色,它们需要与管理者紧密合作,共同致力于优化人员结构,确保团队的高效运作。同时,通过有效的风险管理策略,我们可以提前识别潜在的危机,制定应对措施,从而避免企业陷入被动应对的不利局面。

HR 面对解聘存在的心理及对策

这个员工是否应该被辞退——"是业务领导要辞退他,我不知道他真实的日常表现。"

对策:坚持做正确的事情。首先,我们要对解聘员工这件事情的合理性进行判断,不能说在不合理的情况下,还要做这件事情,如果判断这件事情存在非常大的不合理性,甚至可能会违反法律法规,且目前的自己没有决定权,则需要及时向上汇报,避免风险。如果在评估之后觉得解聘确实是要做的事情,那就摆正心态,这基本上在任何一个组织 HR 都会面对的情况,你不可能知道每一位员工的表现,关于这一点,只需要和用人合伙人充分沟通员工的绩效表现,准备好绩效相关的资料即可,引导用人合伙人尽可能提供更多的证据材料。

害怕冲突与矛盾——"员工不同意怎么办,员工要起诉怎么办?"

对策:如果判断我们做的是正确的事情,那么即使员工不同意,我们也要坚持组织的决定,只要记住什么是我们该做的事情,对方的反应,我们没有决定权,就只能去面对,但是这并不意味着只要我们认为自己做的事情正确,就不讲沟通技巧的去刺激对方,而是在做好自己该做的事情之后,放下可能会失败的心理包袱。

碍于情面好难——"我俩日常关系不错,这要怎么谈?"

对策:调整自我认知。我们需要问自己,离开对对方真的是坏事吗?未必是这样,事实上很多离别对于员工和组织都是好的选择。虽然在短期内,我们可能只注意到了它的不利影响,但从长远的视角来看,可能会发现这一变化实际上为员工在更适合他们的领域中实现更好的发展提供了机会。通过这样的反思,我们可以更加全面地理解离职的意义,将其视为职业生涯中的一个积极转折点,而非单纯的损失。

4.2.3　开启劝退对话:沟通的技巧

杨安平老师曾提出劝退员工之前要进行全方位的准备,而沟通的过程要遵循金字塔逻辑,那么我们接下来以劝退不合适的员工为例,来看一下如何面对这种棘手的沟通。

明确沟通目的

沟通的目的是让员工接受公司的决定,让员工顺利离开,在达成这个前提下,尽量减少成本。

做好沟通前的资料准备

员工不适合岗位的证据。在这一点上我们需要遵循"用事实说话"的原则。这包含岗位标准和行为标准,以及工作目标和实际结果。岗位标准、行为标准、工作目标可以参考岗位说明书和绩效考评表。关于实际结果需要强调事实、对他人的影响和带来的结果。应具体阐述实际结果部分。

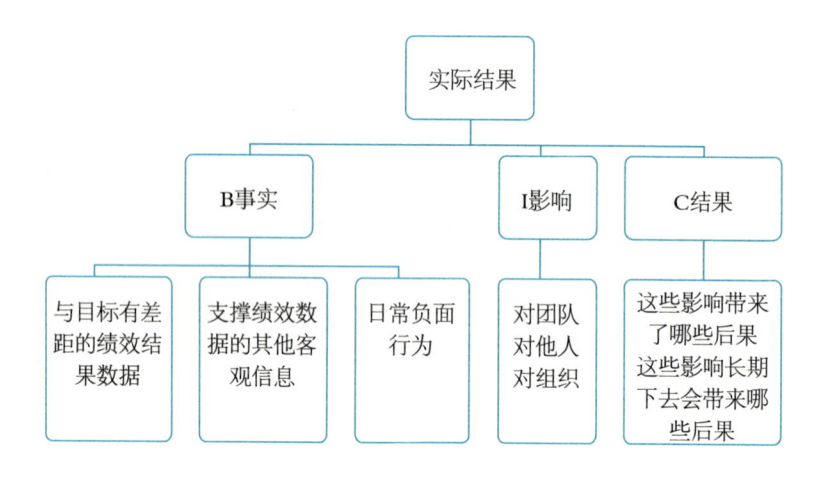

```
                    实际结果
          ┌────────────┼────────────┐
        B事实         I影响         C结果
    ┌─────┼─────┐    ┌────┐    ┌──────────┐
  与目标  支撑绩效  日常负  对团队    这些影响带来
  有差距  数据的其  面行为  对他人    了哪些后果
  的绩效  他客观信         对组织    这些影响长期
  结果数  息                         下去会带来哪
  据                                 些后果
```

图 5-15　BIC 陈述原则

事实:坚持陈述事实的重要性在于,它能够减少员工的不必要猜测,从而有效避免负面情绪的产生。例如,在讨论员工的缺勤问题时,简单的指责如"你总是迟到"可能会引起对方的抵触和防御。然而,如果换成具体的事实描述:"我们注意到在本月的 ×日和 ×日,您是在 10:30 之后到达公司的。"这样的表述更加客观、具体,有助于引导员工理解问题的实际情况,而不是陷入情绪化的对抗,从而促进更为建设性的对话。

事实包含三部分内容

在进行绩效评估和沟通时,事实的陈述应包含三个关键部分。

与目标有差距的绩效结果数据:

这可能包括之前的绩效评价记录、未达标的关键绩效指标(KPIs)或其他相关的量化结果。

支撑绩效数据的其他客观信息:

沟通历史:记录和提供过去与员工进行沟通的详细信息,包括哪些同事或管理者曾与员工就其绩效问题进行过交流。

过程管理:在日常管理中,员工的表现如何,管理者是否曾提供过反馈和改进建议。虽然许多管理者可能未能留下详尽的书面记录,但这些信息对于全面理解员工的绩效情况至关重要。

员工的当前状态:观察并了解员工对当前情况的感受和态度。他们是否感到愤怒或不认同评估结果,还是愿意接受并寻求改进的机会。理解员工的情绪状态对于制定后续的支持和改进计划至关重要。

通过全面、客观地呈现这些事实,可以帮助员工更好地理解绩效评估的结果,并为双方提供一个共同的讨论基础,从而促进更具建设性和成效的沟通。

日常负面行为及影响:

比如长期迟到,不参与部门协同会议,导致项目延期。带来的影响包含对团队、对他人和对是事务所的影响,而结果包含这些影响带来了哪些后果,这些影响长期下去会带来哪些后果。比如,这些行为的后果不仅限于短期内的项目延期,还可能包括损害团队士气、降低工作满意度以及削弱客户对事务所的信任。如果这些行为持续存在,长期来看可能会导致更严重的后果,如客户流失、团队人才流失,甚至影响事务所的市场声誉和业务发展。因此,解决这些负面行为,不仅是为了立即改善项目执行,更是为了事务所的长期稳定和成功。

做好沟通前的心理准备

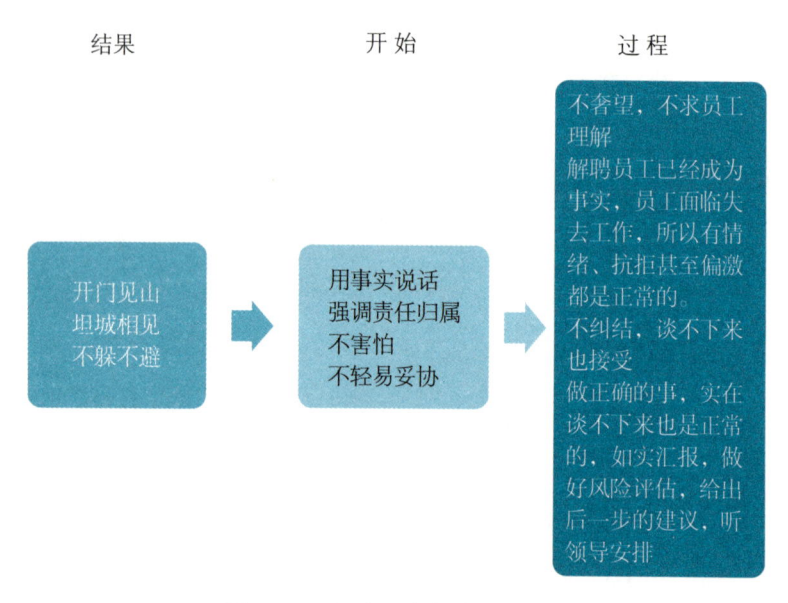

结果　　　　　　　　开始　　　　　　　　过程

开门见山
坦诚相见
不躲不避
→
用事实说话
强调责任归属
不害怕
不轻易妥协
→
不奢望,不求员工理解
解聘员工已经成为事实,员工面临失去工作,所以有情绪、抗拒甚至偏激都是正常的。
不纠结,谈不下来也接受
做正确的事,实在谈不下来也是正常的,如实汇报,做好风险评估,给出后一步的建议,听领导安排

图 5-16　杨安平老师的沟通模型

在与员工讨论解聘事宜时,直接而坦诚的沟通至关重要。这种直接性不仅是对员工的尊重,也是必要的职业行为。任何信息的回避都可能导致员工感到被边缘化或不被重视。在沟通时,应避免过多的主

观判断,转而提供清晰、客观的事实。明确指出决策的责任归属和决策背后的原因,有助于员工理解情况。作为 HR,保持平和而坚定的态度是关键。记住,这不是个人的决策,而是公司层面的决定,HR 和员工之间并非敌对关系。同时,坚持原则,维护公司的底线,轻易让步以求和平不仅传递了错误的价值观,还可能为未来的管理埋下隐患。在处理解聘事宜时,平衡尊重与坚定,确保沟通的效率和公正性。

过程沟通六步走

第一步:坦诚沟通,明确来意。

在进行劝退谈话时,HR 的首要任务是以同理心开启对话,但同时保持简洁明了。可以直接进入主题,例如,"您可能已经意识到,我们今天讨论的主题与您近期的××行为/绩效问题有关,基于这些情况,公司作出了解除劳动合同的决定。"迅速阐明谈话的核心内容对员工来说是一种尊重,尤其是对于那些已经有所察觉的员工,这样可以减少他们的焦虑和不确定感。

在对话过程中,密切关注员工的反应至关重要,包括他们的面部表情和肢体语言。这些非言语信号对于调整沟通策略非常有帮助。通过这种细致入微的沟通方式,HR 可以更有效地与员工交流,确保整个过程既尊重员工的感受,又妥善处理这一敏感话题。

第二步:表达自己的态度和立场。

我们可以坦诚地和员工表达:"作为人力资源部门的一员,我想与您进行一次坦诚而尊重的对话。我必须承认,这次谈话对我来说并不容易,我甚至一直在纠结如何开始。毕竟,我们讨论的是关于离职的敏感话题,我知道这无论如何都不会是一个轻松愉快的对话。如果在沟通的过程中,我的某些表达让您感到不适,请随时告诉我,我会尽力调整我的方式。我在这里是为了倾听您的想法,理解您的立场,并尽可能地提供支持。我们之间的沟通应该是双向的,我非常重视您的反馈和感受。"

第三步:创造安全的沟通氛围。

这一步的对话旨在建立一个开放、坦诚的沟通环境,摒弃任何预设观念和防备心态。我们可以明确地告诉员工,我们今天的沟通并不是单纯地作为公司的传声筒,而是出于两个重要的目的。首先,我们的任务是向员工传达公司层面的最新决策,并提供准确的信息,确保不受外界不实言论的影响。其次,我们也非常希望能够听到员工的声音,了解员工的看法和感受,特别是那些公司可能尚未掌握的信息。比如,如果员工认为绩效评估的结果存在不公平,或者有某些具体情况和客观因素公司尚未了解,或者员工对自己的行为有不同的理解,甚至有难以言说的苦衷。作为人力资源部门的一员,我们应该和员工分享这样的观点:"如果在这个时候,我们能够从双方的角度出发,补充和完善信息,或许我们还有机会重新审视这个决定?即使最终决定无法改变,至少我们可以在某些关键信息上达成共识,找到一个双方都能接受的结果。如果您选择沉默,或只是抱怨,那么问题依然存在。您觉得呢?"

第四步:金字塔结构式的表达方式。

金字塔结构式表达——说清楚自己的观点和论据(见图5-17)。

第五章 人才盘点：律师事务所的团队优化策略

论点、结论

> 目前由业务部门的主管合伙人提出，并由部门管理合伙人批准，针对你过去一年的绩效考核结果，以及你最近的一些负面行为，作出协商解除的决定

事实—岗位标准

> 律师是事务所的核心岗位，律师的工作产出直接决定事务所对客户的交付，咱们事务所的标准是明确客户需求，并和团队成员合作给客户一个满意的解决方案，对于对客户回复的及时性、交付文件的专业性以及团队协作都有一定的要求

事实—绩效实情

> 假设你去年绩效的考核结果为D，在绩效面谈之后，主管合伙人主动和你沟通过改进建议，但是经过PIP，你只完成了合伙人提出建议的50%，依然没有达到目标

事实—日常行为

> 最近你的考勤表现连续一周迟到，我们之前对于考勤的表现进行过提醒，但是你依然没有什么改进，并且在给客户一个近期方案之前的会议你也因迟到没有参加，影响了我们对客户的回复，为此也经常与团队成员发生冲突

绩效制度约定

> 由于公司目前在进行降本增效，绩效考评为D的人员，是今年优化的目标。连续两年绩效考核为D，事务所会最终淘汰

日常行为的影响与后果

> 现在案件较多，大家工作量十分饱和，加班也多，因为你的迟到，给团队其他人员士气带来了不良的影响。同时，由于客户的时间要求，我们必须完成客户的要求。你的缺位，导致团队其他人员进行补位，增加了他们的工作量。有一次没有及时回复让客户很恼怒，还说出了不与我们续约的话

图 5–17　金字塔结构表达

论点、结论。

目前由业务部门的主管合伙人提出,并由部门管理合伙人批准,针对你过去一年的绩效考核结果,以及你最近的一些负面行为,作出协商解除的决定。

事实——岗位标准。

律师是事务所的核心岗位,律师的工作产出直接决定事务所对客户的交付,咱们事务所的标准是明确客户需求,并和团队成员合作给客户一个满意的解决方案,对于对客户回复的及时性、交付文件的专业性以及团队协作都有一定的要求。

事实——绩效实情。

假设你去年绩效的考核结果为 D,在绩效面谈之后,主管合伙人主动和你沟通过改进建议,但是经过 PIP,你只完成了合伙人提出建议的 50%,依然没有达到目标。

事实——日常行为。

最近你的考勤表现连续一周迟到,我们之前对于考勤的表现进行过提醒,但是你依然没有什么改进,并且在给客户一个近期方案之前的会议你也因迟到没有参加,影响了我们对客户的回复,为此也经常与团队成员发生冲突。

绩效制度约定。

由于公司目前在进行降本增效,绩效考评为 D 的人员,是今年优化的目标。连续两年绩效考核为 D,事务所会最终淘汰。

日常行为的影响与后果。

现在案件较多,大家工作量十分饱和,加班也多,因为你的迟到,给团队其他人员士气带来了不良的影响。同时,由于客户的时间要求,我们必须完成客户的要求。你的缺位,导致团队其他人员进行补位,增加了他们的工作量。

第五步:再次简短总结结论性文字。

什么原因作出最终的什么决定。

因此,经过仔细考虑和评估,我们发现你目前的绩效和行为与岗位要求之间存在一定的差距。这些差异不仅影响了团队的日常管理,还可能对与外部客户的关系产生负面影响,进而对本年度的业绩收入造成潜在的损害。在全面审视了所有相关因素后,我们作出了一个艰难的决定,即建议你考虑其他的职业机会。我们理解这可能对你来说是一个不小的挑战,我们将尽力提供必要的支持和协助,以确保这个过程尽可能顺利。

如何执行这个决定,操作方式。

为了确保这个决定不会对你未来的职业道路造成不利影响,我们建议你主动提出辞职申请。这样,你的人事档案中将不会记录被辞退的情况。同时,我们可以签订一份离职协议,就适当经济补偿达成一致。尽管这次离职是由于岗位不匹配和一些负面行为所导致,但我们也非常认可您自××年加入公司以来,在××项目中所作的贡献和努力。因此,公司愿意提供××元的补偿金,这一补偿将在您的离职协议中明确体现。我们希望这样的安排能够为

您的平稳过渡提供支持。

第六步：询问对方的看法与意见。

你对这些信息有疑问吗？

或者你有哪些信息是公司不清楚的，或者有偏颇的地方，你可以说说你的看法。

当然，进行一次涉及劝退的敏感对话往往不是单次沟通就能解决的，它可能需要通过一系列对话来逐步展开。在这样的沟通过程中，人力资源部门的专业性体现在始终保持诚实和透明的态度，坚持以事实为基础进行交流，确保论点合理且有充分依据，同时对员工的感受给予尊重，并且认真对待他们的反馈。

这样的沟通不仅是对个人专业素养的考验，更是对公司形象和文化的体现。因此，我们必须以公正无私的心态，执行组织的决策，同时对员工表示尊重，并与他们共情，确保整个过程能够体面、尊重地进行。

第六章

文化传承：律师事务所的文化建设与管理

两年前,一位资深的合伙人曾经语重心长地说:"我们期望人力资源部能够吸引更多人才加入我们的组织,并向他们传递我们的企业文化。"这句话让我陷入了深思,因为我从未意识到,自己工作中的一部分职责是传承和弘扬事务所文化。

从那以后,我开始认真地研读事务所的内部刊物和出版的书籍。出乎意料的是,这些内容竟然令我沉迷其中,我发现自己常常在夜深人静之时,阅读合伙人们的故事直至入眠。在我遇到挫折和情绪低落的时候,我会用那些创始合伙人的故事来激励自己:我们那么多前辈们早就经历过更大的困难了,我为什么就不能战胜眼前的困难呢?

我逐渐感到遗憾,为什么没有在刚加入事务所的时候就开始阅读这些书籍。我当下最深的感受是,在人生的旅途中,最重要的并不是目的地,而是与谁同行。如果有人问我文化究竟是什么,我可能还是无法用简单的语言来描述。但我确信,那种激励我不断前行的力量,正是事务所文化的生动体现。

组织文化是企业核心价值和宗旨的体现,它不仅塑造了企业的文化形象和行业特色,还有助于员工形成认同感。通过以文化为向心力,企业可以形成独特的文化软实力,从而在行业中确立引领地位。这同样适用在律师事务所,决定一个律师事务所成败的关键,不在于律师们拥有的社会资源的多寡,而在于他们是否能够长期坚持共同的信念和文化。一个缺乏文化的律师事务所,难以

拥有持续的竞争力和旺盛的生命力。

因此,作为其中一员,我们每个人都有责任去理解和传递这种文化。

001
文化管理误区：律师事务所的常见陷阱

误区一：文化很虚，离我们很远。

在写这部分之前，我与一些律师沟通，试图了解他们所理解的文化，然而一些律师说企业文化这个概念非常抽象，似乎决定不了他们的升职加薪，只是口号而已。虽然，这并非企业管理层想听到的，但确实代表了一部分员工的想法。

反驳：员工之所以这样想，是因为他们将文化等同于口号。实际上，企业文化并不是虚无缥缈的，而是实实在在地融入我们的日常工作中，甚至关乎于每一个员工的切身利益，比如，企业的招聘标准、绩效考核指标、企业用人观、会议/沟通的方式、都在渗透他们到底主张什么反对什么。举个例子，一个底薪低，提成高的提成制律所，薪资结构就已经反映了他们的文化是以业绩为导向，而一个为律师提供固定的且具有竞争力水平薪酬的律所，无疑是更注重培养律师专业能力，让律师成为合伙人之前专心以精进业务为主，无须为开拓市场这件事情所干扰。你看，不需要语言，薪资结构就说明了文化导向。

误区二：企业文化是管理层洗脑的工具，与基层员工无关，与 HR 无关。

前面有提到在律师事务所中人力资源管理工作开展难度很高，原因是律师都具有高素质，较好的学历背景和非常独立的思想，难以被人左右，他们往往将企业文化视为管理层"洗脑"的工具，因此甚至没有深刻理解就开始抵触。很多 HR 见到员工这样的反应，若无其事，也会认为这是管理层的事情，心里想：我们又能做什么？

反驳：之所以有这种误区是因为，企业文化是由领导者传递，仅停留在说教层面，但是似乎看不到员工具体执行，说到底是企业文化没有落地。执行到位的企业文化是从员工的理念转化为员工的信念从而落实到日常行动中。HR 完全可以作为绩效文化的推手，将组织的理念传递下去，融入日常的小事中。

误区三：企业文化与企业存亡没有太大关系。

我记得几年前参加一次外部培训，培训是关于人力资源的，当时这个培训是在一家律所举办，有一些刚刚升为合伙人的律师也参与其中，前面涉及招聘、员工关系的章节，大家都在认真听，讲到传递企业文化的环节，基本上人都走了，留下的听众也是提不起兴趣的样子。这让我想起，有个在金融企业的 HR 同行曾说过，企业内部关于文化的培训，基本上必须强制参加，不然没有人去，一些业务经理甚至觉得这样的培训耽误他们的时间。

反驳：任正非指出，资源是会枯竭的，唯有文化才会生生不息。

企业文化是企业发展的灵魂,最核心的内容是企业的价值观,它最重要的任务是增强群体凝聚力。特别是对于律师事务所,组织架构与一般组织不同,合伙人较多,以小团队的结构为主,只有将文化作为黏合剂才能聚在一起。好比大家在一条船上,每个人拿着一个船桨划水,就必须保证方向是一样的,但是我们也知道这其实很难,因为每个人都有独立的思想,由于成长经历的不同考虑问题的角度也不同,那么价值观也是不同的,越是这样,事务所越要想办法传递文化,在选人时筛选和我们价值观一样的人,对于在职的员工让他们理解创办这个组织的初心,让他们与组织同频。

误区四:企业文化与业务两层皮。

就像误区三中所说的,员工认为有关企业文化的培训是浪费时间,对于律师来说很多案件是按小时收费,一个培训1~2小时,参加了似乎是在耽误他们工作。这是典型的将企业文化与业务剥离开看的行为。

反驳:这样想的本质是员工还是没有理解文化的作用。我认为这并不完全是员工的问题,因为很多组织在宣传文化的时候,很喜欢用理念解释理念,不与企业的经营场景联系起来思考,自然也无法解决业务中的问题,对企业的业绩也没有贡献。这恰恰是企业的管理者和 HR 能够发挥作用的地方,我们要将企业文化的抽象话语,变成可以理解的话语、故事和看得到的行为,感受到并且相信,才能真正地转化为行为。

接下来让我们从介绍什么是文化,文化管理的意义,来探索人力资源业务合作伙伴如何助力文化在律师事务所落地,让作为精英群体的律师能够践行事务所文化,不再将文化视为事不关己的口号。

002
文化的力量：律师事务所文化管理的意义与价值

关于文化的小故事：

企业文化是"第一竞争力"。

20世纪80年代中期，日本经济处于顶峰时，日本商人不仅购买了洛克菲勒大厦，甚至有一个日本商人想购买美国的总统山运回日本，为日本人了解企业文化而设立一个公园。

此时，美国人不得不接受一个事实：日本企业竞争力超过了美国，成为世界第一，这给了美国企业界和管理学界极大的震动，同时也引发了美国研究日本的热潮。美国派出了众多学者研究日本，包括彼得·德鲁克、迈克尔·波特等管理大师。通过研究，美国学者发现，日本企业具有一种特殊元素是美国企业不具备的，这个元素被美国学者确定为"企业文化"。

文化是种像钉子一样坚硬的"柔软"东西：实施起来十分艰难，取得的效果却牢不可破，不管你是否注意到，文化其实遍布你的周围，它会影响你生活和工作的许多方面。企业文化则是企业中一整套共享的观念、信念、价值和行为准则的总和，它能促成企业内部形成一种共同的行为模式,这种共同的行为模式便是企业文化最强大的力量之所在。①

有人把企业管理像围棋手一样分成九段(见图6-1)。管理一段:经验管理;管理二段:效率管理;管理三段:成本管理;管理四段:质量管理;管理五段、管理六段、管理七段,分别为人性管理、知识管理、创新管理,而这恰恰是我们中国企业近几年高度重视的三段管理;管理的最高段位则是管理八段——文化管理、管理九段——战略管理,这也是我们企业管理发展的最高境界,但在实践中,往往离员工很远,无法落地。那么文化管理到底具有什么样的意义?为什么高层管理者一直在声嘶力竭地说着这件事情,基层员工却没有任何感受,那么我们接下来探讨文化管理的意义。

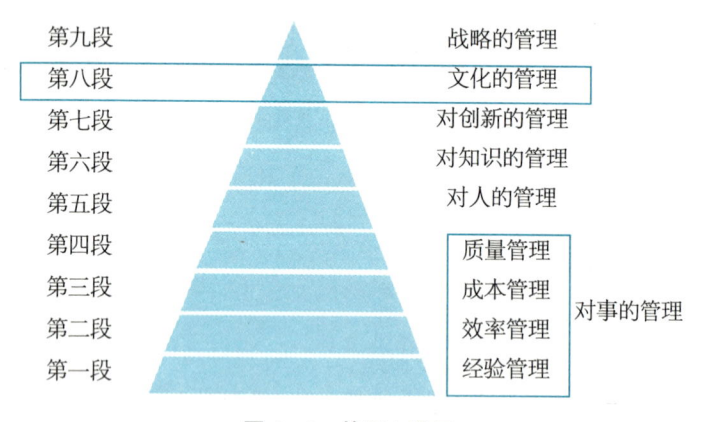

段位	管理内容	
第九段	战略的管理	
第八段	文化的管理	
第七段	对创新的管理	
第六段	对知识的管理	
第五段	对人的管理	
第四段	质量管理	对事的管理
第三段	成本管理	
第二段	效率管理	
第一段	经验管理	

图6-1 管理九段图

---

① 参见杨月坤:《企业文化》,清华大学出版社2011年版。

正如哈佛商学院的科特教授和赫斯克教授在他们的著作《企业文化与绩效》中通过长达11年的研究和上百家世界知名企业的案例分析所揭示的,企业文化的重视与否对企业绩效产生了显著的影响(见表6-1)。数据显示,那些重视企业文化的公司在总收入、员工增长、股票价格以及净收入的增长率上,分别达到了682%、282%、901%和756%,远远超过了那些不重视企业文化的公司。这一发现强调了文化在塑造企业成功中的核心作用。

表6-1 重视企业文化对企业绩效的影响情况

各项增长率	重视企业文化的公司	不重视企业文化的公司
总收入平均增长率	682%	166%
员工增长率	282%	36%
公司股票价格增长率	901%	74%
公司净收入增长率	756%	1%

文化管理在律师事务所中同样具有重大的意义。

第一,强化律所的自我调节机制。

律师群体由于职业习惯,在律所内部经常会对管理事务产生无休止的辩论,如果争辩的双方以及观战的其他律师都对同一个律所文化有着高度的认同感,那么争辩双方最后的观点往往会殊途同归,最后条件成熟并在其他律师的斡旋下自发停止争辩并形成一个大家普遍接受的解决方案。

第二,化解合伙人之间的矛盾。

合伙人之间若出现矛盾冲突,无疑是对律所发展最大的伤害。

随着律所规模的逐渐扩大,律所的人合属性已经不可避免地被慢慢削弱,但若完全脱离律所的人合属性,大型律所的发展就显得飘摇不定,随时有可能因个别合伙人的分崩离析而陷入发展危机。只有合伙人队伍具有高度的律所文化认同,彼此相处时能够感觉舒适、对路,才能在矛盾面前展现出应有的包容和胸怀,合伙人队伍的和谐、稳定是律所能够实现长期稳步发展最重要的基础。

第三,形成律所发展的向心力。

当律所文化充分发挥作用时,律所每一个人都知道自己什么事该做,什么事不该做。当每一个人的付出都是在为律所添加正分数,心往一处想、力往一处使,就能令律所对外美誉度分值爆表,并始终沿着符合整体利益的方向发展,律所与律师之间才能形成一种良好的互相促进作用。否则各顾各的,这边加分那边减分,每个人只攫取不建设,律所存在的价值迟早就像不可再生能源一样被消耗殆尽。

003 文化落地三部曲：知、信、行的实践路径

在律师事务所中，我们需要完成三个过程，就是让员工了解文化是什么，然后相信这个文化，认为这不是空中楼阁，最后转化为行为。

知信行理论模式（Knowledge, Attitude/Belief, Practice, KAP）是用来解释个人知识和信念如何影响健康行为改变的最常用的模式，由英国人柯斯特于20世纪60年代提出。该理论将人类行为的改变分为获取知识（Knowledge）、产生信念（Attitude）和形成行为（Practice）3个连续过程。其中，"知"是对相关知识的认识和理解，"信"是正确的信念和积极的态度，"行"是行动。这个理论中的3个要素之间是存在辩证关系的，知识是行为改变的基础，信念和态度是行为改变的动力。只有当人们获得了有关知识，并对知识进行积极的思考，具有强烈的责任感，才能逐步形成信念；知识只有上升为信念，才有可能采取积极的态度去改变行为。许多咨询公司和文化管理专家将这个理论模式用于文化落地领域。比如，华夏基石管理咨询公司就提出了企业文化落地的"知、信、行"

模型(见图6-2)。

正式传播	领导配合	英雄模范
非正式传播	制度配合	行为规范
标识物化	仪式活动	经验推广

图6-2 企业文化落地的"知、信、行"模型

华夏基石企业文化落地的"知、信、行"模型认为,企业文化落地本质上是将企业家所倡导的理念转变成企业员工的共同信念和习惯的过程,这中间需要三个重要的步骤。

第一,企业家所倡导的理念到企业全体员工所理解的理念的过程。这个过程需要大量的传播、培训、沟通工作。在很多企业,企业家所倡导的理念和企业员工理解的理念并不一致。企业文化落地第一个环节。

第二,企业文化落地的第二个环节——从"理念"到"信念"转化的过程。"理念"和"信念"之间虽然只有一字之差,却存在相当远的距离:"理念"是通过理性思考认可的一种观念,是人们经过长期慎重思考并认为正确的理念;而"信念"则是融入了人的情感、深入人的内心,甚至变成一种无意识状态、被人完全接受了的观念。很多企业家和员工共同拥有的是一种共同理念,而不是一种共同信念。这是企业文化落地的第二个环节。

第三,从企业员工共同的信念到企业员工共同习惯的过程,这个过程需要经过大量的实践、探索、试错和失败,不仅需要行动的勇气,也需要成功的激励。很多观念在大家心中是认可的、坚信的,但在实践中大家却常常会身不由己,滑入与自己信念相悖的习惯中。由企业员工共同的信念转化为企业员工共同的习惯,这是企业文化落地的第三个环节。

简言之,企业文化落地,本质上是把企业家的理念转变成企业全体员工共同理解的理念,再由企业全体员工共同理解的理念转变成全体员工共同认可的信念,最后由全体员工共同认可的信念转变成全体员工共同养成的习惯的过程。

企业文化落地所包含的三个环节就如同从现实到达彼岸世界必须要蹚过的三条河一样,每一条河都绕不过去。

004

HR的文化使命：如何在律师事务所践行文化

在人力资源管理的实践中，HR扮演着至关重要的角色，引导员工从知晓企业文化，到深入认同，再到积极落实文化的每一阶段。基于"知、信、行"的理论，以下是HR可以采取的一系列践行文化的措施（见图6-3）。

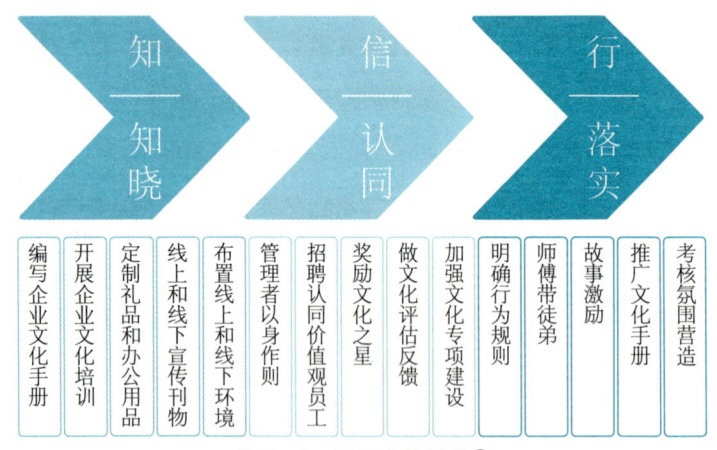

知——知晓：编写企业文化手册；开展企业文化培训；定制礼品和办公用品；线上和线下宣传刊物；布置线上和线下环境

信——认同：管理者以身作则；招聘认同价值观员工；奖励文化之星；做文化评估反馈；加强文化专项建设

行——落实：明确行为规则；师傅带徒弟；故事激励；推广文化手册；考核氛围营造

图6-3 践行文化措施①

---

① 王祥伍、谭俊峰：《华夏基石方法：企业文化落地本土实践》，电子工业出版社2014年版。

招聘：把好进人关。

律师事务所的规模化发展已成为当下的主流趋势，大型律所吸引了越来越多的律师加入，形成了专业人才的聚集地。尽管律师行业有"志同道合者聚"的说法，但律所在扩张过程中也面临着"进人易，出人难"的挑战。对于那些不尊重律所文化或难以融入团队的律师，除非他们自愿选择离开，否则律所往往难以主动让其退出。鉴于此，在新员工表达加入律所的意愿时，人力资源部应该把好第一关，应当着重阐述律所文化的核心价值和期望行为。只有那些明确表示愿意接受并融入律所文化的律师，才应被欢迎加入，这样做有助于维护律所和谐稳定的文化环境。

宣讲会：雇主品牌的塑造。

在每年的校园招聘季中，律师事务所的宣传策略和招聘活动不仅是吸引人才的手段，更是传递企业文化和价值观的重要途径。通过精心设计的宣传标语、企业形象以及招聘理念，我们向潜在的候选人展示了事务所所重视的人才特质，以及他们加入后将与怎样的团队共事。更重要的是，我们为他们描绘了一个职业发展的蓝图，让他们能够预见到在事务所的平台上，自己未来的成长轨迹。

在面向社会的招聘活动中，人力资源部门的每一次互动都是企业文化的生动体现。HR 团队作为候选人接触企业的首位代表，所表现出的专业度、礼貌和行为举止直接影响着候选人对事务所的第一印象。一个不礼貌或不专业的电话沟通、面试表现，都可能在候选人心中留下负面的烙印,从而影响他们对事务所整体形象的评价。

因此,律师事务所的 HR 团队必须不断提升自身的专业素养和沟通技巧,确保在每一次的招聘互动中都能够展现出事务所的正面形象和核心价值观。

劝退与纠纷处理:法律与文化的坚守。

在劝退员工或处理纠纷时,人力资源专业人员要做到坚守法律和企业文化两条底线。法律为我们提供了处理问题的基本框架和准则,而企业文化则为我们如何在这些框架内以一种负责任和有尊严的方式行事提供了指导。在劝退员工的过程中,HR 不仅要遵循法律规定,确保程序的合法性和正当性,还要确保整个过程体现出企业的人文关怀和尊重每一位员工的承诺,越是在危急或敏感的时刻,HR 的一言一行代表的绝不是自己而是整个组织的形象。这样,即便是在员工离职的时刻,他们也能深切感受到企业的关怀和尊重,这是企业文化对所有成员的坚定承诺。

因此,HR 完全可以通过自己的本职工作将企业文化从抽象的概念转化为员工可以感知、可以实践的行动。

005
文化建设法则：适合律师事务所的策略

可以看到文化建设过程中可以采取的方式有很多，但是由于时间、精力、财务资源有限，必须结合所在的行业、组织的特点精准地找到适合组织的文化建设方式，我认为以下三种方式适合律师事务所的发展过程中建设、传播和践行企业文化。

5.1 管理者以身作则

领导的关注和示范是让员工相信理念的基础。一种理念，企业领导如果只是口头讲讲，讲完之后在实际工作中不关注落实情况、不与日常经营管理活动结合，甚至自己也不在行为上身体力行，那么员工就不可能相信。因为企业领导的日常言行就是企业文化的"风向标"与"指挥棒"，企业领导的言行重视什么，员工也就会相信什么，企业领导如果在日常言行中不重视，员工的相信也就无从谈起。

孔子在《论语》中深刻阐述了领导者行为的示范作用。在《论语·颜渊篇》中,孔子提到:"君子之德风,小人之德草。草上之风必偃。"这句话意味着领导者的行为如同风一般,而普通人的行为则似草一样,风向哪里吹,草就向哪里倒。这表明领导者的行为和决策会直接影响到团队成员的行为模式。在《论语·力政篇》中,孔子进一步阐述:"为政以德,譬如北辰,居其所而众星拱之。"这里,孔子比喻说,以德治国就像北极星一样,安静地居于其位,而其他星星自然而然地围绕它旋转。这说明领导者若能以德行和正直来引领,便能自然而然地获得团队的尊重和追随。再如,在《论语·颜渊篇》中,孔子回答季康子时说:"政者,正也。子帅以正,孰敢不正。"这句话强调了领导者以身作则的重要性,如果领导者能够保持正直,那么下属自然也会效仿其正直的行为。

《论语》中关于领导行为在管理中的作用的讨论,虽然主要针对的是治国理政,但其内涵的智慧同样适用于现代企业管理。在律师事务所的实践管理中,推行一种文化理念,最好的方式是每一位合伙人率先在行为上做出表率。**HR** 在这个过程中也可以发挥一定的作用,或许不能左右管理者行为,但是我们可以耐心引导,比如,合伙人在做一个招聘决定的时候,如果我们意识到这位候选人虽然专业能力满足我们要求,但是价值观存在偏差,我们应该给予及时的提醒。否则,领导一方面倡导一种价值观,另一方面行为上却不能一贯坚持,有时候甚至给出相反的信号,那么,我们就不要寄希望于员工率先奉行,任何其他的推行文化的手段和策略也是枉然。

5.2 师徒传承法

师徒制,这一传统的培训方式,不仅是技能和知识的传递,更是组织文化和行为标准的传承。在法律咨询、金融等提供个性化服务的领域,师徒制因其独特的优势而被广泛采纳。在员工的不同职业阶段,从初入职场的职业认知期,到技能提升的职业成长期,再到技艺精湛的职业成熟期,师徒制都扮演着至关重要的角色。

在职业认知期,新员工面临着角色的转换和适应新环境的挑战。师徒制能够帮助他们快速理解岗位职责,适应新的工作环境,并掌握企业的基本行为规范。进入职业成长期,员工虽然对工作已经较为熟悉,技能也在不断提升,但可能会遇到职业发展的"瓶颈",感到倦怠或不适应。在这个阶段,师徒制中的紧密关系使得师傅能够及时掌握徒弟的心理状态,帮助他们调整心态,克服困难。在职业成熟期,员工不仅技能娴熟,更应具备面对挑战的能力,他们甚至可能因为出色的表现而获得组织的认可,晋升为新的师傅,继续传承文化和知识。

合伙人作为律所的业务中坚力量,通常是实习生和新律师的指导者。他们在"传帮带"的过程中,如何向徒弟传达自己对律所文化的理解和态度,这不仅对律所文化的延续至关重要,也直接影响着新一代律师的执业风格和价值观。合伙人需要将律所文化的精髓融入日常的指导和实践中,确保这些价值观深植于每位律师助理和团队成员的心中,从而促进律所文化的传承和良性发展。

5.3　故事激励法

故事激励法利用引人入胜的故事来生动地传达企业文化的核心理念,使得这些抽象的概念得以深入人心。这种方法体现了"小故事、大道理"的智慧——通过生动的叙述触动人心,通过真实的例子赢得信服。正如中国的传统文化和民族精神通过无数的故事在民众中流传并得以保存,诸如"忠"字背后岳母刺字的故事,"孝"字背后卧冰求鲤的故事,以及"囊萤映雪"和"悬梁刺股"等勤奋学习的故事,都是这一传统的体现。同样,《圣经》之所以在西方文化中具有深远的影响,也是因为它通过故事形式传播了其宗教和道德理念。对于那些耳熟能详的企业,它们的故事早已成为公众津津乐道的话题。比如海尔,人们会想到"砸电冰箱"事件,它不仅展示了海尔对产品质量的极致追求,也成为企业文化中"用户至上"理念的最佳诠释。再如华为,任正非创业初期的艰难历程和被骗经历,成为华为人坚韧不拔、勇于创新精神的象征。

在律师事务所的文化传播中,故事同样扮演着关键角色。它们通常是围绕事务所的发展历史、关键人物、法律服务的创新,以及事务所在成长过程中所经历的挑战与胜利的真实案例。比如,一些顶级律所事务所会把组织成长过程中的困难、风雨、成就和辉煌编纂成一部发展史或文摘集锦,让员工更好地理解组织的价值观、使命和愿景。这些故事不仅记录了事务所的过去,回顾了事务所的发展历程,也为员工提供了学习的榜样,激励他们不断向前探索、创新和超越。通过这些故事,事务所文化的理念得以在员工心中生根发芽,成为推动企业发展的不竭动力。

006
跨文化管理：霍夫斯泰德文化维度理论在律师事务所的应用

我工作多年，在冬季的某一天下班回家，望着大楼外的飞雪不禁想到，一年又过去了，但是自己今年有什么变化吗？回答是，好像没有。我越来越看到自己的局限性，每天有大量的信息涌入我的脑中，但是我越来越依赖于自己之前的思考习惯，难以从新的角度去想问题，虽然对于每天的工作看似轻车熟路，但是我比谁都清楚，自己没有进步，这让我感到了深深的无力感。我自己都处于电量不足的状态，如何帮助别人充电？于是为了打破现状，我选择暂停工作，去英国读书一年，这一年无论是在学术上还是在见识上都使我再次赋能。我走访了多个国家的企业巨头，如瑞士的雀巢、德国的宝马、丹麦的马士基，这些百年企业的生命力令我震撼。我感受到一个企业持久的生命力在于文化，在于先进的理念，但是这一切都是靠人来践行的。除此之外，我认为收获最大的还是开阔了我的国际视野，激发了我去思考在律师事务所国际化的大趋势下，人力资源各领域如何进行跨文化管理。

在德国曼海姆大学的交流中，霍夫斯泰德文化维度理论给我带来了很深的启发,因为这个理论能帮我们更好地理解文化和人的差异。

霍夫斯泰德文化维度理论是由荷兰心理学家吉尔特·霍夫斯泰德(Geert Hofstede)提出的,旨在衡量和解释不同国家和文化之间的差异。吉尔特·霍夫斯泰德通过广泛的研究和数据分析,识别出影响文化差异的六个基本维度,这些维度被广泛应用于跨文化交流、国际商务和组织管理等领域。

霍夫斯泰德理论包含的六个维度,见图6-4。

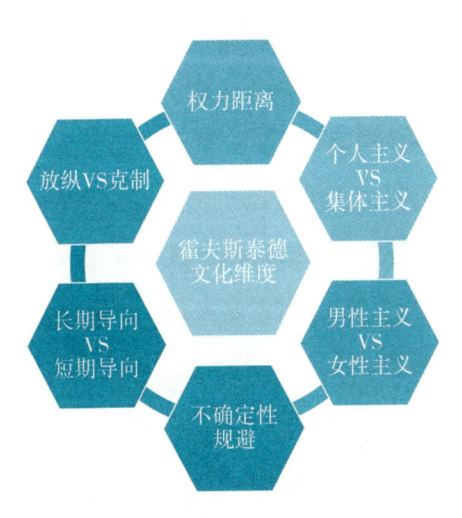

图6-4 霍夫斯泰德理论模型

权力距离(Power Distance)——某一社会中地位低的人对于权力在社会或组织中不平等分配的接受程度。权力距离代表的是不平等,它不是从高层角度定义的,而是从基层角度定义的,反映了组织和社会接受权力差异的程度。举个例子,如果英国人在地铁上碰到英国首相也坐地铁,他们会觉得很平常,反之在中国是无法想象的,这就是英国权力距离低的表现。新西兰的文化同样体现了低权力距离的特征。在这个国家,人们通常用名字来称呼他们的上司和同事,而不是使用头衔或尊称。与之相对的是,马来西亚是一个权力距离较高的社会。在这个国家,尊重权威和等级制度是文化的一部分。例如,马来西亚的组织结构通常较为等级化,员工可能不会直接质疑上级的决策,而是遵循指示和命令。同样地,印度文化中也存在较高程度的权力距离。在印度,社会等级制度和种姓系统有着深远的影响。虽然现代化和工业化已经带来了一些变化,但在许多情况下,人们仍然期望社会地位较低的人对地位较高的人表示尊敬和服从。

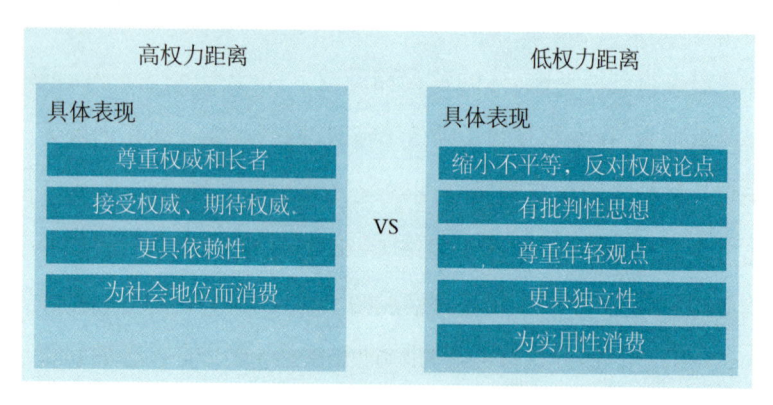

高权力距离		低权力距离
具体表现		具体表现
尊重权威和长者	VS	缩小不平等,反对权威论点
接受权威、期待权威		有批判性思想
更具依赖性		尊重年轻观点
为社会地位而消费		更具独立性
		为实用性消费

图6-5 不同权力距离具体表现

> 权力距离大的社会具有以下特点：
>
> 领导专制；
>
> 权力集中；
>
> 家长式管理方式；
>
> 多层级；
>
> 接受权力带来的特权；
>
> 众多监督人员；
>
> 对权力差异和不平等的预期。
>
> 权力距离小的社会具有以下特点：
>
> 参与性或协商式管理；
>
> 决策责任和权力分散；
>
> 组织结构扁平；
>
> 监督人员比例小；
>
> 质疑权威；
>
> 倾向于平均主义；
>
> 权利意识。

个人主义和集体主义（Individualism vs. Collectivism）——某一社会总体是关注个人的利益还是关注集体的利益。个人主义的文化下人们会比较注重个人的感受，而集体主义的国家比较注重家庭、团队的感受。信奉个人主义文化的地区，其社会和文化强调个人自由、个人权利和个人成功。个人的追求和自我实现通常被视为至关重要的价值观。相对于个人主义的集体主义反映了个人

倾向于保留在群体中的程度。注重集体主义的地区,强调家庭和社会群体的利益高于个人利益。集体主义在中国社会中占据着重要地位,人们通常会为了家庭和社会的整体利益而牺牲个人利益。

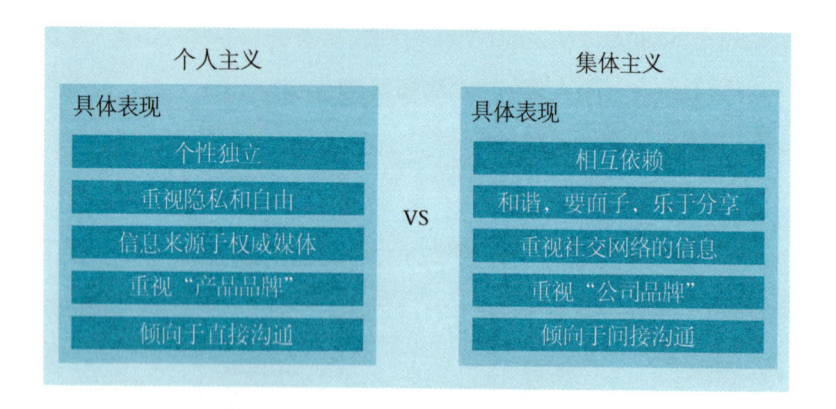

个人主义		集体主义
具体表现		具体表现
个性独立		相互依赖
重视隐私和自由	VS	和谐,要面子,乐于分享
信息来源于权威媒体		重视社交网络的信息
重视"产品品牌"		重视"公司品牌"
倾向于直接沟通		倾向于间接沟通

图6-6 个人主义与集体主义对比

个人主义的特点是:

培养了基于以交换为基础的契约关系。这些文化中的人,在参与某项行为之前会进行利弊的计算。

专注自己和最亲近人的行为关系的同时,也关注自己的目标、兴趣和需求。

强调个人享受、乐趣和快乐,甚至超越责任和社会规范。

自给自足和价值观独立,把自我利益置于集体利益之上。反抗被认为是这一群体的一种属性。

强调横向关系(如配偶之间的关系)而不是纵向关系(如父母和子女之间的关系)。

第六章 | 文化传承：律师事务所的文化建设与管理

认为他们拥有独特的信念。

集体主义文化的特点是：

行事时，会考虑到为维持团体内成员间社会和谐而建立的行为规范；

考虑自身行为对更广泛群体的影响；

把集体利益放在第一位，并愿意为此放弃个人利益；

偏袒团体中的部分成员（如朋友和家人）；

相较于选择以个人利益为重的个人主义，他们更倾向于顺从；

更加关注群体成员的，对外部群体成员，他们表现出敌意或漠不关心；

强调群体内部的和谐和等级制度；

借助群体规范来约束行为。

不确定性的规避（Uncertainty Avoidance）——用于描述和区分不同文化背景下的社会对于不确定性和模糊情景的容忍程度和应对策略（见图6-7）。比如，德国文化中，规则和程序被高度重视，这反映了对不确定性的规避。例如，德国的工作场所通常有详尽的操作手册和规章制度，以确保所有员工都明确自己的职责和预期行为，从而减少工作中的不确定性。同样，日本是不确定性规避较高的社会，因而在日本，"全面质量管理"这一员工广泛参与的管理形式取得了极大成功，"终身雇佣制"也得到了很好地推行。相反，瑞典等国家的文化倾向于接受不确定性和模糊性。例如，瑞典的工作场所可能更加灵活，对员工的个人时间安排和工作方式给予更多的自由度。这种文化环境下的人们可能更愿意尝试新事物,并接受不确定性作为生活的一部分。

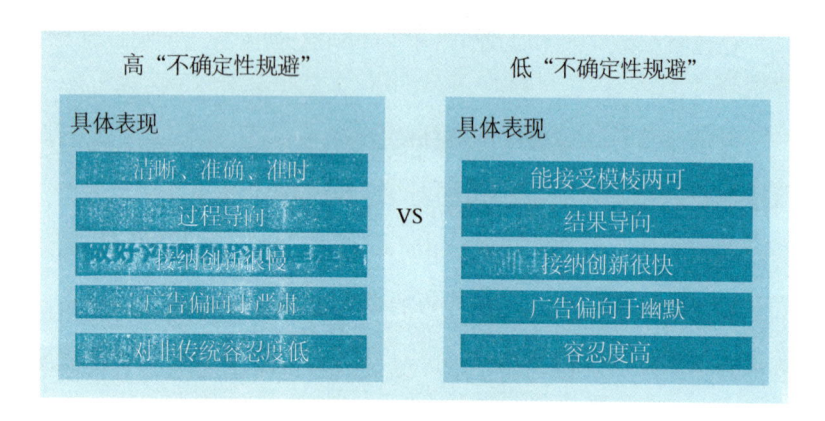

图 6-7 不同文化背景对"不确定"性的态度

低不确定性规避具有以下特点:

承担风险;

灵活变通;

对不同意见和行为的容忍。

对不确定性的强烈规避表现在以下 7 个方面:

避免风险的倾向;

有许多标准化程序、书面规则和明确划定结构的组织;

对协商一致的强烈要求;

对权威的尊重;

强调规划重要性的可预测性要求;

对偏离行为的低容忍或不容忍;

取决于年龄或年资的晋升。

长期导向和短期导向(Long-Term vs. Short-Term Orientation)——某一文化中的成员对延迟其物质、情感、社会需求的满足所能接受的程度。或者说这些人是否具有以未来导向判断其行为的倾向(见图6-8)。例如,在东亚文化中,传统的孝道文化鼓励子女为了父母的福祉和社会地位而努力学习和工作,这种价值观促使人们为了家庭的长期利益而牺牲个人的短期快乐。在拉丁美洲国家和美国更倾向于处理眼前的问题,而不是过度规划未来。例如,美国的消费信贷文化和快餐业的普及,反映了一种追求即时满足的社会趋势。

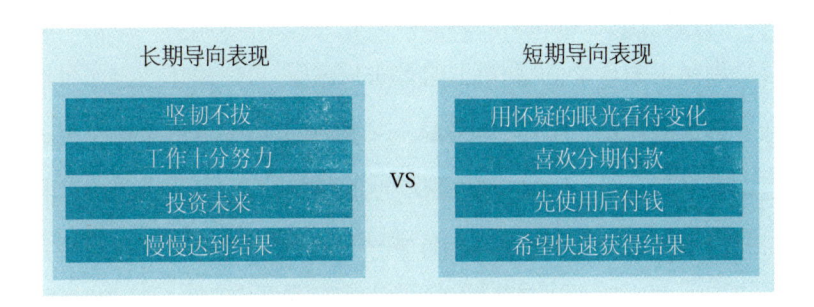

长期导向表现		短期导向表现
坚韧不拔		用怀疑的眼光看待变化
工作十分努力	VS	喜欢分期付款
投资未来		先使用后付钱
慢慢达到结果		希望快速获得结果

图6-8　长期导向和短期导向

长期导向(儒家的高价值观)反映在以下7个方面:

未来主义的、充满活力的心态;

强调基于地位的关系秩序,并强调遵守这一秩序;

强调持久性和毅力;

在乎羞耻感;

强调节俭；

与经济增长呈正相关；

倾向于建立相互关联。

短期导向(低儒家价值观)的特点是：

重视过去和现在；

对传统的尊重；

相对静态的、更传统的心态；

强调面子；

强调个人稳定；

关注稳定；

强调礼物、恩惠和问候的回报；

与经济增长呈负相关。

放纵和自我约束(Indulgence vs. Restraint)——某一社会对人基本需求与享受生活享乐欲望的允许程度(见图6-9)。放纵和自我约束的维度集中在幸福上。一个实行放纵的社会，为相对自由的天性满足和人性驱使腾出空间，这些放纵涉及沉溺于乐趣和生活享乐。自我约束的性质描述了一个抑制需求满足，并试图通过严格的社会规范加以控制的社会。新加坡是一个以自我约束为特征的社会。在新加坡，政府通过法律和规章制度来维持社会秩序和清洁，限制个人行为以确保社会的和谐与效率。例如，新加坡对乱扔垃圾、吸烟和在公共场合饮酒等行为有严格的限制。然而，意大利文化以其热情、享受生活的态度而闻名。在意大利，人们倾向于放纵自己的欲望,享受美食、时尚和社交活动。意大利的生活节奏和节日庆典,如狂欢节,都体现了这种放纵文化的特点。

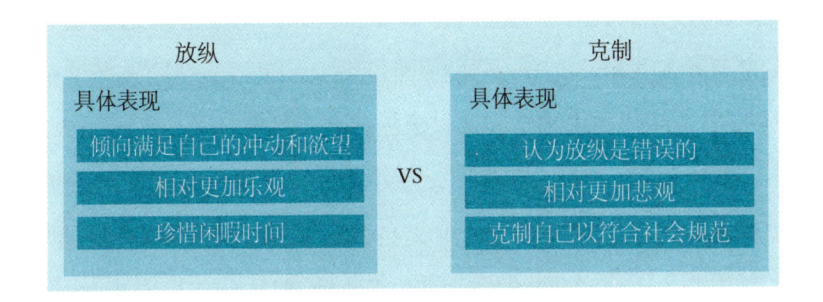

放纵		克制
具体表现		具体表现
倾向满足自己的冲动和欲望	VS	认为放纵是错误的
相对更加乐观		相对更加悲观
珍惜闲暇时间		克制自己以符合社会规范

图 6-9 放纵文化与克制文化表现对比

HR 对于文化差异问题进行管理的紧迫性

在全球化的浪潮中,律师事务所作为提供专业法律服务的机构,同样面临着文化多样性带来的挑战。在这样的背景下,人力资源部门的角色变得尤为重要,因为它们需要确保在招聘、培训、目标设定和绩效评估等关键环节中,能够有效地管理文化差异,促进事务所的整体发展和成功。

招聘:文化视角下的理想候选人

在招募新成员的过程中,律师事务所应当深刻理解并尊重来自不同文化背景候选人的独特特质和潜在优势。在个人主义盛行的文化中,如美国和英国,那些展现出强烈自信和直接沟通能力的候选人往往与事务所追求的独立和积极进取精神相契合。他们的个性和能力可能更适应于需要独立分析和解决问题的法律工作环境。

相较而言,在集体主义文化中,如亚洲和拉丁美洲的许多国家,候选人往往更重视团队合作和社会关系网的建立。这些候选人的谦逊态度和广泛的人际网络可能使他们更擅长在团队环境中协作,有效地与同事和客户建立信任和合作关系。

因此,律师事务所在招聘过程中,应当根据自身的文化价值观和业务需求,制定出既公正又具有文化敏感性的评估标准。这意味着在选拔过程中,应当综合考虑候选人的专业技能、沟通风格、团队合作能力以及适应事务所文化的能力。通过这种方式,律师事务所不仅能够吸引到多样化的人才,还能够确保新成员能够顺利融入团队,并在多元文化的工作环境中发挥最大的潜力。

目标设定:构建共识与合作

在低权力距离的文化背景下,在德国、荷兰、英国和美国等国家的律师事务所应当采纳一种更为民主和参与式的目标设定过程。在这些国家,通过鼓励团队成员共同参与目标的制定,不仅能够增强团队的凝聚力,还能够提升团队成员对事务所目标的个人投入和执行力。这种方法强调每个成员的意见和建议都是宝贵的,每个人的贡献都是实现事务所目标不可或缺的一部分。

相较而言,在高权力距离的文化环境中,如意大利、法国和比利时,目标设定往往由高层管理者主导。在这种情况下,领导者需要展现出明确的愿景和坚定的决策力,以确保目标的明确性和可执行性。然而,即便是在这种文化背景下,领导者也应当认识到,员工的参与和反馈对于实现目标同样至关重要。因此,领导者应当寻求平衡,通过适当的沟通渠道,让员工了解目标设定的背景和原因,同时鼓励员工提出建设性的意见和建议,确保每个成员都能够在实现事务所目标的过程中发挥积极作用。

培训:提升法律专业知识与文化适应能力

在律师事务所的培训实践中,文化差异对教学方法的选择具有显著影响。在那些高权力距离的文化背景下,传统的培训方式往往以教师为中心,由经验丰富的资深合伙人或律师主导授课。这种方法直接而高效,能够确保知识和经验的系统性传递,同时也体现了对资深律师专业能力的尊重和信任。然而,在低权力距离的文化环境中,律师事务所的培训策略应当转变为以学习者为中心。这种方法强调的是互动性和参与度,鼓励员工通过实际操作和参与来学习法律实务和职业技能。例如,通过模拟法庭辩论、案例分析研讨会和角色扮演等互动式培训活动,员工不仅能够在模拟的工作场景中锻炼自己的法律技能,还能够在合作与交流中提升跨文化适应能力和团队协作精神。

绩效考评:公正与尊重的文化融合

在绩效考评的实践中,律师事务所必须巧妙地平衡不同文化对于反馈方式的期待与接受度。在美国和英国等个人主义和低权

力距离的国家,直接且坦率的反馈被广泛认为是促进个人成长和提升工作绩效的关键。这种开放的沟通风格鼓励员工正视自身的优势与待改进之处,从而推动个人与组织的共同进步。

然而,这种直接的反馈方式在高权力距离和集体主义文化中可能会遇到障碍。在这些文化背景下,如亚洲和拉丁美洲的某些国家,直接的批评可能被解读为对个人尊严的侵犯,甚至可能损害员工的面子和社会地位。因此,律师事务所在这些文化环境中进行绩效考评时,需要采取更为细腻和富有文化敏感性的方法,比如进行一对一的私下沟通方式。

应对文化差异的综合策略

为了在全球多元文化的环境中成功实施人力资源管理,律师事务所需要采取以下综合策略。

(1)文化培训和意识提升:定期为员工提供跨文化培训,增强他们对不同文化的理解,提升跨文化沟通和协作的能力。

(2)灵活的人力资源政策:制定和实施灵活的人力资源政策,以适应不同文化背景下员工的需求和期望,确保政策的公平性和包容性。

(3)多元文化团队建设:通过组织多元文化活动和工作坊,促进不同文化背景的员工之间的交流和合作,建立一个多元化和包容性的工作环境。

(4)文化智能的领导力:培养具有文化智能的领导者,使他们能够有效地管理和激励多元文化团队,引导事务所走向成功。

总之，律师事务所在全球多元文化环境中的成功，依赖于对文化差异的深入理解和尊重。通过采取有效的人力资源管理策略，律师事务所不仅能够吸引和保留人才，还能够促进创新和竞争力的提升，为客户提供更高质量的法律服务。

参考资料

一、中文资料

1. 时蓉华主编:《社会心理学词典》,四川人民出版社1988年版。

2. 闫巩固、高喜乐、张昕:《重新定义人才评价》,机械工业出版社2019年版。

3. 李祖滨、陈媛:《精准选人:提升企业利润的关键》(第2版),电子工业出版社2023年版。

4. 李祖滨、汤鹏、李锐:《人才盘点:盘出人效和利润》,机械工业出版社2020年版。

5. 李祖滨、陈媛、孙克华:《人才画像:让招聘准确率倍增》,机械工业出版社2021年版。

6. 李祖滨、汤鹏、李志华:《345薪酬:提升人效跑赢大势》,电子工业出版社2019年版。

7. 李祖滨、胡士强、陈琪:《重构绩效:用团队绩效塑造组织能力》,机械工业出版社2019年版。

8. 李祖滨、刘玖锋:《找对首席人才官:企业家打造组织能力的关键》,机械工业出版社 2020 年版。

9. 李祖滨、汤鹏:《人效冠军:高质量增长的先锋》,机械工业出版社 2021 年版。

10. 任康磊:《人才测评——识别高潜人才,提升用人效能》,人民邮电出版社 2021 年版。

11. [美]埃里克·施密特、乔纳森·罗森伯格、艾伦·伊格尔:《重新定义公司:谷歌是如何运营的》,中信出版社 2014 年版。

12. 黄卫伟:《以奋斗者为本:华为公司人力资源管理纲要》,中信出版社 2014 年版。

13. 黄志伟:《华为人力资源管理》,古吴轩出版社 2017 年版。

14. 曾双喜:《超级面试官:快速提升识人技能的面试实战手册》,人民邮电出版社 2020 年版。

15. 邓玉金:《绩效管理的 8 节实战课》,中信出版社 2019 年版。

16. 熊启明:《人才池》,中信出版社 2019 年版。

17. [美]杰夫·斯玛特、兰迪·斯特里特:《哈佛商学院最有效的招聘课》,任月园译,广东人民出版社 2015 年版。

18. [美]拉斯洛·博克:《重新定义团队:谷歌如何工作》,中信出版社 2015 年版。

19. [美]戴维·西洛塔:《激情员工》,中国人民大学出版社 2007 年版。

20. 徐家力:《中国律师事务所管理之道　迈向国际化、规模

化、专业化、品牌化》，北京大学出版社 2023 年版。

21. [美]吉姆·柯林斯、杰里·波拉斯：《基业长青》（珍藏版），中信出版社 2009 年版。

22. [加]罗杰·马丁：《责任病毒》，机械工业出版社 2003 年版。

23. 杨月坤：《企业文化》，人民邮电出版社 2016 年版。

24. 北森人才管理研究院：《人才盘点完全应用手册》，机械工业出版社 2019 年版。

25. 黄漫宇：《结构化汇报：如何呈现工作成果、产品与自我能力》，机械工业出版社 2023 年版。

26. [美]杰克·韦尔奇：《赢》（纪念版），中信出版社 2013 年版。

27. [英]约翰·惠特默爵士：《高绩效教练》，机械工业出版社 2013 年版。

28. [英]珍妮·罗杰斯：《MBTI 教练法》，中国人民大学出版社 2023 年版。

29. [美]帕特里克·兰西奥尼：《团队协作的五大障碍》，中信出版社 2010 年版。

30. 杨国安：《组织能力的杨三角：企业持续成功的秘诀》（第 2 版），机械工业出版社 2021 年版。

31. [美]克里斯蒂娜·沃特克：《OKR 工作法：谷歌、领英等顶级公司的高绩效秘籍》，中信出版社 2017 年版。

32. 王建和:《阿里巴巴管理三板斧》,机械工业出版社 2019 年版。

33. 陈春花、乐国林、张党珠、王甜:《企业文化》(第 4 版),机械工业出版社 2022 年版。

34. [美]埃德加·沙因:《企业文化生存与变革指南》,浙江人民出版社 2017 年版。

35. [美]拉姆·查兰、鲍达民、丹尼斯·凯利:《识人用人》,中信出版社 2019 年版。

36. 马海刚、彭剑锋、西楠:《HR + 三支柱:人力资源管理转型升级与实践创新》(新版),中国人民大学出版社 2024 年版。

37. 襄阳郭丹:《业务为本:华为和阿里的 HRBP 价值创造三层十二式》,机械工业出版社 2022 年版。

38. 王祥伍、谭俊峰:《华夏基石方法:企业文化落地本土实践》,电子工业出版社 2014 年版。

39. [美]史蒂芬·柯维:《高效能人士的七个习惯》(30 周年纪念版),中国青年出版社 2018 年版。

40. [美]芭芭拉·明托:《金字塔原理》,民主与建设出版社 2002 年版。

41. 3 + 1 主创团:《对话 CHO:世界 500 强人力资源总监管理实践》,中国铁道出版社 2016 年版。

42. 王崇良、黄秋钧:《当 HR 遇见 AI:用人工智能重新定义人力资源管理》,人民邮电出版社 2022 年版。

二、英文资料

1. Atkočiunìenė Z. (2010), "Knowledge management information in improving the organization's competencies", Information Sciences, Vol. 21, No. 5, p. 52 – 57.

2. Chouhan V. S. and Srivastava S. (2014), Understanding competencies and competency modeling — A literature survey. IOSR Journal of Business and Management, 16(1), p. 14 – 22.

3. Kansal J. and Singhal S. (2018), Development of a competency model for enhancing the organisational effectiveness in a knowledge-based organisation. International Journal of Indian Culture and Business Management, 16(3), p. 287.

4. Staškeviča A. (2019), The Importance of Competency Model Development. Acta Oeconomica Pragensia, 27(2), p. 62 – 71.

5. Boyatzis R. E. (1991), The competent manager: A model for effective performance. John Wiley & Sons.

6. Vazirani N. (2010), Review paper competencies and competency model-A brief overview of its development and application. SIES Journal of management, 7(1), p. 121 – 131.

7. Cort H. R. and Sammons J. L. (1980), "The search for

'good lawyer': a concept and model of lawyer competencies", Cleveland State law review, 29(3 -4), p. 397.

8. Lucia A. D. and Lepsinger R. (1999), The art and science of competency models: pinpointing critical success factors in organizations. San Francisco, Calif.: JosseyBass/Pfeiffer.

9. Kiser R. (2017), Soft skills for the effective lawyer. Cambridge, United Kingdom: Cambridge University Press.

10. Henderson W. (2017), Efficiency engines: how managed services are building systems for corporate legal work. From: ABA Journal, 103(6).

11. Demeola Z., Cornett L., Anderson E. and Uhl Hulse K. (2021), Whole of Lawyer the Capacity MGMT. Project Ethics Professionalism Workplace Foundations Instructional Design Guide Use Learning Outcomes & Standards-Based Assessments to Train Better Lawyers. [online] Available at: https://iaals.du.edu/sites/default/files/documents/publications/foundations_instruction al_design_guide.pdf.

12. Runyon N. (2019), Delta Model Update: The Most Important Area of Lawyer Competency—Personal Effectiveness Skills. [online] Thomson Reuters Institute. Available at: https://www.thomsonreuters.com/en-us/posts/legal/deltamodel-personal-effectiveness-skills/.

13. Christensen C. (2019), Preparing Law Students to Be Successful Lawyers. J. Legal Educ., 69, p. 502.

14. Medianik K. (2018), "Artificially intelligent lawyers: updating the model rules of professional conduct in accord with the new technological era", Cardozo law review, 39(4), p. 1497.

15. Carre A. (2019), "Legal Intelligence Through Artificial Intelligence Requires Emotional Intelligence: A New Competency Model for the 21st Century Legal Professional", Georgia State University law review, 35(4), p. 1153.

16. Shope M. L. (2021), "Lawyer and Judicial Competency in the Era of Artificial Intelligence: Ethical Requirements for Documenting Datasets and Machine Learning Models", The Georgetown journal of legal ethics, 34(1), p. 191.

17. Mel X. (2016), Law Firm Strategy and Development. Beijing Book Co. inc.